马克思革命思想研究

贺撒文◎著

中国社会科学出版社

图书在版编目（CIP）数据

马克思革命思想研究／贺撒文著 . —北京：中国社会科学出版社，
2016.8

ISBN 978-7-5161-8764-7

Ⅰ.①马…　Ⅱ.①贺…　Ⅲ.①马克思主义—革命理论—研究
Ⅳ.①A811.64

中国版本图书馆 CIP 数据核字（2016）第 196895 号

出 版 人	赵剑英
责任编辑	喻　苗
责任校对	胡新芳
责任印制	王　超

出　　版	中国社会科学出版社
社　　址	北京鼓楼西大街甲 158 号
邮　　编	100720
网　　址	http://www.csspw.cn
发 行 部	010-84083685
门 市 部	010-84029450
经　　销	新华书店及其他书店

印刷装订	三河市君旺印务有限公司
版　　次	2016 年 8 月第 1 版
印　　次	2016 年 8 月第 1 次印刷

开　　本	710×1000　1/16
印　　张	17.25
插　　页	2
字　　数	248 千字
定　　价	66.00 元

摘　要

在和平与发展的时代大背景下，谈论和研究革命问题，似乎显得不合时宜。近些年来，由于把革命狭义地理解为一场通过暴力夺取政权的运动，某些学者甚至提出了重估革命、告别革命等极具煽动性的口号。不难理解，在所谓重估革命、告别革命的反思背后，实际上蕴含着重新评价，甚或告别作为革命导师的马克思本人及其革命思想的要求。众所周知，马克思不仅是近代以来最伟大的革命理论家，而且也是一位极富传奇色彩的革命活动家，革命的理论与革命的实践在他的身上得到完美结合。正如有学者所指出的："马克思的革命家形象极其鲜明而突出，他的思想不仅内蕴着革命结论，而且充满了革命精神。在马克思那里，学说同人格是内在一致的。这就使他成为一个红色象征，以致成为'革命'的代名词。"但需要注意的是，既然革命已被公认为马克思理论的标签和人格的象征，那么就必须站在马克思理论本身所具有的广博而深刻的高度、生活本身所具有的丰富而全面的现实性，来理解和谈论马克思的革命思想。否则，当把马克思的理论碎片化、人格脸谱化后，也只能导致对他革命思想理解和把握的片面化、教条化。

20世纪90年代，我国马克思主义理论研究界兴起了一场重读马克思的理论热潮，并提出了回到马克思、为马克思辩护的呼吁。正是通过对马克思经典文本的重新阅读和思考，一些学者指出：即使在迈入21世纪的现代社会，马克思离我们不是越来越远，而是越来越近，马克思主义在今天依然具有令人震撼的空间感，马克思是我们时代的真理和良心。对此，笔者深感赞同。同时，笔者还坚持，上述理解和评价马克思的方式和结论也适用于关于马克思革命理论和思想的研究和评价。马克思在回忆他和恩格斯写作《德意志意识形态》时，曾谦虚地表示自己的主要目的在于"弄清问题"。笔者不揣浅陋，把"重读马克思"与"弄清问题"作为自己研究马克思革命理论和思想的指导原则，尝试以革命概念入手，分别从马克思的哲学革命、社会革命、政治革命维度对马克思的整体革命理论与思想展开阐述。

　　本书共七章。第一章，革命的概念。本章主要通过语言分析、语义历史追溯等方法手段，在对革命概念的基本内涵及其语义变迁进行历史考察的基础上，指出阐述马克思革命概念必须遵循的基本原则和基本观点。第二章，革命的类型。本章首先阐述了在对革命类型进行划分时的一般标准及相关类型，然后通过对马克思革命理论体系的阐述，指出对马克思的革命思想进行划分时必须从马克思革命理论体系出发，依据马克思建构革命理论的理论逻辑方式进行，并由此从总体上把马克思的革命思想分为哲学革命思想、社会革命思想、政治革命思想三种主要类型。第三章，马克思的哲学革命思想——实践唯物主义。本章主要立足于马克思哲学理论形态的本质特征，即实践唯物主义的基本立场，来阐述马克思在近现代哲学领域中所产生的革命性作用。无论是从马克思哲学的创生和发展历程来看，还是从马克思哲学体系的内在本质来看，实践范畴都无可辩驳地处于第一性、根本性的位置，成为马克思哲学超越传统近代唯心主义和唯物主义理论传统的理论出发点，也构成整个马克思哲学理论体系的辐射轴心。另外，本章还具体地从自然观、意识理论的层面阐述了马克思哲学借助于实践范畴在近现代哲学领域所发起的哲学革命。第四章，马克思的哲学革命思想——辩证法。本章主要通过对哲学中的辩证法传统的考察，以及马克思对黑格尔辩证法的继承和超越，来阐述马克思辩证法的主要内容和理论特点。特别是强调和贯彻了马克思本人关于"辩证法不崇拜任何东西，按其本质来说，它是批判的和革命的"这一原理和命题。另外，本章还通过考察恩格斯和列宁对马克思革命辩证法的继承和发展，进一步凸显了辩证法在马克思哲学革命中所具有的重要地位和作用。第五章，马克思的社会革命思想。本章在对马克思社会革命概念与政治革命概念进行比较区分的基础上，阐述了马克思社会革命概念的基本内涵，强调了其广义性、多维性的特点。在厘清概念的前提下，论述了马克思社会革命思想形成的历史逻辑，即从近代科学革命、近代工业革命、近代政治革命的维度论述了马克思社会革命思想形成的历史背景，从马克思哲学、科学社会主义、政治经济学的历史形成过程论述了马克思社会革命思想形成的历史条件。另外，还论述了马克思社会革命思想形成的理论逻辑，即把现实的人作为马克思社会革命思想的理论起点，把社会理论作为马克思社会革命思想的理论本质，把唯物史观作为马克思社会革命思想的理论完成。第六章，马克思的政治革命思想——政治革命的概念、原因、主体、手段和方式。政治革命思想在马克思的整个革命理论和思想中居于特殊地位，也极富争议，本章主要考察马克思政治革命的一般原理。在阐述了马克思政治革命的基本概念之后，考察了马克思关于政治革命产生原因的一般原理，特别指出仅仅从生产力与生产关系的矛盾运动等物质性维度来说明政治革命的产生原因是不充分的，还需考虑马克思关于革命者意识等主观性因素在政治革命产生中的积极作用；接着考察了马克思政治革命的主体——阶级和政党——的理论，强调了马克思关于无产阶级及其政党具有特殊历史地位、肩负特殊历史使命的论断和主张；最后考察了马克思关于政治革命手段和方式的理论，分别阐述了马克思关于政治革命前宣传和鼓动的理论，政治革命活动中的暴力革命理论，政治革命成功后的无产阶级专政理论。第七章，马克思的政治革命思想——世界历史视域下的政治革命。本章从世界历史的视域中考察了马克思的政治革命思想，一方面因为世界历史理论在当前已成为国内马克思主义理论界的一个研究热点；另一方面还因为对马克思政治革命思想中的某些争议问题的解答离不开马克思的世界历史理论。在阐述了马克思世界历史理论的概念、产生背景及其历史地位的基础上，本章着重考察了马克思的世界历史理论与共产主义革命之间的内在联系，以及马克思的世界历史理论与他的同时胜利论和东方道路理论之间的关系问题，特别指出，在马克思世界历史理论的视域之中，他的同时胜利论和东方道路理论不仅不相互矛盾，反而互为补充，共同构成了其政治革命思想的重要组成部分。

关键词：马克思　哲学革命　社会革命　政治革命

Abstract

In the era of peace and development, it seems out of place when we talk about and research revolution. In recent years, some scholars even raised provocative slogans by suggesting a revaluation of the revolution and a farewell of the revolution because they narrowly understood revolution as a movement to possess power with violence. It is easy to understand, they actually raised the requirements as a revolutionary Marxist himself and his revolutionary ideas behind the reflection of revolution that so-called revaluation and farewell the revolution. As we all know, Marx is not only the greatest revolution theorist in modern times, but also is a legendary revolutionary activist, and revolutionary theory and practice of the revolution get the perfect combination in his body. As some scholars have pointed out: "Marx's revolutionary image is extremely clear and prominent, and Marx's thought not only have intrinsic revolutionary conclusions, but also full of the revolutionary spirit. In the Marx, the theory is internally consistent with the personality, which makes him a red symbol and become synonymous with 'revolution'." But it is important to note that since the revolution has been recognized as a symbol of Marx's theory and labels of personality, then we must stand in Marxist theory which itself has a broad and deep height and Marx's life which itself has a rich and comprehensive reality to understand and talk about Marx's revolutionary ideas. Otherwise, when we fragment and profiling the Marxist theory of fragmentation, we can only one-sided dogmatic understand and grasplead to his revolutionary ideas.

China's Marxist theory research community initiated a campaign of re-reading the Marx in 1990s, and put forward the call which back to Marx and defend for Marxist. Marx's call to defend. It is through re-reading and thinking the classical texts of Marx, some scholars have pointed out that Marx was not away from us, but getting closer even if we moving into the twenty-first century, modern society, and Marx still has shocking sense of space in today, and Marx is truth and conscience of our time. To this, the author deeply agree with. At the same time, the author also insisted that the way to above understand and evaluate Marx also apply to research and evaluation on Marxist revolutionary theory and ideas. Marx had said his main purpose is "to clarify the issue" when he recalled he and Engels writing "*The German Ideology*". The author is immodestly and take "re-reading Marx" and "clarifying the issue" as radical principles to study the revolution theory and ideal of Marx, and try to start with the revolutionary concept, respectively from these dimensions including of Marx's philosophical revolution, social revolution, and political revolution to unfold elaborate Marx's revolution theory.

This paper includes of seven chapters. The first chapter is the concept of revolution. In this chapter, the author mainly points out radical principles in expounding Marx's the concept of revolution on the basic that historically investigate the basic connotation and semantic trace of the concept of revolution through the methods of language analysis and semantic historical trace. The second chapter is the type of revolution. This chapter first expound the general standards and the main type of the revolution when we distinguish different types of revolution, and then point that we must start from the system of the Marxist revolutionary theory when we distinguish the different theory tof Marxist revolution, then devide the Marxist revolutionary theory into three main types: Marx's revolutionary ideas of philosophy, Marx's revolutionary ideas of social, Marx's revolutionary ideas of political. The third chapter is Marx's philosophy revolution - practice materialism. This chapter mainly expounds Marx playing a revolutionary role in the field of modern philosophy based on the nature of Marxist philosophy theories namely the practice materialism. Either from the perspective of the creation and development of Marxist philosophy, or from the perspective of inner essence of Marxist philosophy, the practice category also is irrefutable in the primary and fundamental position, and is the theoretical starting point which Marxist philosophy transcends traditional idealism and the materialism, and is the radiation axis of whole theory system of Marxist philosophy. In addition, this chapter also in detail expounds Marxist philosophical revolution from the view of nature and the theory of consciousness by means of the practice category in the modern philosophy. The fourth chapter is Marx's philosophy revolution—dialectics. Through investigating the tradition of dialectics in philosophy and Marx's inheritance and transcendence of Hegel's dialectics, the chapter illustrates the main content and characteristics of Marx's dialectics, and especially emphasizes and carries out this principle and proposition of Marx himself saying that dialectics is not worship anything, by its nature, it is critical and revolutionary. In addition, the chapter also examines Engels and Lenin on inheritance and development of Marx's revolutionary dialectics, and further highlights the dialectics the important position and role in Marx's philosophy revolution. The fifth chapter is Marx's theory of social revolution. This chapter expounds the basic connotation of Marx's concept of social revolution, and emphasizes extensive and multidimensional characteristics of Marx's concept of social revolution based on the comparison and distinguish between of Marx's concept of social revolution and political revolution. On the premise of clear concept, it firstly discusses the historical logic of Marx social revolution theory, which discusses the historical background of Marx's social revolution theory from the modern scientific revolution, the modern industrial revolution, the modern political revolution, and discusses the historical conditions of Marx's social revolution theory from the formation process of the Marxist philosophy and scientific socialism and political economics discusses. It secondly discusses the theoretical logic of Marx's social revolution theory, which takes the realistic people as the starting point of Marx's theory of social revolution, and takes the social theory as the essence of Marx's theory of social revolution, and takes the historical materialism as the completion of Marx's theory of social revolution. The sixth chapter is the theory of Marx's political revolution including of the concept and cause and subject and means and ways of political revolution. Political revolution theory has special status in Marx's whole revolutionary theory, and also is controversial. This chapter mainly explores the general principles of Marx's political revolution. The first, after expounding the basic concept of Marx's political revolution, the author examines the general principles of cause of Marxist political revolution, and especially points out that it is insufficient only from the contradiction between productivity and production relations to illustrate the causes of political revolution, still need to consider of the subjective factors such as revolutionary consciousness produced the positive role in the political revolution; The second, the author examines the theory of subject of Marx's political revolution which mainly means class and political party, and emphasizes the Marx claims about that the proletariat and its party has special historical position and special historical mission; Finally, the author inspected Marx's theory of political revolution means and ways, and respectively expounds Marxist propaganda and encourage theory before the political revolution, and expounds Marxist violent revolution theory in political revolutionary activities, and expounds Marxist theory of the dictatorship of the proletariat after successful political revolution . The seventh chapter is Marx's theory of political revolution which research the relation between world history and political revolution. From a perspective of world history to study of Marx's theory of political revolution, which is because world history theory has become a focus in domestic Marxism research in the current, also because some answers about Marx's political revolution of the depends on Marx's theory of world history. After expounds the concept, background and historical position of Marx's theory of world history, this chapter focuses on

the inner link between the Marx's world history theory and communist revo-
lution, and the inner link between Marx's theory of world history and his
victory at the same time, and the inner link between Marx's theory of
world history and his the theory of the east road. Finally, the author espe-
cially points out that Marx's theory of victory at the same time and theory of
the east road not only do not contradict each other, and complement each
other, and together constitute an important part of his political revolution
theory under the vision of Marx's theory of world history.

Key words: Marx   Philosophical Revolution   Social Revolution
Political Revolution

目　录

绪　论

一　问题的提出及研究的意义

众所周知，革命性是马克思主义最重要的理论品质，它与科学性一起构成了马克思主义的本质特征。同时，革命思想是马克思主义理论的重要组成部分。马克思作为马克思主义创始人，从其早期著作《〈黑格尔法哲学〉批判》中就表达了——"彻底的革命、全人类的解放，不是乌托邦式的梦想"——的坚定信念；到了晚年，马克思也没有放弃通过政治革命开辟未来理想共产主义社会的科学理念，在其晚年著作《给维·伊·查苏利奇的复信》中，针对当时俄国的现状，马克思指出："要挽救俄国公社，就必须有俄国革命。"

正是在强调革命对于马克思理论和思想的重要意义上，一些马克思的研究者们认为：马克思主义就是一种关于社会主义革命或共产主义革命的理论；还有一些马克思的研究者们认为：革命构成了马克思主义理论的总体特征，无论是在马克思那里，还是在恩格斯那里，革命都是首要的、第一性的。

但问题在于，在当前的关于马克思理论的研究中，无论是在对待马克思理论中革命思想的态度问题上，还是在对革命思想在马克思理论中占据何等重要地位的问题上，抑或是对如何解读和评价马克思理论中革命思想等问题上，研究者们表现不一，歧义众多。

首先，在对待马克思理论中革命思想的态度问题上。需要指出的是，对马克思理论中革命概念的理解有广义和狭义之分。广义的革命是一个外延非常广泛的范畴，既包括经济的、科学的、技术的革命，也包括精神的、思想的、文化的革命；既有生产方式方面的革命，又有生活方式和价值观念方面的革命。狭义的革命主要指的是那种对立的阶级双方之间通过暴力方式进行的革命。此处谈到的态度主要针对的是马克思理论中狭义意义上的革命思想，即那种限于阶级斗争的革命。

在马克思在世的时候，当时的各种社会主义流派和政党已对马克思理论中的革命思想表现出明确的分歧，一些打着社会主义旗号的工会和组织主张通过和平的方式实现社会的变革，以致恩格斯在1846 年的《致布鲁塞尔共产主义通讯委员会》中强调：暴力革命是共产主义的三大宗旨之一。20 世纪，俄国经由十月革命建立了苏维埃政权，但即使是在共产主义者内部，对待革命的态度依然是不统一的，例如著名的马克思主义理论者卢卡奇通过对阶级意识的强调，以阶级意识革命代替政治革命。资本主义的学者们更是对马克思思想中的革命主张充满敌意和仇视。他们一方面竭力渲染和批评暴力革命带来的巨大破坏力，另一方面又不遗余力地提出各种以改良取代革命的替代方案。例如，波普尔就提出以所谓的改良的"渐进工程"来矫正马克思的革命的"整体工程"。从我国来讲，在20 世纪90 年代，某些学者借助于谈话的形式提出了"告别革命"的观点，其实质是表达了一种从总体上对马克思主义的革命思想以及近现代我国的革命实践进行拒斥和批评的态度。

其次，关于革命思想在马克思理论中的重要地位问题。最近几十年来，随着世界局势的发展和变化，特别是在和平与发展已经取代战争成为世界的主流背景之下，或者借助某些西方马克思主义的话来说，全球正在进入一个"后革命化"的时代。正是从上述时代条件的变迁出发，一些马克思主义研究者声称在对马克思著作的解读中，发现了一个全新的马克思和一种新马克思主义。根据他们的新马克思和新马克思主义，革命思想在马克思那里并不具有通常人们所强调的重要地位和意义，而马克思的另外一些具有重要地位和意义的思想被长期忽视和遮蔽了。在这当中，那些研究者表现出两种重要的倾向。

　　一是通过解读和强调"建设的马克思主义"，从而达到贬低革命思想在马克思理论中重要地位的目的。目前国内马克思主义理论界出现一种声音，即我们要实现从革命的马克思主义向建设的马克思主义转换，其理论依据是革命与建设同为马克思理论的两大主题，其现实依据在于中国的改革开放，即"建设的马克思主义"与中国实际情况相结合的产物。从理论上讲，这种以建设取代革命的论调，不仅对马克思主义革命观作了狭义的理解，而且在思维方式上表现出把马克思的革命观与建设观对立起来的错误；从实践上讲，这种以建设取代革命的论调，认识不到我国改革开放的革命内涵，否定了我国的改革开放本身就是一种革命的做法。

　　二是通过解读和强调"民主的马克思主义"，从而达到贬低革命思想在马克思理论中重要地位的目的。需要指出的是，这里所说的民主是资本主义社会中实现的以普选为重要特征的民主形式。在一些西方马克思主义研究者和资本主义学者那里，他们声称从马克思主义创始人的经典著作中，例如《〈黑格尔法哲学〉批判》、《共产主义原理》、《法兰西内战》、《1891年社会民主党纲领草案批判》，解读出马克思和恩格斯的民主主义思想。实际上，他们的这种解读，一方面犯了把马克思主义关于普选制民主的论述与共产主义革命割裂开来，只见树木不见森林的错误；另一方面，还犯了以马克思的革命策略代替革命本身的以偏概全的错误。

　　再次，如何解读和评价马克思的革命思想问题。不可否认，马克思的革命理论和思想是在其革命实践过程中不断发展和推进的，有一个不断丰富和完善的过程；同时，不断丰富和完善的马克思的革命思想也形成了一个完整的有机体系。在一些马克思主义研究者那里，他们根据自己对马克思主义革命思想解读的结果，把马克思主义革命理论与俄国和中国的革命实践对立起来。例如，在托洛茨基、柯尔施等马克思主义理论家们看来，列宁的革命理论以及以列宁革命理论为指导的俄国的社会主义革命实践并不符合马克思主义的精神。更为荒唐的是，当今一些西方学者，根据其对马克思主义革命理论的研究，得出了马克思主义革命理论的目标和实践即为当代发达资本主义世界中的福利国家这一结论。

在如何评价马克思革命思想的问题上，资本主义的学者们对之谈虎色变，把马克思的革命理论视为马克思主义理论中最为危险的内容，竭力对之进行歪曲和批评。西方马克思主义学者，以马尔库塞为代表，认为马克思主义的革命理论已经过时，在当今时代已经不合时宜，由此他们提出一套所谓改进的"从科学到乌托邦"的革命理论，从革命的主体，到革命的前提，再到革命的策略等方面对马克思的革命理论进行了所谓的修正。

既然马克思的革命观及其思想在当今的学术研究领域依然是一个有待进一步深入挖掘的开放性话题，特别是在经历了三十多年的和平发展时期，以及科学技术革命后进入到21世纪，发展着的社会生活更是为马克思的革命理论和思想提供了进一步思考的现实土壤。因此，研究马克思的革命观及其思想又有如下意义：一是把"马克思的革命思想"作为研究对象，通过细致地考察马克思革命思想的相关论著和内容，能够帮助我们澄清关于马克思革命思想中的基本概念、基本理论以及基本观点。二是把"马克思的革命思想"作为选题，通过对马克思革命思想的比较分析，将有助于我们对当前流行的各种打着马克思旗号的革命理论和观点进行理性的认知和判断。三是把"马克思的革命思想"作为选题，通过对厘清马克思革命思想在20世纪发展的理论和现实路径，将有助于我们充分认识和了解马克思革命思想在当今时代的现实价值和意义。

二　现阶段国内外研究现状

从国内来讲，从20世纪80年代开始，随着思想解放运动的开启和深入，国内马克思主义理论研究者们一方面反省了我国长期占据主导地位的苏联模式的马克思主义；另一方面开始重新启动马克思主义理论的本土化、中国化的工作。在此背景下，国内一些知名的马克思主义研究者发出了"为马克思辩护"、"重读马克思"、"回到马克思"等具有深刻影响力、产生广泛共鸣的响亮口号。应该说，在最近30多年来的马克思主义中国化的过程中，国内马克思主义研究者对马克思的著作和理论进行了深刻的发掘，并且围绕着马克思主义理论中的一些基本原理和具体问题展开了广泛而又激烈的讨论，甚至是理论的交锋，取得了巨大的成就，特别是对马克思主义理论中实践观的重新发现和强调，成为马克思主义理论中国化中的重要特色。

就我们所查找的资料来看，当前国内关于马克思革命思想研究的主要成果有：（1）对马克思的革命概念进行了初步的讨论，特别是强调不能简单地把马克思的革命观仅仅等同于政治革命。关于这一问题，山东大学的何中华教授在《重读马克思》中已明确地指出，但遗憾的是，何中华教授并没有就此问题展开充分论述。另外，国内部分学者在研究马克思的社会革命理论时，由于自觉地把马克思的社会革命与政治革命作出了区分，这也表明研究者们认识到马克思的革命概念是内涵丰富、具有多维性的哲学范畴的。这方面的典型性论文主要有徐景星的《论马克思"社会革命"概念的深刻内涵——兼评哲学教科书对"社会革命"概念的误读》，王盛辉的《论马克思社会革命学说的三重维度》，李平的《马克思社会革命观的生成逻辑》等。（2）对马克思的政治革命观进行了较为充分的分析。应该说，这是当前国内马克思主义研究者对马克思革命观思想研究的较为集中的一个领域。其主要内容包括对马克思革命观中政治革命发生、发展原因的理解和分析；革命策略、革命进程的理解和分析；革命胜利及其意义的论述和分析。这方面的典型性论文有张福记的《马克思等经典作家政治革命观的重新理解》，胡斌的《革命的"必然性"及其"限度"——论马克思的"革命观"对西方"近代革命逻辑"之超越》，薛汉伟的《关于马克思革命理论的若干问题》等。值得注意的是，由于政治革命本身还是历史学领域和政治学领域中的一个专业性问题，因此在马克思的政治革命这一问题上，出现了马克思主义研究者、历史学研究者以及政治学研究者百花齐放的局面。例如，马克思主义研究者杨学功在《超越哲学同质性神话——马克思哲学革命的当代解读》中曾指出，在国外图书馆，马克思的书籍一般被归类于政治学、经济学专业，而不是我们大家所熟知的哲学专业。（3）对马克思革命观的比较研究。

较为突出的是把马克思的革命思想与当前政治哲学中具有重要影响的托克维尔、阿伦特等人的革命思想进行比较研究，从而揭示马克思革命思想的现代意义及其超越性。最近十多年来，由于政治学日益成为国内学术界研究的热点问题，由此导致作为分支学科的马克思主义政治学的出现，以及马克思主义政治学研究在国内学术界的持续升温。这一方面体现在对马克思主义中蕴含的政治学理论和思想的解读上；另一方面还体现在把马克思的政治学思想与当代西方政治学的主要理论、代表人物进行比较研究，以及把马克思的政治学思想与现实社会问题联系起来进行研究上。这方面的典型性论文众多，有梁树发的《科尔施的马克思主义革命观及其启示》，管晓刚的《加文·科琴对马克思革命观的释读》，以及李志军的《革命的政治意义与马克思的理论贡献》等。

从国外来看，马克思的革命思想一直是西方思想界关注度较高的一个领域。就目前掌握的资料来看，国外的马克思革命思想研究主要呈现出两大特点：（1）在理论上，虽然强调革命思想在马克思理论中的重要地位，但同时对马克思革命本身的理解并不一致。关于这一点，不仅仅包括所谓的马克思主义理论家卢卡奇、葛兰西等人，还包括法兰克福学派的霍克海默、马尔库塞等众多著名思想家。总体来讲，西方马克思主义者们认为，随着 20 世纪国际形势的变化，传统马克思主义中暴力革命的手段和道路必须随着形势的发展进行修正，由此他们强调了马克思主义革命中的和平方式，以及主观性因素在革命中的积极作用。这其中又以卢卡奇的意识形态革命最具开创性、典型性。卢卡奇在其经典著作《历史与阶级意识》中，明确地提出在当代资本主义世界，无产阶级革命的关键在于阶级意识的形成和培养。法兰克福学派的马尔库塞在其《对马克思革命概念的重新探讨》中也提出，随着科学技术革命以及军事手段的革新，当代无产阶级革命的手段已经从暴力和武装抗争转变为不合作的"大拒绝"。最近这些年，法国学者泰克西埃在其著作《马克思、恩格斯论革命与民主》中也强调，尽管革命在马克思主义中占据着第一位的重要性，但不可忽视的是，民主也是马克思主义的最基本的内在要求之一。（2）特别聚焦于马克思主义革命思想与现存社会主义国家之间的逻辑关系，即社会主义国家的实践是否符合马克思主义革命的精神。一方面，他们肯定马克思的革命思想中关于资本主义社会剥削和压迫的批评具有正面和积极的意义；另一方面，他们否认马克思关于革命的结果必将导致共产主义社会的结论。例如，阿伦特在其代表作《论革命》中认为，革命的限度就在于构建合理的政治自由制度，但马克思倡导的无产阶级夺取政权的革命观矫枉过正了。以色列马克思主义者尤瑞·翟尔伯士得在其论文《马克思革命理论中的福利国家》中则认为，当代西方发达资本主义世界中的福利国家是马克思革命理想的现实版本，并且为马克思所宣称的社会主义的典型模式。由此，尤瑞·翟尔伯士得把马克思的政治革命理论与实践终结于当代西方发达资本主义世界。

当前研究的不足之处在于：（1）就目前所掌握的资料来看，还没有一部系统地研究马克思革命思想的著作或博士论文。总体来讲，研究马克思革命思想的相关内容还很少，我们在期刊网上查询题目"马克思革命"，结果只搜索到二十多篇符合要求的论文（基本都是小论文，没有硕士论文和博士论文，只有一篇来自吉林大学的博士论文《现代性图景中的马克思哲学革命》与此间接相关，因为它主要讨论的是马克思的哲学革命）。即使是在这二十多篇的论文中，还有相当一部分是介绍西方马克思主义关于马克思革命思想研究的论文。（2）各种观点混杂，特别是在当前的研究中，那些站在西方马克思主义立场，甚至是资本主义社会立场上的革命思想和观点具有相当的势力，而立足于马克思革命观的基本原则和立场，对之进行比较分析和批判的声音却显得相对弱小。

三　研究的主要内容与观点

根据选题，围绕着马克思革命理论中的一些基本问题，本书的研究内容主要包括以下几个方面：

（1）革命的概念及其革命类型研究。通过语言学分析的方法，考察革命概念的历史内涵，特别是通过历史地考察发生在 17 世纪和 18 世纪的三次重大革命事件——英国的资产阶级革命，法国大革命，美国的革命运动——来阐述革命观念在近代的复兴，以及革命的概念如何从一个天文学中意指"天体循环往复运动形式"的词语演变为具有"新的开端"的近代政治学术语、哲学术语的。另外，在解读像托克维尔的《旧制度与大革命》、古斯塔夫·勒庞的《革命心理学》这类与革命意义历史变迁相关的 18 世纪的经典性著作的基础上，来揭示近现代革命概念内涵产生的历史背景。在考察了革命概念的基本内涵及历史变迁的基础上，本书将确立阐述马克思主义革命思想的一些基本原则。这主要包括，对马克思革命概念的界定和理论的阐述必须立足于马克思实践的唯物主义哲学的立场之上；对马克思革命概念的界定和理论的阐述必须从客观进程与主观心理和目标两个维度出发。在考察了革命概念的基础上，参照近代政治思想史、政治学领域中的相关研究成果，从宏观的维度，以革命的时代、革命的对象以及革命的意识形态因素为参照，对革命的不同类型进行一个大致区分。并从马克思革命理论体系出发，依据马克思革命理论体系建构的历史与理论逻辑，对马克思革命思想的类型进行了划分。

（2）马克思的哲学革命思想。这主要从两个方面来阐述马克思的哲学革命本质。一是从马克思的哲学形态，即实践的唯物主义的方面，来说明马克思是如何超越近代哲学中的唯物主义和唯心主义传统，从而实现近现代哲学中思维方式、理论形态的革命的。关于实践在马克思哲学中的重要地位，马克思哲学的实践唯物主义本性，国内不少马克思主义理论研究者进行过阐释。本书主要立足于马克思的文本，特别是他的《关于费尔巴哈的提纲》再次对实践唯物主义如何在马克思哲学中得到确定的问题进行了分析和阐述。尤其需要强调的是，马克思的实践的唯物主义在哲学方面所发起的革命，首先是作为一种哲学形态的革命，即一种既超越了传统唯物主义，又超越了传统唯心主义的哲学形态革命。正像国内知名马克思主义研究专家杨耕教授所总结的，在马克思哲学那里："实践不仅改造世界，而且创造世界，它内在地包含着人与自然、人与社会、人与自我的关系。可以说，实践是现存世界的缩影，是人类面临的一切现实矛盾的总根源。马克思正是通过人类实践活动来反观世界，建构了一种新世界观，一种唯物主义的'真正批判的世界观'。"① 二是从辩证法的方面，来说明马克思的哲学的。从某种意义上讲，考察马克思哲学的革命精神之源，首先就应到马克思的辩证法理论和思想中去寻找。因为，在马克思看来，辩证法本身就意味着一种批判的、革命的精神。马克思说："辩证法不崇拜任何东西，按其本质来说，它是批判的和革命的。"② 需要指出的是，从实践的唯物主义以及辩证法两个层面来阐述马克思的哲学革命，并不包含着把马克思哲学切割为唯物主义与辩证法两个部分的含义，特别是不能简单地把马克思的辩证法仅仅作为他的哲学的方法论来看待。无论是实践唯物主义，还是历史辩证法，它们都是概括马克思整个理论形态的一个标签，二者并不矛盾。

（3）马克思的社会革命思想研究。长期以来，人们常常习惯于狭义地去理解作为革命活动家的马克思和作为革命理论家的马克思，即仅仅把马克思看作是政治革命活动家和政治革命理论家。这种有失偏颇的看法无疑没有注意到马克思作为革命活动家的伟大胸襟和作为革命理论家的广阔视域。从历史考证中我们会发现，无论是在实践生活领域，还是理论活动领域，马克思都是把自身融于波澜壮阔的整个社会生活之中、把眼光投射于纷繁复杂的人类生活的各个领域的。因此，作为革命活动家的马克思是社会革命活动家；作为革命理论家的马克思是社会革命理论家。首先，我们认为，马克思主义经典作家们关于社会革命的概念是广义的、多维的。在马克思那里，社会革命既存在于社会经济生活中，又存在于社会的政治、法律等意识形态领域。正像国内一些学者们所指出的，发生在政治领域中的革命"仅仅属于社会革命的一部分"。③ 其次，本书从

---

① 杨耕：《为马克思辩护》，中国人民大学出版社 2010 年版，第 67—68 页。

② 《马克思恩格斯选集》第 2 卷，人民出版社 1995 年版，第 112 页。

③ 徐景星：《论马克思"社会革命"概念的深刻内涵——兼评哲学教科书对"社会革命"概念的误读》，《河北师范大学学报》（哲学社会科学版）2005 年第 6 期，第 53 页。

历史的逻辑考察了马克思社会革命思想形成的社会历史背景。一方面，马克思社会革命思想的形成，离不开他生活于其中的历史时代背景，或者可以说，马克思革命思想本身就是马克思对其生活于其中的现实生活的精神表达；另一方面，随着时代的发展变化，马克思革命思想也要不断地对新的历史现象和事实进行回答，从而充实其理论内容、推进其理论观点。因此，从历史逻辑来考察马克思社会革命思想的形成，就是研究马克思革命思想形成的历史背景，就是反对把马克思革命思想当成僵硬的教条，在肯定马克思革命思想的基本理论内核和原则的基础上，展示马克思革命思想在社会历史生活中自我革新、自我发展的历程。再次，本书考察了马克思社会革命思想形成的理论逻辑。我们认为，现实的人构成了马克思的社会革命思想生成的理论逻辑起点，社会历史理论构成了马克思社会革命思想的理论主体和本质，唯物主义历史观的完成则是马克思社会革命思想最终确立并走向成熟的理论标志。

（4）马克思的政治革命思想研究。这是本书的重点部分之一。该部分主要通过对马克思著作的反复阅读，以时间为线索，展示马克思政治革命思想的一些基本观点的提出、论证及其随着社会革命实践的发展不断改进的过程。该主题的研究主要包括两个方面：一是马克思政治革命思想的一般原理，其中主要包括：马克思关于革命原因和前提的理论；马克思关于革命策略和方针的理论；马克思关于革命主体和进程的理论等。特别是结合列宁的《国家与革命》一书的主要思想，依据俄国十月革命的成功实践经验，来分析列宁的革命观对马克思革命思想的继承和发展。需要注意的是，在其中要澄清，是否如某些西方马克思主义研究者所说：列宁的革命思想片面地强调了马克思革命思想的暴力革命方面，列宁的革命观是一种对马克思革命观的修正主义。二是从世界历史的视域中考察马克思的政治革命理论。正如国内著名的马克思主义研究者张一兵教授所指出的，马克思世界历史理论的"焦点意识不在于确证这个资本的世界历史（这是李嘉图已经做了而马克思并没有认识到的事情），而在于从这个世界历史中看到了革命的希望"①。从世界历史的视域中考察马克思的政治革命理论，不仅是因为马克思的世界历史理论本身就内含有政治革命的意蕴，即任何对马克思世界历史的理论研究，如果不谈马克思的政治革命理论，那么这种对马克思世界理论的阐述必定是不完整的。还因为，在研究马克思的政治革命理论时，如果没有对马克思世界历史理论的理解，就无法把握马克思关于政治革命产生的条件、无产阶级在政治革命中所必须采取的现实手段，以及马克思关于政治革命的东方道路特殊性的论证等内容。因此，从世界历史的视域考察马克思的政治革命理论，充分解释马克思政治革命理论与其世界历史理论之间的深刻内在关联，既是我们完整和准确把握、理解马克思的世界历史理论的必然要求，又是我们完整和准确把握、理解马克思的政治革命理论的必然要求。

通过对上述内容的研究和考察，论文达到以下几点结论：（1）革命的思想和内容是马克思理论的重要组成部分，革命性是马克思思想的总体特征。马克思的革命思想不仅包括马克思关于政治革命的思想和内容，还包括马克思关于哲学革命的思想和内容、社会革命的思想和内容，甚至还包括技术革命等的思想和内容。因此，对马克思的革命观不能只从狭义的政治革命的维度去理解。（2）马克思的革命思想不是机械的教条。马克思在世的时候，他本人在总结了1848 年德国革命、1871 年法国革命的历史经验的基础上，对革命的策略、革命的进程等内容进行了及时的修正和调整，体现了马克思主义中理论联系实际的宝贵品质。马克思逝世后，俄国的十月革命以及中国的社会主义革命的实践也无不说明了马克思的革命思想是一种开放、发展的思想体系的特点。因此，那种以形势的变化或抓住马克思革命思想中的某一个片段来指责和否定马克思革命思想的理论家们犯了教条主义的错误。（3）马克思的革命思想在当代依然具有重要的价值和意义。那种依据于"后革命时代"的判断，提

① 张一兵、蒙木桂：《神会马克思——马克思哲学原生态的当代阐释》，中国人民大学出版社 2004 年版，第 73 页。

出所谓"告别革命"、"以建设的马克思"取代"革命的马克思"、
"以民主的马克思"取代"革命的马克思"的种种做法，都犯了否
定马克思革命思想适用于现代社会的错误，以及忽视马克思革命思
想具有重要的现代价值和意义的错误。

第一章

革命的概念

革命，这一极具视觉吸引力和思想震撼力的概念，其基本内涵在历史延绵中几经变迁，并被各个时代的不同思想家依据其自身理解、站在不同立场进行了各不相同的诠释。而且，伴随着历史变迁中革命内涵的转变，人们涂抹在这一概念上的鲜明象征色彩、倾注在这一概念上的强烈个人情感也发生着急剧的改变，甚至是翻转性的颠覆。其象征色彩从恐怖的白色，到鲜艳的红色，再回归平淡。其个人情感从宗教式的激情，到非理性的一概拒斥，再到理性面对和和平探讨。在今天，人们已经习惯于谈论科技革命、产业革命、能源革命这类命题，也能坦然地就政治革命的内容展开对话与辩论。但事实上，人们很少严肃地去审视革命这个概念，考察其起源与演变。特别是在马克思的哲学和思想中，人们常常说革命性与科学性并列为马克思哲学和思想的两大特征，但由于缺乏对革命概念本质的历史考察与追溯，忽略对马克思哲学和思想中革命内容的全面审视，使得人们对马克思革命理论和思想的理解往往流于宣传用语式的口号，或偏执于某一方面。因此，回到革命概念本身，从革命概念入手开始马克思革命理论与思想的考察，就成为尝试全面深入探究马克思革命理论与思想的起点。

第一节　革命的词源学研究

革命，英文单词是 revolution。值得注意的是，在英文中，revolution 最初的意思是"复归"与"轮回",是一个专业性的天文学术语,指的是宇宙中天体有规律地自然往返运行。据说,哥伦布是较早在"复归"与"轮回"意义上使用 revolution 的代表人物之一,他的代表作《天体运行论》,其标题就是 *De revolutionibus orbium coelestium*。revolution 一词引申到政治社会生活领域,主要指的是社会政体、制度在几种有限的形式中的循环和演进。已有学者指出,即使是发生在 1688 年英国的"光荣革命",在其时革命依然还保留着它原初所具有的、强调政治体制的重新回复到传统的那种保守含义,意指的是君主权力合法性的恢复。

中文中的革命一词,最早见于《周易·革卦·象传》,其中有一句"天地革而四时成,汤武革命,顺乎天而应乎人"。东汉文字学家许慎在《说文解字》中解释说:"兽皮治去毛曰革。"意即,在捕获野兽后,将其打死剥皮,再除去皮上之毛,剩余之皮即为革。命,在此处的语境中主要强调的是一种天命,而这种天命又是一种由道所决定和推动的、循环往复的运动。因此,在中文里,革命一词的最初意思是遵循天道的奴隶、封建王朝的循环替换。

把中文的"革命"与英语中的"revolution"对应起来进行翻译应该归功于梁启超。梁启超留学日本期间,发现日本人将过去从中国那里学来的"革命"一词翻译为英文中的"revolution",并对"革命"一词的含义进行了新的改造,使之适应于明治维新后的日本社会生活和国民精神,非常欣喜。于是,便将日本人对"revolution"的翻译和对"革命"一词含义的新改造照搬到中国,力图借此点燃中国人民的革命热情。

因此,我们可以发现:无论是在西方,还是在中国,革命一词最初并不具有它后来所表达的那种除旧推新,打倒旧传统、开启新纪元,面向未来的激昂、向上的意蕴。相反,它立足天道循环的自然观,怀着对过去传统的由衷赞美、深深眷念和无限向往,希冀在革命运动中重回过去的理想状态。

当代美国哲学家阿伦特考证认为,近代西方文化中 revolution 的概念又与古希腊的城邦的内乱;出于某种半自然原因的政府形式的转型;人类社会事务由于某种不可避免的命运总是被推向极端,从而陷入规定性的循环之中的事件相关。例如，亚里士多德的《政治学》中，有一节的标题就是"革命"，主要指的是在当时希腊城邦政治生活中发生的暴力性政治事件。因此，阿伦特指出，古希腊时期的所谓革命一词与我们今天的革命一词不是完全对应的。她认为，即使是在古代社会，政治变动与暴力相伴随，是一种司空见惯的现象。但古代社会的暴力型政治变动并没有打断社会的历史进程，特别是没有带来什么新东西。所以，古代社会的暴力型政治变动即使存在着某种关联，但并不与我们现代的革命观念相等同。因为"它根本不是一个新开端的起点"①。

一般认为，英文 revolution 一词所具有的周期性变化的意思可追溯到古罗马历史学中的革命概念。首先，英文中 revolution 一词是直接从拉丁文的 revoluti 一词演变而来的；其次，英文中 revolution 一词所具有的周期性循环的意思也与 revoluti 一词相关。据说罗马历史学家波利比阿在其著作《历史》一书中使用了"revoluti"这一概念。由于当时古罗马的政治体制长期处于共和制与帝国制这两种不同形式的轮换情况中，波利比阿特别用 revoluti 一词来指古罗马政治领域中发生的使用暴力从而实现两种不同政治体制轮换的运动。

当代日本政治学者中野实在对革命的概念的历史沿革进行充分考察后指出：随着古罗马社会的日益宗教化，古代的革命概念也开始神圣化。但是直至近代，尽管革命的概念已经世俗化，但革命的概念还不包含"革新"的含义，甚至在近代一些重要的政治学家们那里，例如马基雅维利、霍布斯、洛克、卢梭等人，革命的概念还是暧昧不清的。他说："由于宗教改革时期不断爆发的农民起义及西班牙独立等运动，革命的概念也开始变化……文艺复兴时期以后，与神权相关的革命概念已通俗化，转化为具有近代意义的概念，社会权威的行使已普遍化。在从马基雅维利到霍布斯、洛克、卢梭的政治理论中，对革命的概念均以较暧昧的定义提出。"②

---

① ［美］汉娜·阿伦特：《论革命》，陈周旺译，译林出版社 2011 年版，第 10—11 页。

② ［日］中野实：《革命》，于小薇译，经济日报出版社 1991 年版，第 10 页。

　　通过对革命概念的词源学考察，词形和词义的历史追溯和分析，事实上我们已发现一个迥异于现代的传统革命概念。尽管从总体上看，传统的革命概念意义含混，并且在历史的变迁中或者不断丧失一部分内容，或者不断获取一部分新意，但在排除了天文学意义上的革命概念以后，我们发现作为政治学意义上的传统革命概念具有以下一般特征。

　　一是传统革命概念的历史哲学基础是循环论的历史观。循环论的历史观是传统革命概念和理论产生和生存的历史境域。无论是在东方，还是在西方世界，近代以前的思想家和人们大都怀有循环论的历史观。在中国，阴阳学派的五行学说深刻地影响了现代以前中国社会的历史哲学和宇宙论。根据这种学说，世有五行，曰：木、火、土、金、水，五行按照一定的顺序，相克相生。不仅宇宙的结构和运作由五行及其运行顺序所决定，而且历史上朝代的更迭也是遵循五行相生的顺序。依据这种循环论的历史观，传统思想家们认为："黄帝以土德王，被以木德王的夏代取代；以木德王的夏代又被以金德王的商代所取代，以金德王的商代又被以火德王的周代所取代。周朝将被以水德王的王朝所取代。"① 由此，我们就不难理解，《周易》何以把商汤王推翻夏王朝、周武王推翻商王朝称为"革命"，并强调其"革命"是"顺乎天而应乎人"。在西方，从柏拉图、亚里士多德到波利比乌斯的众多思想家们都认为，尽管古希腊和罗马的政治体制经常由于政治动荡、民众起义、战争等原因发生变更，但每一次政治体制的变更并没有带来新的东西，城邦和国家的政治体制最终只是在君主制、僭主制、贵族制、寡头制、民主制、暴民制这样有限的几类政治形式之间变来变去、流转循环。正是立足于这种循环论的政治历史观，革命一词在西方的拉丁文和英文中最初都包含了周期性循环的意思。

　　二是革命包裹着动荡、骚乱、战争等暴力性的内容。革命与一般的变动不同，它不是某种简单、纯粹的变动，因为由其目标所决定，在革命性的变动过程中往往充斥着激烈的斗争。阿伦特认为，

────────────

① 冯友兰：《中国哲学简史》，新世界出版社 2004 年版，第 143 页。

革命是一个隐喻。它是一块掩盖在动荡、骚乱、战争之上的遮羞布。她说："革命是唯一让我们直接地、不可避免地面对开端问题的政治事件，尽管这个隐喻与自然状态理论，常常被用来为战争和暴力正名。"① 近代政治学家马基雅维利在谈到政治革命时，也指出了革命的这种暴力本质，认为革命就是人们拿起武器反对统治者。他指出，由于被统治者，特别是那些地位低贱、境遇悲惨的下层群众，为了改变自己的现状，是有着更加迫切的愿望"拉起武器反对他们的统治者"②。

第二节　法国大革命与现代革命概念的诞生

明显的是，在现代思想领域，革命一词的内涵与其最初意指已相去甚远。尽管时至今日，社会思想家、哲学家们对于什么是革命，诸如革命的因素、原因、过程、重要特征等这类问题还没有形成一致意见。但无论如何，革命一词已不再是最初所指的那种简单、纯粹的轮回运动了。至少，它一定意味着某种新的开始。正如马克思所说："一切革命都有一个显著的特点：这就是：正当人民似乎临近一个伟大的开端，一个新时代展现在他们面前的时候。"③ 阿伦特也评说道："开端问题与革命现象之间的关联是显而易见的。"④

当代革命理论研究家们一般都认为，现代革命概念的兴起与18世纪末期发生的法国大革命有着密切的联系。当代日本政治学者中野实认为，无论是现代革命概念中所包含的民主主义的进步思想，还是现代革命概念中所发展出来的社会主义新理论，都与法国大革命直接相关。他说："从近代到现代对革命的论述中，起决定作用

---

① ［美］汉娜·阿伦特：《论革命》，陈周旺译，译林出版社2011年版，第10页。
② ［意］马基雅维利：《君主论》，商务印书馆2005年版，第6页。
③ 范桥、姚鹏编：《社会主义思想宝库》，中国广播电视出版社1991年版，第764页。
④ ［美］汉娜·阿伦特：《论革命》，陈周旺译，译林出版社2011年版，第9页。

的，还是同民主主义概念相结合的法国大革命时期的革命概念和在此基础上同社会主义思想相结合的马克思主义革命概念。"① 美国哲学家阿伦特也指出，现代革命概念的深刻含义是在 18 世纪法国大革命之后才清楚展现出来的。她说："十八世纪末两次伟大革命之前，革命这一现代概念并不为人所知。……然而，一旦革命的战车驶入轨道，早在相关人等得知他们的事业以胜利还是以灾难告终之前，故事的新意和情节的深刻意义都已经向演员和观众一起展示出来了。"②

一　法国大革命的背景、过程及其重要历史地位

法国大革命爆发于 1789 年 7 月 14 日，以法国人民攻占巴士底狱为标志，一般认为法国革命结束于 1794 年 7 月 27 日的热月政变。法国大革命给法国的近现代历史打下了如此深刻的烙印，以致法国的国旗——三色旗——直接与法国大革命相关，三色旗的蓝、白、红分别对应于大革命的口号：自由、平等、博爱。

法国大革命爆发前，其政权组织是贵族政权。法国的社会阶层由相应的等级划定，所有的法国人都在法律上属于某一特定的等级，不同的等级享有不同的权力，并承担不同的义务。当时法国社会主要划分为三个等级，使得整个社会结构呈金字塔状。处于金字塔顶端的是第一等级，主要是由教会的教士构成，人数有 10 万人左右。处于金字塔中间的是第二等级，主要由贵族构成，有 40 万人左右。处于金字塔最底端的是第三等级，主要由农民、工匠和城市商人组成，有 2400 万人左右，其中农民有 2000 万人左右，工匠和城市商人约有 400 万人。在当时的法国，尽管第一等级和第二等级的人数所占全国总人口的比重较小，还不到 2%，但是他们却占据了全国三分之一的土地还要多。除了占据了绝大多数的生产资料，他们还享受着国家和政府给他们提供的各种利益和特权，他们几乎被免除了所有的税务，承担着微不足道的义务。因此，税务负

---

① ［日］中野实：《革命》，于小薇译，经济日报出版社 1991 年版，第 10 页。
② ［美］汉娜·阿伦特：《论革命》，陈周旺译，译林出版社 2011 年版，第 17 页。

担和各项社会义务责任主要就落到了第三等级的人身上。而在第三等级中，农民、工匠和城市商人的情况却又各不相同。在第三等级中，农民的负担最为沉重。在当时的法国，农民占到人口的80%，却只拥有30%的土地。在拥有如此少生产资料的情况下，他们却承担着最为繁重的各种苛捐杂税。农民所承担的税务除了传统的由教会征收的什一税外，还要向封建贵族们缴纳各种封建税，另外他们还承担着国家的田赋、人头税等。法国大革命前，作为第三等级主体的农民一方面承担着繁重的苛捐杂税，被重负压得抬不起头；另一方面，法国的总体物价水平不断上涨，而农业产品的价格几乎没有多大变动，这进一步加重了农民的负担。第三等级中的城市工匠也对法国当时的旧政权深怀不满，因为在大革命爆发的前几十年，他们的工资收入仅仅上涨了22%，远远低于当时法国物价的上涨水平。例外的情况是第三等级中的城市工商业者，他们是当时法国正在形成的、新兴的资产阶级群体，由于各种原因，在大革命前他们的利益并没有减小，而是发展了，他们的收益远远高于物价上涨的水平，他们并未感到税赋方面的困难。但是，在旧的政权形式中，他们被排除在官僚机构之外，在政治上受到王权的轻视，特别是受到贵族的排斥和打压。他们的政治地位与他们所拥有的物质财富明显不相称。

法国革命的发展演进过程也极为曲折，既呈现出决裂性的特征，又具有连续性和反复性的特点。在1789年大革命爆发前，法国在1787年发生了一场针对王权的贵族革命。法国大革命刚刚开启时，是一场由资产阶级主导、在议会中进行的资产阶级革命。而在资产阶级的和平抗争即将失败的时候，法国民众拿起武器、走上街头，发动了起义，从而使法国革命演变成一场广大群众参与的群众性质的革命。而在群众革命由于恐怖统治开始失去控制，开始"吞灭它自己的儿女"的时候，又从法国大革命中产生了法兰西第一帝国这样的怪胎。

历史学家斯塔夫里阿诺斯认为：在近现代革命史中，法国革命具有特殊地位，是近现代所有革命中最突出、最具影响力的一次大革命。他指出：在世界历史的舞台上，相较于近代的英国革命和美国革命，法国革命"显得突出得多"①。因为，无论是从经济变化还是从政治变化来看，法国革命影响了世界更大一部分地区，影响了世界更大一部分人。法国历史学家托克维尔在《旧制度与大革命》中评论法国大革命时也认为，相比于世界上其他地方的一切革命，法国革命有一个突出的特点，即"法国革命却没有自己的疆域"②。法国革命的影响不仅仅局限于法国及法国人民，它超出了国界，持续地影响了欧洲乃至以后的世界其他国家中的革命。对于法国革命的超国界的特性，托克维尔更是高度赞誉道，即使"翻遍全部史册"③，我们也无法找到一次像法国大革命那样产生了世界性影响的政治革命。

由于法国大革命在现代历史中的重要地位，从 19 世纪初期直到今天，这段历史一直受到众多历史学者和思想家们的不断重述和研究。甚至有历史学者指出：毫不夸张地说，关于法国大革命的历史研究似乎已经穷尽一切细节了。但也有学者明智地主张：早先研究者们关于法国大革命的任何论断和证明都不是无懈可击的，关于法国大革命的几乎所有结论都具有很大的不确定性。从现代革命概念诞生的维度来看，究竟法国大革命起到了何种重要作用，并不是一个容易立刻给予定论的问题。下面，我们将列举两位法国思想家托克维尔和古斯塔夫·勒庞，以他们关于法国大革命的研究成果为依据，试图展示现代革命概念与法国大革命的复杂关系，以及法国大革命对革命概念从传统向现代转化过程中所起到的承上启下的作用。

二　托克维尔关于法国大革命的研究与现代革命概念

在所有研究法国大革命的思想家中，法国历史学家托克维尔无疑是最有分量的一位。他所著的《旧制度与大革命》一直被认为是

---

① ［美］斯塔夫里阿诺斯：《全球通史——从史前史到 21 世纪》（下册），吴象婴、梁赤民等译，北京大学出版社 2010 年版，第 524 页。

② ［法］托克维尔：《旧制度与大革命》，冯棠译，商务印书馆 2012 年版，第 51 页。

③ 同上。

政治思想史领域中的经典著作。

托克维尔关于法国大革命的研究有两个突出的优点：一是他本人以及他的家庭经历了法国大革命及其后的一系列革命事件。由于出身于贵族家庭，托克维尔的父母在法国大革命时曾被捕入狱，并且差一点被送上断头台。托克维尔本人目睹了法国大革命后的七月革命推翻波旁王朝、二月革命又推翻七月王朝等一系列革命事件，并在二月革命后任职法国内阁的外交部部长。托克维尔于 1856 年完成《旧制度与大革命》一书，从时间上看，此时距离法国大革命爆发之时并不遥远。二是托克维尔对法国大革命的思考和研究是建立在对原始材料的扎扎实实的查阅和解读的基础之上的。为了研究法国大革命，托克维尔阅读、利用了过去历史学者、思想家们很少利用的资料。这其中包括大量的第一手档案资料，例如保存在政府机构里的各类土地清册、税负簿，当时法国政府档案中的奏章、大臣们之间的通信、三级会议记录等。

首先，托克维尔认为，在法国大革命爆发之初，革命缺乏明晰的规划、方向和目标，甚至在大革命爆发相当长的一个时期，当时欧洲社会中的一些有识之士也没能认识到革命可能产生的重要后果。因此，现代性的革命概念并不能从法国大革命诞生之初获得。

在仔细研究了法国大革命爆发和开始进程中的各种详尽资料后，托克维尔注意到，在革命问题上，法国大革命最初并未具有它后来所展现出来的那种彻底摧毁旧世界、创造新时代的观念。相反，在革命爆发之初，上至领导阶层，下到参与其中的广大民众，对于革命将走向何方、革命后的社会形态等革命本质问题并没有一个清晰的了解和认识。托克维尔说："最初，君主和大臣认为革命只不过是一场周期性疾病，各个民族的体质都难以避免。"① 托克维尔还指出，即使是熟悉政治历史、擅长政治手腕、富有政治经验的英国人，在法国大革命来临之际，也未能认清法国大革命的特殊形式以及对世界历史所产生的重要影响，以致当时英国著名的经济学

① ［法］托克维尔：《旧制度与大革命》，冯棠译，商务印书馆 2012 年版，第 41—42 页。

家阿瑟·杨面对已经爆发的法国革命，却认为当时的法国革命最有可能对法国的贵族有利，并认为如果事实如此的话，那么这场革命就是弊大于利。

日本政治学家中野实也注意到，不仅近代的英国光荣革命，其革命的目标指向并不是彻底地推翻君主统治，而是在保留君主地位的前提下实行宪政；而且法国大革命的最初目标也不是彻底推翻路易王朝，而是在保持君主制的前提下反对封建贵族的专制统治和特权。因此，法国大革命不仅展现了朝向现代的一面，同时还具有回归传统的一面。中野实在《革命》一书中论述说："众所周知，法国大革命初期，革命势力实质的和最终的目标不是波旁王朝的君主立宪制，而是当时的专制统治和特权阶层，也就是大革命前的'旧制度'。拉法叶特侯爵等稳健的自由主义改革派与民众拥护的吉伦特派试图以立宪君主制取代维护专制统治的绝对君主制，虽然掌握着革命的主导权并筹划颁布人权宣言，组织立法议会，但都未废除帝王制，使其残留下来。"[1]

其次，托克维尔认为，法国大革命在其具体进程中分为两个阶段：在大革命的第一阶段，法国人主要是通过激烈的革命暴动摧毁过去；在大革命的第二阶级，当激烈的暴力革命过去后，重新恢复社会秩序时，法国人似乎又在把过去抛弃的东西拿过来重新建造。[2]在对法国大革命进行两阶段划分的基础上，托克维尔表达了一种传统的、保守的革命观，即认为在相当大的程度上，法国大革命是对传统的回归。

通过对法国大革命第一阶段的描绘，托克维尔不仅强调了法国大革命所具有的破坏和摧毁的特征，同时也指出了在大革命中法国民众表现出来的摒弃旧传统的决心、开创新事业的意志，以及在革命行动中表现出来的积极向上的精神。因此，托克维尔关于法国大革命中革命精神的描述，无疑是隐含着法国大革命中所具有的现代革命精神的事实的。托克维尔这样描述法国大革命期间法国民众摒

---

[1]　［日］中野实：《革命》，于小薇译，经济日报出版社1991年版，第36页。
[2]　参见［法］托克维尔《旧制度与大革命》，冯棠译，商务印书馆2012年版，第31页。

弃旧传统的决心，他说道：在 1789 年的大革命中，"法国人以任何人民所从未尝试的最大努力"①，力图使自己和国家的命运实现一种截然的改变。为此，他们深恐把过去的传统、旧的习俗带入到由革命创造出来的新天地里，他们努力使自己与过去不同、与他们的父辈和祖辈们不同。在描述法国大革命过程中法国民众展现出来的革命精神时，托克维尔指出，法国大革命刚开始时，当它还是一场资产阶级性质的民主革命时，它还没有展现出独特的新面貌。但当革命演变为一场广大农民、工匠广泛参与其中的群众革命时，它那奇特的面孔就暴露出来了。这种新的、奇特的面孔就是它不仅要改变旧的政府，而且还竭力废除旧的社会形式，改造现有的政府权力机构，即打倒一切旧的、传统的权威。不仅如此，它还试图革新社会精神文化生活，在精神文化领域"祛除种种传统，更新风尚与习惯"②。托克维尔还热情讴歌了在大革命时代的激越上扬的时代精神，认为那是一个青春、热情、自豪、慷慨和真诚的时代。他说：在革命时期，"对平等与自由的热爱共同占据着他们的心灵"③，参与革命的人民大众不仅试图建立起民主的政治体制，而且还试图通过民主政治体制的建立树立真正的人类自由，从而彻底扫除人类社会中的种种特权和不平等。这种对自由的渴望，对革命的热情是神圣、真诚的。即使参与革命的人民大众可能在革命中犯下种种错误，但是这种渴望和热情将是永远值得被人们铭记的。

通过对法国大革命第二阶段的考察，托克维尔又认为，法国大革命的实际后果并没有人们通常想象的那样巨大。相较于人们习惯从大革命中发掘和展现新事物，托克维尔却乐于从大革命中发现旧传统。在仔细考察了法国大革命后的法国政治状况后，托克维尔认为：法国的大革命，看似是一项伟大和独特的事业。但是，仔细分析起来，人们能在大革命过后的社会生活中发现大量旧的传统和习俗，这些旧的传统和习俗既包括政治制度方面的，也包括思想、情

_____

①　[法] 托克维尔：《旧制度与大革命》，冯棠译，商务印书馆 2012 年版，第 30 页。

②　同上书，第 5 页。

③　同上书，第 32 页。

感和文化方面的。事实上，当人们试图从历史中考察法国大革命的丰功伟绩时，他们往往要返回到那逝去的、坟墓中的法国那里。并且，托克维尔指出，法国人民是"在不知不觉中"① 返回到旧的制度和传统中去的。托克维尔甚至把大革命之后法国社会中出现的所谓新特点也归于法国社会古老土壤中的传统。他说道：我惊奇地发现，我们在今天法国看到的许多新的特点，人们原以为这是出于大革命激情的产物。但是，当我们返回到法国"这片古老土壤中的社会的根系"② 时，我们就会发现，它们实际与过去的古老传统存在着密切的联系。另外，托克维尔用"旧制度与大革命"作为著作的标题，其含义还在于表明，法国大革命并不完全具有人们通常所想的那样的所谓彻底性，事实上，传统中的一些旧制度——例如中央集权、行政法院和官员保证制等旧的行政风尚——在大革命后依然被保留了下来。

再次，托克维尔尽管认识到发生在 18 世纪末的法国大革命不仅导致法国的资本主义统治变得势不可当，也使得资本主义的统治甚至成为今后欧洲乃至全世界的一种必然趋势，但由于其政治上的偏见，托克维尔并未深刻认识到法国大革命给传统革命概念带来的现代性转型的这一重要意义。

托克维尔在对法国大革命及其之后一系列革命历史进行潜心研究之后，阐述了自己关于隐藏在革命背后历史真理的洞见。他认为，在法国大革命之后，有三条非常明显的真理：一是贵族制度的摧毁不可避免。无论人们愿不愿意，是力图推迟、延缓，还是猛烈、加急，受到一种无名力量的支配，贵族制度的社会在当代和今后的世界中无论如何也无法存在下去了。二是资本主义社会代替贵族制度社会是一种必然趋势。贵族制度社会之所以必然灭亡，其根本原因就在于资本主义社会的兴起。资本主义要生成、发展，就必然要打倒和推翻贵族制社会，并取而代之。三是资本主义在未来社会的发展和壮大势不可当。托克维尔关于大革命的产生与资本主义

---

① ［法］托克维尔：《旧制度与大革命》，冯棠译，商务印书馆 2012 年版，第 30 页。

② 同上书，第 31 页。

兴起的内在联系的洞见，已经表明他认识到资本主义在近现代世界历史中兴起和发展的历史必然性。

可是，由于政治上的偏见，托克维尔并没有认识到资本主义社会在历史中的革命进步意义；相反，他认为资本主义社会本质上还是一种专制社会，并对之展开了严厉的批评。众所周知，托克维尔出身于贵族家庭，他心中的理想社会是自由社会。托克维尔大声地宣告说："我对自由的热爱久也有之。"在《旧制度与大革命》一书中，托克维尔热情地进行了对自由的讴歌，并表达了自己对自由的向往。在托克维尔看来，只有自由才能使公民摆脱孤立的生存状态，只有自由才能使公民们彼此接近并感到温暖，也只有自由才能克服人类社会生活中种种弊病。而且，托克维尔认为自由能够"创造知识"①，使人们在社会生活中识别和判断善恶。出于对封建贵族社会中自由的怀念，托克维尔对大革命之后的法国资本主义统治社会并不满意，在他看来，资本主义社会只不过是一种民主专制的社会，托克维尔对资本主义的民主专制社会进行了尖锐的批评。在托克维尔看来，资本主义的民主社会，尽管不再有传统社会中的种姓、阶级、行会、家庭等限制，但由于人们只是一心一意地关注自己的物质利益，为了最大限度地获取个人的物质利益，资本主义民主社会里的人在道德上都信奉个人主义原则。由此，托克维尔说，资本主义的民主制度"夺走了公民身上一切共同的情感"②。它看似民主，实质上是一种专制，因为它通过金钱、物质把每个人都禁锢在私人利益的高墙之下。

三　古斯塔夫·勒庞关于法国大革命的研究与现代革命概念

古斯塔夫·勒庞是法国著名的社会心理学家，群体心理学的创始人，在社会心理学领域有"群体社会的马基雅维利"之称。古斯塔夫·勒庞把他的群体心理学理论运用于法国大革命研究，不仅给人们提供了一个了解和观察法国大革命的新视角，而且也为我们考

---

① ［法］托克维尔：《旧制度与大革命》，冯棠译，商务印书馆2012年版，第35—36页。

② 同上书，第35页。

察法国大革命与现代革命概念之间的关联提供了一个新维度。

首先，古斯塔夫·勒庞对革命概念下了一个简单的定义。古斯塔夫·勒庞认为革命的概念有狭义和广义之分。狭义的革命概念专指突然性的政治变革，广义的革命概念则包括发生在人类信仰、思想、知识领域中一切突然的变化。古斯塔夫·勒庞说：通常，人们用革命一词指社会政治生活中的突然性的变化。但是，革命一词的含义应该比这广泛得多。实际上，我们可以用革命表示"一切突然的变化"①。这种突然的变化，既包括人们通常所认识到的政治活动，还包括心理层面的诸如信仰、思想等。

在初步阐述了其革命的概念之后，古斯塔夫·勒庞将发生在人类社会生活中的革命主要分为三种形式：科学革命、政治革命、宗教革命。科学革命是人类社会生活中的最重要的革命，它对我们文明的存在和发展产生了深远影响，但是进展极其缓慢。科学革命由于是纯知识性的，它的结果受到实验的控制，人们必须无条件地服从它，因此人们是无法对其进行批评的。政治革命和宗教革命，尽管其作用远远赶不上科学革命，但是相较于科学革命，它们产生的原因、开展的形式、最终的后果和影响都复杂得多。

古斯塔夫·勒庞还对革命的一些具体因素谈论了自己的见解。一是从大众心理学的层面，古斯塔夫·勒庞认为非理性的因素对革命的起源产生了根本性的作用。他指出，"尽管革命的起源可能是纯粹理性的"②，但是，我们不能忘记和忽略，激起革命的热情是由非理性的心理活动带来的，因此，我们不要忘记非理性因素在革命中所起到的重要作用。二是革命活动要有成效，必须充分地动员大众，使得广大群众参与其中，但大众不能充当革命的领导角色，他们只是革命的工具。古斯塔夫·勒庞说："大众是一场革命的工具，却不是它的出发点。大众象征着一种无组织的存在，如果没有人在前面领导它，它就碌碌无为，一事无成。但大众一旦受到刺激，很

---

① ［法］古斯塔夫·勒庞：《革命心理学》，佟德志、刘训练译，吉林出版社 2004 年版，第 3 页。

② 同上书，第 4 页。

快就会超越它，但大众不能自己创造刺激。"① 三是真正的革命是那些能够改变民族命运的革命。在古斯塔夫·勒庞看来，真正的革命是极其深刻的，因为它将导致人们行为方式和思维方式的变革，并最终塑造和改进一个民族的精神，这样的一种革命进程又是极其缓慢的，这类革命类似于大自然中的"进化"。他说："突然的政治革命虽然能给历史学家以强烈的震撼，但它通常是无足轻重的；真正伟大的革命是行为方式的革命和思想的革命。因此，变换政府的名称并不会改变一个民族的精神，推翻一个民族的制度也不会重塑它的灵魂。"②"真正的革命，也就是那些改变民族命运的革命，总是进行的如此之缓慢，以至于历史学家们甚至很难指出它是从什么时候开始的，因此，'进化'这一说法比'革命'更贴切。"③

其次，古斯塔夫·勒庞在刻画和评价法国大革命时，倾向于强调大革命过程中所表现出来的破坏性的一面，并常常把一场政治性革命事件与宗教革命相类比。

在如何评价法国大革命问题上，一直存在保守派与自由派的争议。保守派诋毁法国大革命，认为它是人类历史上最邪恶的事件之一；自由派讴歌法国大革命，认为它是人类历史上最伟大的事件之一。古斯塔夫·勒庞则力图在保守派与自由派之间保持平衡，以一种客观公允的态度看待和评价法国大革命。但事实上，在评价法国大革命的问题上，古斯塔夫·勒庞强调了大革命中表现出来的破坏性的一面。他说："实际上，法国大革命除了破坏之外几乎无所作为，它对此后继续发展的某些思想成果也贡献甚少。"④ 古斯塔夫·勒庞还赞同托克维尔的关于法国大革命与传统、旧制度之间的内在联系，他说："大革命的信徒相信法国大革命是对历史的一次大扫除，对此我们万不敢苟同。我们知道，为了实现他们破旧立新的目的，他们公开声称要与过去的一切遗迹彻底决裂，开创一个全新的

---

① ［法］古斯塔夫·勒庞：《革命心理学》，佟德志、刘训练译，吉林出版社 2004年版，第 4 页。

② 同上。

③ 同上书，第 4—5 页。

④ 同上书，第 7 页。

时代。但过去并未因此而消失，它反倒更加真切地融入了我们的血液。与他们开天辟地的意图相反，大革命的改革者们依然沉浸在过去之中，并且君主制的传统在改头换面之后继续保存着，而旧制度中的独裁政治和中央集权甚至变本加厉了。"①

古斯塔夫·勒庞还习惯于把法国大革命与宗教革命进行类比，试图论证政治革命中的宗教性气质。从革命的心理起因、传播原则、动员过程到革命最终结果的实现等方面，古斯塔夫·勒庞分别论证了政治革命与宗教革命的类似之处，并试图展示法国大革命中表现出来的宗教性精神。在革命的心理起因问题上，古斯塔夫·勒庞认为，政治革命在其刚刚兴起时，尽管可能得到理性因素的支持，但是"革命只有借助神秘主义或是情感要素的理论才能继续发展"②，而这些支持革命继续发展的神秘主义或情感因素，与宗教中的非理性因素非常的相似。在法国大革命中所展现出来的力量，以及其理论原则的广泛传播问题上，古斯塔夫·勒庞说："所有这一切与其说归功于它建立的一个新的政府体系，不如说归功于它所建立的一个新的宗教。"③ 古斯塔夫·勒庞还在总体上对法国大革命与宗教革命类比说："法国大革命是信徒的事业，它很少为信徒之外的人所理解。"④

最后，古斯塔夫·勒庞关于法国大革命中大众力量的揭示，以及平等观念深入人心的发现，事实上已经表达出法国大革命中所展示出来的现代革命概念内涵。

关于法国大革命中人民群众所表现出来的巨大力量，古斯塔夫·勒庞深有感触。他把受到革命领袖鼓动参加革命的群众力量比作是一颗威力巨大的炮弹，并说他们产生的力量是"足以穿透钢板的冲击力"⑤。但遗憾的是，由于古斯塔夫·勒庞一直持有的"人民

① ［法］古斯塔夫·勒庞：《革命心理学》，佟德志、刘训练译，吉林出版社 2004年版，第 7 页。
② 同上书，第 6 页。
③ 同上书，第 6—7 页。
④ 同上书，第 6 页。
⑤ 同上书，第 42 页。

群众只是一群乌合之众"的错误偏见，使得他只看到群众在革命运动中展现出来的巨大破坏力量，而不能洞见在法国大革命中，群众已经开始作为一个阶级登上历史的政治舞台，他们已经初步具备了改变历史、创造历史的巨大力量，他们已经开始逐步成为历史舞台的主体和主角。

古斯塔夫·勒庞认识到法国大革命中所提出的理念，特别是平等的理念已经深入人心，并肯定了革命精神在社会历史发展中的推动作用。古斯塔夫·勒庞说："大革命所倡导的博爱和自由从未对人们形成多大的吸引力，但它所倡导的平等却构成了他们的福音：平等是社会主义的支点，是整个现代民主思想演进的枢轴。"事实上，法国大革命中的平等理念后来成了所有社会主义革命的一个重要理论支撑。在法国大革命中，社会主义者巴贝夫就说："必须彻底消灭这个制度，否则就要冒一切都得从头来过的危险。不能让被剥夺了的地主有任何可能重新在他占有过的产业上立脚。不应给在自私的狂怒和绝望中的地主有丝毫的希望。如果我有一根魔杖，一方面，我会把对我们碍手碍脚的一切击成灰烬，消灭得一干二净，另一方面，我会使建立一个人人享受平等权利的社会所需要的一切墓地从平地出现。"① 古斯塔夫·勒庞还肯定了法国大革命中的革命精神，认为正是这种革命精神推动着人类历史不断进步。他说："一个民族必须拥有一批具有革命精神的人。"② 不然的话，这个民族就无法进化。古斯塔夫·勒庞甚至还说，如果人类群体没有革命精神，那么我们现在可能还过着一种茹毛饮血、刀耕火种的生活。

第三节　马克思的革命概念

毫无疑问，革命概念是马克思哲学及其整个理论中的核心范畴

---

① 范桥、姚鹏编：《社会主义思想宝库》，中国广播电视出版社 1991 年版，第753 页。

② ［法］古斯塔夫·勒庞：《革命心理学》，佟德志、刘训练译，吉林出版社 2004年版，第 99—100 页。

之一。不仅马克思的思想包含了大量的革命理论与学说，洋溢着革命的精神，而且马克思本人的革命行动和实践，也使马克思本人成为革命的代言人和象征。正如国内马克思哲学研究者何中华教授所说："马克思的革命家形象极其鲜明而突出，他的思想不仅蕴含着革命的结论，而且充满了革命的精神。在马克思那里，学说同人格是内在一致的。这就使他成为一个红色的象征，以至于成为'革命'的代名词。"①

一　马尔库塞对马克思革命概念的辨析

马尔库塞是法兰克福学派的重要代表人物之一，也是20世纪最为重要的西方马克思主义者之一，甚至被誉为"发达工业社会马克思主义的最重要的理论家"。在革命理论和思想方面，马尔库塞著有《理性和革命》（1941年）、《反革命与造反》（1972年）等著作，根据其对革命概念的理解，不仅对马克思革命的理论和思想进行了较为详尽的研究和分析，而且还提出了所谓超越了马克思革命理论的"革命新理论"；在革命实践方面，马尔库塞旗帜鲜明地支持了20世纪60年代发生在美国和西欧的大规模的学生造反运动，甚至还被公认为是学生造反运动的精神导师。

首先，马尔库塞通过对黑格尔哲学以及马克思哲学中理性、辩证法概念的分析，指出黑格尔和马克思革命概念中所具有的否定不合理、改造现实的精神实质。

在马尔库塞看来，黑格尔哲学不仅是哲学史中理性精神的集大成者，"理性的概念是黑格尔哲学的核心"②，而且马克思是黑格尔理性主义的最好继承者，马克思理论革命性的秘密就在于其从黑格尔那里继承而来的理性主义。何为理性？对此，马尔库塞的答案是，理性在本质上"是一种历史力量"③，"理性的生命表现在人的不断斗争中，这种斗争表现在，认识现存一切和按真正的认识去改

---

① 何中华：《重读马克思》，山东人民出版社2009年版，第1页。
② ［美］马尔库塞：《理性和革命——黑格尔和社会理论的兴起》，程志民等译，重庆出版社1996年版，第4页。
③ 同上书，第9页。

变现存……这种历史的力量的现实作为一个过程而在时空世界中发生，并且在最后的结论中，成为整个人类历史……这个历史的世界不是作为一连串的行动和事件的组合，而是作为一个永不停止的使世界适合于不断增长的人类潜在能力的斗争。"①马尔库塞还从法国大革命的历史事实论证了理性所内含的革命精神。马尔库塞认为，法国大革命的真正精髓就在于证明了"世界应该是一个理性支配的世界"的真理。他还引用法国大革命期间的领导人罗伯斯庇尔的话来论证这一点。因为在谈到革命的起因时，罗伯斯庇尔曾说过，是理性的力量，而不是武器的力量，使得当时法国革命的"伟大的革命原则得以传播"②。在阐明了理性概念的基础上，马尔库塞指出，在理性问题上，马克思与黑格尔具有内在的一致性，这是马克思哲学和黑格尔哲学都具有革命性的内在根源。

马尔库塞认为，马克思和黑格尔的辩证法都是一种否定性辩证法，辩证法的否定实质就使得它必然地不断与普遍的社会现实发生冲突，马克思和黑格尔哲学的革命性和进步性还源于他们所强调的辩证法的否定性。关于辩证法的否定本质，马尔库塞认为，从总体上看，辩证法的思想主张，一切的存在形式"都具有一种本质上的否定性"③，这种本质上的否定性，决定了存在形式的内容和运动。马尔库塞还认为，马克思不是简单地把黑格尔的辩证法拿过来，重要的是马克思继承了黑格尔的否定性辩证法。因为，在马克思那里，就像在黑格尔那里一样，"真理仅仅在于整体，在于否定的整体性"④。需要指出的是，尽管马尔库塞强调了辩证法的否定本质，但这种否定不是消极和保守的，而是积极向上的，正是因为否定辩证法的积极特征，才使得否定性辩证法是革命的和进步的。在马尔库塞看来，辩证法的否定在于使真理能够被承认，并通过历史的实践来实现真理。

---

① ［美］马尔库塞：《理性和革命——黑格尔和社会理论的兴起》，程志民等译，重庆出版社1996年版，第9页。
② 同上书，第6页。
③ 同上书，第15页。
④ 同上。

其次，在对革命概念进行了辩证法的分析后，马尔库塞讨论了马克思的政治革命概念。

马尔库塞非常重视对马克思政治革命概念的研究，他对马克思政治革命概念的论述主要见于其论文《对马克思革命概念的重新探讨》。在马尔库塞看来，马克思的政治革命概念包括两个方面，即革命的客观性因素和革命的主观性因素。所谓革命的客观性因素，包括四个相互联系的内容，即革命是一种要求推翻资本主义生产资料私人占有制，建立生产资料社会集团所有制的活动；革命应当发源于最发达资本主义国家，只有在资本主义最发达的国家中，资本主义的基本矛盾才表现为最剧烈的形式，同时它发达的生产力也为未来社会中的"按劳分配"做了物质上的准备；革命爆发的时机最好是在资本主义经济危机时期，因为此时资本主义国家的政权机构最为脆弱；工人阶级将是革命的主力军，大规模、有组织的工人阶级是取得革命胜利的保证。但在革命初步胜利之后，有一个过渡阶段，过渡阶段的政权形式是无产阶级专政。① 所谓革命的主观性因素，即作为大多数人的革命者，在有组织地培养和宣传的条件下，"意识到剥削事实的存在"②，由此产生要求消灭剥削、进行革命的迫切愿望。通过考察马尔库塞对马克思政治革命概念的分析，可以发现：一方面，马尔库塞从历史唯物主义的维度，强调了马克思政治革命中的经济、生产力因素，这是与对马克思革命概念的传统诠释相一致的；另一方面，马尔库塞对马克思政治革命概念的理解具有法兰克福学派的理论特色，即强调了政治革命中的主观性因素，坚持意识形态革命在马克思革命概念中的重要地位。

在对马克思政治革命概念进行详细刻画的基础上，马尔库塞着重指出：马克思的政治革命概念具有历史性。马克思政治革命概念的历史性表明：一方面，马克思政治革命概念是在特定的历史条件下产生的，它适用于特定的历史时期。马尔库塞认为，马克思的政治革命概念本身就是一个表明社会中各种实际趋势的历史概念。究

---

① ［美］马尔库塞：《对马克思革命概念的重新探讨》，《国外社会科学》1986 年第 1 期，第 17 页。

② 同上。

竟马克思政治革命概念适用于哪些具体的历史时期？马尔库塞认为，马克思的政治革命概念"可以套用于整个历史时期"①，这整个历史时期，既包括资本主义的最后阶段、社会主义的初级阶段，也包括由资本主义向社会主义转变的过渡阶段。另一方面，马克思的政治革命概念要随着历史条件的变化而发生变化。马尔库塞认为，革命概念具有辩证性，因为革命概念本身就包含着变革的要求，这种变革的要求也适用于马克思的政治革命概念，所以马克思的政治革命概念也要不断变革，随着历史条件的变化而变化。

最后，马尔库塞提出了对马克思的革命理论进行重构的要求，并倡导一种革命传统的所谓的"革命新理论"。

马尔库塞认为，由于各种历史和现实的原因，为了准确理解和把握马克思的革命概念，必须对其进行重构。促使马尔库塞对马克思革命概念进行重构的因素主要有两个：一是"正统的马克思主义者"把马克思革命理论建立在经济学"绝对贫困"的基础之上，而"绝对贫困"理论在当代资本主义社会面临着深刻的危机，在事实上是失效的。马尔库塞认为，马克思之后的那些自诩为正统的马克思主义者们，他们对马克思革命理论的理解是机械论的，认为革命是在不以人的意志为转移的自然规律的形式中发生作用的。马尔库塞对正统马克思主义者们的形式主义提出批评，认为在那些所谓正统的马克思主义者那里，他们把马克思的理论教条化为"经济还原论以及历史决定论"②，并使之在社会主义和共产主义的运动中制度化，这是极端错误的。二是 1932 年马克思《1844 年经济学哲学手稿》的首次发表以及其中所蕴含的人道主义思想。与其他法兰克福学派代表人物一样，马尔库塞认为，《1844 年经济学哲学手稿》作为马克思早期代表作品，里面蕴含着丰富的人本主义思想，而这种人本主义思想在后来的所谓正统马克思主义者那里被遮蔽，从而导致了传统马克思主义理论的"人学空场"。因此，对马克思革命概

---

① ［美］马尔库塞：《对马克思革命概念的重新探讨》，《国外社会科学》1986 年第 1 期，第 17 页。

② 参见周金华《论马尔库塞对马克思主义革命理论的重构》，《江海论坛》2002 年第 3 期，第 28 页。

念的准确理解必须深入到人的本质的层面。

　　事实上，在革命问题上，马尔库塞最终并不是简单地对马克思的革命概念进行重构，而是倡导了一种超越马克思革命概念的所谓"革命新理论"。马尔库塞认为，当前资本主义已经进入到公司资本主义阶段，在全世界范围内，马克思革命理论诞生的历史土壤已经发生深刻的变化，因此马克思的革命概念已经失效。在对当前资本主义世界革命形势作出分析的基础上，马尔库塞指出，过去的那种马克思革命概念已经过时，已经被"历史发展所超越了"①，它仅仅适用于资本主义发展的某一阶段，而随着形势的变化，资本主义的新发展已经使旧的革命概念不合时宜了。马尔库塞的所谓"革命新理论"：就是在革命动力上，强调非理性因素在革命中所起到的根本性作用，提出了"从憎恶中产生革命"的新说法；在革命主体上，强调知识分子、青年、社会边缘人员在革命中所具有的地位和作用，提出了"革命新主题"的观点；在革命策略和手段上，既不支持暴力又不拒斥暴力的合法性，提出了一种既不合作又不抗争的新的"大拒绝"道路；在革命目标上，不是建立一个经济、政治制度规定保证的社会主义，而是一种人道的社会主义或审美的社会主义。

二　南斯拉夫实践派对马克思革命理论的新概括

　　在 20 世纪的各种"新马克思主义"流派中，南斯拉夫实践派独树一帜。第二次世界大战后，在苏联的支持和扶植下，东欧国家纷纷采用社会主义制度，南斯拉夫也是其中之一。但与其他东欧社会主义国家不同的是，在政治强人铁托的领导下，南斯拉夫走上了一条独立自主的社会主义道路，这一独特的历史政治背景使得南斯拉夫的马克思主义哲学研究既有别于苏联的斯大林马克思主义哲学模式，也与资本主义世界中产生的西方马克思主义存在着重要的区别。正如南斯拉夫实践派领军人物马尔科维奇所说，由于南斯拉夫第一代哲学家们大都是从游击队队员成长为贝尔格莱德大学里的教

---

　　① ［美］马尔库塞：《对马克思革命概念的重新探讨》，《国外社会科学》1986 年第 1 期，第 19 页。

授，对于他们来说，在贝尔格莱德"周围几乎没有权威。斯大林在他们当中是极其渺小的……几种有利因素的幸运结合决定了这一新哲学的性质"①。

马克思的革命概念与革命理论是南斯拉夫实践派关注的最为重要的问题之一。这不仅是因为，南斯拉夫实践派关于实践的基础理论与马克思的哲学革命概念直接相关，还因为南斯拉夫实践派密切关注了 20 世纪无产阶级革命运动的历史现实。南斯拉夫实践派着重考察了马克思革命概念的哲学内涵、马克思政治革命的本质、马克思政治革命的心理基础、革命过程中制度化等内容。南斯拉夫实践派的重要代表人物之一彼德洛维奇更是在马克思革命问题上投入了巨大气力，进行了专门而又深入的研究，先后发表了与马克思革命观直接相关的三篇论文：《哲学和革命》、《人道主义和革命》、《革命的哲学观》。

首先，从哲学的层面，南斯拉夫实践派认为，马克思革命观的实质就是超越历史上的实践形式。

既然南斯拉夫实践派的本体论主张的是实践，那么从人是一种实践存在这一基本前提出发，南斯拉夫实践派主张，从本体论、形而上学的层面来看，马克思的革命观的实质就是超越历史上的实践形式。在《革命的哲学观》中，彼德洛维奇指出，相较于任何一类其他的存在形式，人是因实践而存在的。对于人的这种实践性存在，他说："这并不意味着人是由口头意义上的、政治的、商业的或某种其他的'实践'活动决定的。根据马克思的警示，就实践是一种自由的、创造的活动而言，它是人之活动的结构。作为一种实践的存在，人是一种自由的和创造性的存在，因而也是一种革命的存在。"② 彼德洛维奇还认为，革命作为一种超越性的实践形式，从实践的无限性与革命的目标性来看，它是一种最高形式的存在。

由于从本体论上把马克思的革命规定为是对历史上实践形式的超越，那么在南斯拉夫实践派看来，只有超越了历史上实践形式的

---

① ［南］马尔科维奇、［南］彼德洛维奇编：《南斯拉夫"实践派"的历史和理论》，郑一明、曲跃厚译，重庆出版社 1996 年版，第 1—2 页。

② 同上书，第 188 页。

变革才能称之为革命。那么，什么样的实践才能称之为对历史上实践形式的超越呢？南斯拉夫实践派又认为，根据马克思关于实践与异化的相关论述，只有那种全面消灭了异化的实践才能称之为超越了传统形式的实践。所谓全面消灭异化，就是在经济、政治、文化等一切领域对异化的消灭。而在南斯拉夫实践派看来，无论是在当代的资本主义世界，还是在当代的社会主义国家，异化都是全面的、同质的。由此，根据南斯拉夫实践派的理解，一是革命是历史中的罕见现象，革命是非常短暂的。对此，彼德洛维奇说："众所周知，与非革命时期相比，革命在人类历史上一直是较为罕见的，而且非常短暂。"① 二是 20 世纪的任何一场社会主义革命都不能称为严格意义上的革命，只能说成是一场"流产了的尝试"。对此，马尔科维奇说："从这种观点看，20 世纪的任何一场社会主义革命都还没有完成。"② 因为，无论是在俄国、古巴，还是在南斯拉夫和其他社会主义国家，它们只完成了革命的第一步。在这些国家，生产方式的私有制并没有被完全超越，真正的社会所有制也没能真正地建立起来，全社会的生产者们也没能形成真实的公民自治联合体，马克思所讲的生产和生活的异化状态也未能真正被克服。

其次，在政治革命的问题上，南斯拉夫实践派指出，马克思主张的政治革命的关键不在于夺取政权，而在于变革社会制度。

南斯拉夫实践派认为，在斯大林主义那里，政治革命已经被庸俗地贬低为一种权力的征服活动，革命变成了夺取政权。南斯拉夫实践派根据对马克思、恩格斯，乃至列宁的革命理论的理解，指出在马克思主义经典作家那里，只有当社会制度发生根本性的变革，才能称得上是真正意义上的政治革命，仅仅夺取政权，只能看作是革命的一定阶段或第一步。南斯拉夫实践派的代表人物之一彼德洛维奇甚至具体地提出了马克思政治革命的几个基本原则，这其中包括：不能把政治权力在社会阶级内部的转换称为革命；革命中的政治权力转换应该是从落后阶级向进步阶级的转换；获得权力的进步

---

① ［南］马尔科维奇、［南］彼德洛维奇编：《南斯拉夫"实践派"的历史和理论》，郑一明、曲跃厚译，重庆出版社 1996 年版，第 188 页。

② 同上书，第 30—31 页。

阶级如果只是实现了对权力的征服，而不是用来改造社会制度，那么也不是真正意义上的革命等。①

南斯拉夫实践派还认为，在马克思那里，政治革命具有深刻性。即不能把一般的社会制度的变革称为政治革命，只有那种社会制度发生了深刻变革的革命才能称之为合格的政治革命。当然，南斯拉夫实践派在政治革命问题上的高标准，是与其哲学上的革命观密切相连的。在南斯拉夫实践派看来，社会制度的深刻变革，不仅要通过社会结构的改造来实现，还要通过人的变革来实现，两者缺一不可，是同一过程的两个相互联系的方面。对此，彼德洛维奇说："正如我们认为的那样，革命只有作为一种通过他人既改造了他生活于其中的社会，又改造了他自身的活动才有可能。"② 并认为，马克思《关于费尔巴哈的提纲》中的第三条论证了政治革命中社会的改造与人的变革的统一，即"环境的改变和人的活动或自我的改变的一致，只能被看作并合理地理解为革命的实践"③。

最后，南斯拉夫实践派还广泛讨论了马克思革命观中的革命运动制度化、革命活动中的心理等问题。

从法国大革命的历史经验以及当代世界社会主义革命的曲折现实出发，南斯拉夫实践派还讨论了马克思革命观中的革命运动制度化问题。革命运动的制度化包括两个方面：一方面，在革命运动初期，革命运动还没有制度化时，革命运动的不稳定往往使得革命产生分裂，甚至具有严重的破坏性，并最终导致革命的失败。以法国大革命为例，革命初期，革命者们为一种共同的理想所鼓舞，并团结起来，展现出了令世界震撼的革命力量。但随着革命的进展，革命阶层之间发生分裂，部分革命者开始悄然放弃最初的革命理想，革命的暴力开始针对革命者本身——革命吞噬了自己的孩子，最终使得革命的发展呈现出"进一步，退两步"，表现出极大的不稳定性，直至革命的失败。由此，南斯拉夫实践派的代表人物维里科·

① ［南］马尔科维奇、［南］彼德洛维奇编：《南斯拉夫"实践派"的历史和理论》，郑一明、曲跃厚译，重庆出版社1996年版，第176页。

② 同上书，第184页。

③ 《马克思恩格斯选集》第1卷，人民出版社1995年版，第55页。

卢斯说："没有一种制度，就会冒极大的风险，而且成功的机会也十分渺茫。"① 另一方面，革命制度支配了革命运动，它就会把革命分解为一个通过各种价值而得到整合的社会，并建立一种专政的政府，而这种专政的政府又极有可能会堕落为一种彻底官僚化的政府，从而有悖于革命的初衷。由此，南斯拉夫实践派主张，必须在革命运动与政治制度之间寻找一条妥协之道，从而实现革命运动与专政性政治制度之间的平衡。在南斯拉夫实践派看来，这样的一种妥协和平衡的社会，将是一个高度整合与高度民主的社会。

在革命心理的问题上，南斯拉夫实践派成员安东·兹万从马克思的《路易·波拿巴的雾月十八日》一文中的资产阶级革命过程中的心理转变为例——在资产阶级革命中，在革命初期，革命每天都充斥着极乐狂欢，而在革命过去，社会则长期地陷入麻木与压抑的酒醉状态——提出，社会主义革命是否也必然会经历从极乐狂欢向酒醉压抑的心理历程？安东·兹万主张，依据马克思的观点，社会主义革命似乎并不遵循资产阶级革命的心理过程。因为"无产阶级作为社会主义革命的承担者，并不倾向于先前的社会阶级目标，即夺取政权并使获胜阶级的统治永恒化。无产阶级要废除社会中的一切阶级差别，从而要废除任何形式的阶级统治"②。但安东·兹万又指出，在当前社会主义革命中，绝大多数革命并没有达到马克思所设想的社会主义革命水平，当前的社会主义国家都没有在事实上完全消灭阶级差别；相反，政治的官僚化在许多社会主义国家已经发展成为一个严重的社会问题。由此，从革命心理的问题上，安东·兹万提出了当前社会主义危机的观点，即社会主义必须通过改变，消减革命过去由官僚政治带来的新的心理压抑问题。

三　关于理解马克思革命概念的前提和立场

尽管革命的概念与理论在马克思的哲学中居于重要地位，并且众多哲学家、政治家们纷纷关注了马克思的革命概念和理论，但体

---

① ［南］马尔科维奇、［南］彼德洛维奇编：《南斯拉夫"实践派"的历史和理论》，郑一明、曲跃厚译，重庆出版社 1996 年版，第 315 页。

② 同上书，第 415 页。

系化的马克思革命理论在今天的理论研究领域依然是一个极富争议的话题。从上述马尔库塞、南斯拉夫实践派对马克思革命概念和理论的理解和阐述中，我们不难发现，从对马克思革命概念的本质到革命理论的具体内容，当前西方马克思主义、新马克思主义的主要流派并没有形成一致的立场和观点。

我们认为，在对马克思革命概念及其理论进行具体研究之前，要确立两个原则：第一，立足于马克思的文本。从马克思的论文、著作、手稿、笔记等具体的文献来解读马克思的革命理论和思想，忠实地反映马克思本人关于革命的概念、基本观点、主要理论，在此基础上构建马克思革命观的理论体系。立足于马克思的文本解读马克思的革命概念和理论，从诠释学来看，就必须注意文本的历史性，即要充分考虑马克思是在何时、何地、何种情况下进行文本创作的，而不能机械地完全对照文本中的字句进行解读，如果只对文本进行一种对照字句的解读，在对马克思革命概念和理论的研究中，很有可能会得出一个充满矛盾的革命观体系。第二，立足于中国化的马克思主义哲学体系。中国化的马克思主义哲学体系是马克思主义基本原理与我国实际国情相结合的产物，是我们当前开展马克思革命理论研究的现实理论土壤，这表明我们对马克思革命理论和思想的研究既具有开创性，又具有前提性和基础性。20世纪80年代起，伴随着我国的改革开放和思想解放运动，我国马克思主义哲学研究已开始逐步摆脱苏联教科书的体系模式，在对马克思文本进行充分研究的基础上，我国马克思主义哲学研究理论界已开始逐步形成具有中国理论特色的马克思主义哲学体系。在我国当前的中国化马克思主义哲学体系构建中，最具影响力的当数实践的唯物主义解读模式。

在确立了研究马克思革命概念及其理论的两个基本前提的基础上，将表明在具体开展对马克思革命概念及其理论研究中我们所持的基本立场、基本观点等内容。

首先，对马克思革命概念的界定和理论的阐述必须立足于马克思实践的唯物主义哲学的立场之上。

实践是马克思哲学的首要的、基本的观点，构成了马克思哲学的本体。在《关于费尔巴哈的提纲》中，马克思就指出，从前的一切旧唯物主义与唯心主义有一个共同的缺点，那就是它们两者都不理解人类实践活动及其意义。而要克服旧唯物主义与唯心主义的缺点，就必须从感性的人的活动，即从实践来理解对象、现实、感性。由此，马克思本人又把自己的新唯物主义称为"实践的唯物主义"。对于马克思本人把自己的新唯物主义称为"实践唯物主义"，我国马克思主义哲学专家杨耕教授指出："这是一个全局性、根本性的定义。"① 之所以这样认为，一方面是因为，实践的范畴鲜明地表达了马克思创立自己哲学的态度，即认为哲学应该是一种指导行动、鼓动行动的理论；另一方面是因为，实践范畴是构建整个马克思哲学体系的基石，是贯穿在马克思主义哲学体系中的一根红线。由于实践在马克思哲学中的重要地位，国内马克思主义哲学理论研究者大多认为，实践构成了马克思哲学的本体。

既然实践是马克思哲学的首要的、基本的观点，那么对马克思哲学中任何其他概念、理论的理解和诠释都必须从实践出发，并最终回到实践。作为马克思哲学中重要概念和理论的革命也不例外，对它的任何深刻、全面的理解和诠释也必须从马克思哲学的基本概念——实践——出发。从实践出发来理解马克思哲学的革命概念，革命就必须理解为实践的变革。对此，国内马克思主义哲学研究专家何中华说："在马克思的语境中，'革命'一词是广义的，它决非仅仅局限于狭隘的阶级斗争和暴力推翻现代资本主义社会，而是指实践的变革。把马克思的'革命'同残酷斗争联系起来的这一联想，当然有其某种历史原因，但不管什么原因造成的，它都是对马克思思想的一种狭隘而庸俗的理解，是偏离马克思本意的。"②

以实践为基石，从哲学层面把马克思的革命概念理解为一种实践的变革活动。这不禁使人想起南斯拉夫实践派关于革命概念的界定，即把革命理解为一种超越了实践形式的活动。尽管从本体论层面，我们关于革命的实践定义与南斯拉夫学派的实践定义有相同之

① 杨耕等：《马克思主义哲学基础理论研究》，北京师范大学出版社 2013 年版，第 20 页。

② 何中华：《重读马克思》，山东人民出版社 2009 年版，第 3 页。

处，但需要指出的是，由于对实践概念本身的把握上，我们与南斯拉夫实践派还存在着重要的区别。因此，尽管同样是把革命定义为实践的变革活动，但我们关于革命的实践定义与南斯拉夫实践派还是存在着本质的区别。在我国的实践的唯物主义者们看来，实践是一种具体的历史性活动，这种具体的历史性活动既具有超越性，其具体的展开又是建立在一定的历史前提、物质基础之上的。因此，实践活动是连续性与飞跃性的统一，建立在这种实践观基础上的革命理论，承认所有具有正面价值、积极意义的变革活动都是革命。在政治革命领域，包括中国革命在内的 20 世纪的众多社会主义革命都理所当然地被承认为真正的革命。与我们对实践的理解不同，南斯拉夫实践派关于实践的规定是抽象的，从内在性上他们把实践规定为人的本质和自由的最终实现，由此导致他们在革命观问题上是一种抽象的人道主义的革命观，并最终把 20 世纪几乎所有的社会主义革命排斥在真正革命的范畴之外。

其次，对马克思革命概念的界定和理论的阐述必须从客观进程与主观心理和目标两个维度出发。

在如何对革命概念进行界定的问题上，日本政治学家中野实认为，革命的概念往往因为人们看问题的立场、观点、侧重点及其探求的本质以及认识革命的主要政治意识形态的不同而各不相同。在考察了大量革命概念之后，中野实指出，通过对绝大部分革命概念的分析，人们关于革命概念的定义大致可以分为两类：一是依据革命形态的研究对革命下定义。二是依据革命心理的研究对革命下定义。所谓依据革命形态的研究对革命下定义，就是侧重于革命中政治权力或权威暴力的转移、宪法或基本法等法律上秩序形态的变化、社会体制的变化、社会结构特别是阶级结构的变化等内容对革命进行定义；所谓依据革命心理的研究对革命下定义，就是侧重于革命产生的观念、催生革命的普遍精神原则等内容对革命进行定义。① 例如，以阿伦特为例，其关于革命的定义就是依据革命心理

---

① 参见［日］中野实《革命》，于小薇译，经济日报出版社 1991 年版，第 11—12 页。

进行的，即阿伦特认为，革命应该是一种以缔造自由为价值目标的活动。

过去关于马克思革命概念的界定和理论的阐述上，马克思主义理论家们或者侧重于革命的客观进程，或者侧重于革命的主观心理和目标。侧重于革命的客观进程，就是片面强调马克思历史唯物主义规律中物质性因素的作用，从生产力条件、生产资料所有制、生产关系变革等角度来论述马克思的革命概念和革命理论，这样一种理解和解读方式主要存在于以苏联为代表的所谓社会主义马克思主义者们那里。侧重于革命的主观心理和目标，就是在革命的策略、目标等问题上，片面强调意识形态变革在马克思革命理论中的重要地位和作用，对马克思革命观的这种理解方式主要存在于以法兰克福学派为代表的西方马克思主义者那里。我们认为，对马克思革命概念及其理论的理解和阐述，既要注重从革命的客观进程进行考察，又要有革命的主观心理和目标的维度。

从客观进程考察马克思的革命概念及其理论，就是从哲学层面强调革命是一种新事物取代旧事物的过程；从社会层面强调革命是一种新的社会制度取代旧的社会制度，与旧的社会制度相比，这种新的社会制度更加适应生产力的大规模发展。从主观心理和目标考察马克思的革命概念及其理论，就是强调主观心理在推动革命产生、发展中的重要作用，特别强调了自由和人的全面发展的价值目标在革命中的重要指引作用。

第二章

革命的类型

对革命概念的词源学追溯和历史考证表明，革命概念并不是一个抽象的观念。为了树立一种理性主义的革命观，我们就绝不能仅仅停留于过去那种对革命口号式崇拜的感性认识层面，因为任何时代的革命都是历史的、具体的，只有把革命置于特定的历史语境之中，具体地分析革命者们的行动、信念、动机以及目标等，我们才能获得对这一特定概念的准确、完整把握。在历史中，我们经常能够发现这样一类显而易见的事实，即在某一特定的时刻，不同的阶级和群体尽管高喊着同样的革命口号，但隐藏在口号之后的诸如革命对象、革命方式、革命目标等革命内容却大相径庭。例如，马克思就曾经对近代法国的资产阶级革命与德国的资产阶级革命进行过比较和分析。相较于法国资产阶级通过发动一次又一次的武装起义，推翻法国的封建帝王和贵族政体，表现出近代资产阶级革命的坚决性和彻底性，对德国的资产阶级仅仅满足于在思想领域进行宗教批判的"革命"，马克思不无讥讽地说，德国的资产阶级革命看似在三年时间中"进行的清洗比过去三个世纪都要彻底得多"①，但"据说这一切都是在纯粹的思想领域中发生的"。②

近代以来，在这长达几百年的历史长河中，革命似乎一直都是主旋律，并被视为这一历史阶段的时代标签。英国的思想家艾瑞克·霍布斯鲍姆曾对近代以来的历史作出下述区分：1789—1848 年，革命的年代；1848—1875 年，资本的年代；1875—1914 年，帝国的

① 《马克思恩格斯选集》第 1 卷，人民出版社 1995 年版，第 62 页。
② 同上。

年代；1914—1991 年，极端的年代。在上述区分中，艾瑞克·霍布斯鲍姆认为近代以来的革命年代以 1789 年的法国大革命为起点，以 1848 年马克思和恩格斯的《共产党宣言》发表为终点。但艾瑞克·霍布斯鲍姆也明确指出，不能简单地把《共产党宣言》的发表理解为革命年代的终结，因为从历史事实上可以很明显地看出，共产主义革命不仅在《共产党宣言》发表后没有终结，反而在 20 世纪的初期迎来了其发展的高潮阶段。艾瑞克·霍布斯鲍姆说：尽管，1848 年以前，"共产主义的幽灵"已经在欧洲徘徊，1848 年，人们驱走了"幽灵"，此后相当长的一段时期，"它实际上便像幽灵一样处在软弱无力的状态"①，但是，假若我们研究了 20 世纪的历史就会发现，在 19 世纪诞生的共产主义展示出来了巨大改变和塑造历史的力量。由此，我们似乎可以这样来理解艾瑞克·霍布斯鲍姆的关于革命年代的划分，那就是以《共产党宣言》的发表为界限，在此之前的近代历史应该称之为资产阶级的革命年代，在此之后的近代历史可以称之为共产主义的革命年代。

　　既然革命俨然已经成为近代以来的时代标签，近代以来的几乎所有重大历史事件都被打上了革命的烙印，近代以来不同领域中发生的种种历史事实纷纷汇聚于革命这一鲜明的旗帜之下，那么，在具体阐述马克思的革命理论和思想之前，对一般性的革命史料进行整理和归纳，对马克思的革命思想进行辨析和分类，将成为开始正式阐述马克思的革命理论和思想的必然逻辑前提。

第一节　革命的一般划分标准及其类型

　　由于革命事件的多样性、复杂性，试图在作出某种简单的抽象，给出某些确定的标准后，然后一劳永逸地划分出各种各样的革命类型，制作出一幅详尽的革命类型谱系图，注定是一件不可能完

---

① ［英］艾瑞克·霍布斯鲍姆：《革命的年代》，王章辉译，江苏人民出版社 1999 年版，第 5—6 页。

成的任务。事实上，在面对纷繁复杂的革命事件时，由于研究者切入革命事件理论视角的不同、理论焦点的差异、兴趣偏好的差别等，绘制出的革命类型图表必然会出现极大的反差。因此，在这里，我们并不准备也不可能试图去穷尽各类划分革命类型的标准，制作一幅完备详尽的革命类型谱系图。我们将参考思想史、政治学领域中的相关研究成果，从宏观的维度，以革命的时代、革命的对象以及革命的意识形态因素为参照，对革命的不同类型进行一个大致区分。需要指出的是，在这里，我们区分革命不同类型的目标并不在于制定标准、制作革命类型图表，而在于彰显近代以来人类社会历史生活中所蕴含着的革命精神，揭示革命概念的深刻和复杂内涵。

一　依据时代标准区分的革命类型

近代以来，进步的革命观念得到确立。应该说，近代的人们之所以赋予革命观念以进步的新的理念，除掉依附于其上的传统循环论的旧理念，这是与近代以来人类社会历史生活中发生的翻天覆地的巨大变化密切相关的。正如历史学家柯林伍德曾经说的：在革命家们的历史观念中，革命就意味着进步。① 因此，革命的观念与近代人们形成的进步观念存在着内在关联，而近代以来人们又普遍形成了对于当前时代及其未来乐观的进步观念，这就导致革命成为自近代以来与进步相类似的一个支配着一切时代的声音。但由于在近代的不同时间阶段，人类社会生活变革的侧重点不同，因此，依据不同时代的人类社会生活革命主题的不同，我们大致可以把近代以来的革命划分为以下两种类型：

第一，17—19 世纪的资产阶级民主革命。日本学者中野实在对近代以来的革命类型进行划分时，首先强调，近代以来，从 17 世纪到 19 世纪，革命的主要内容是以立宪制和社会民主化为主要目标的资产阶级民主革命。中野实说："十七世纪末到十八世纪，以

① 参见 ［美］拉瑞·劳丹《进步及其问题》，刘新民译，华夏出版社 1999 年版，第 122 页。

英国光荣革命、法国大革命为代表的革命以及受它们直接、间接影响而产生的一系列革命，其大部分主要在西欧各国爆发。这些革命与其主体有关，可称之为近代市民革命或资产阶级革命或与完成主体和主导观念有关的资产阶级民主主义革命。"① 由中野实的这段话可以看出，发生在 17—19 世纪的资产阶级民主革命表现出两个特点：一是它的发源地在西欧。二是英国的光荣革命和法国的大革命是近代资产阶级民主革命的两种典型形式。需要注意的是，当我们把 17—19 世纪这样一段时间的革命划分为资产阶级民主革命时，我们不能局限于在政治革命的意义上来谈这样一种革命类型。事实上，当我们说 17—19 世纪的革命主要是资产阶级的民主革命时，除了表达这种革命类型包含着政治体制、国家结构、社会制度的变革外，还应该包含着生产方式、价值观念、宗教信仰，乃至科技革新等内容。因此，用"资产阶级民主"来界定这一段时期内的革命类型，不只是在政治形式这一单一的意义上使用这个概念，而是用它来涵盖包括了资产阶级民主性质的生产方式、价值观念等内容。

马克思从其唯物主义历史观的立场出发，在对人类社会历史形态进行划分时，曾把 17 世纪以来的西欧国家确立为资本主义社会，使之与之前的原始社会、奴隶社会、封建社会，与之后的共产主义社会相并列。由此可见，在马克思的革命理论逻辑中，对于把 17—19 世纪确立为资产阶级民主革命类型，应当是持肯定态度的。需要指出的是，依照马克思的唯物史观的理论逻辑，马克思在研究资产阶级民主革命时，更多的是从唯物史观中的社会阶级、生产力与生产关系等范畴来谈的。因此，在马克思的唯物史观的理论逻辑中，资产阶级的民主革命就表现出如下的历史特性：一是资产阶级民主革命是现代资产阶级出现、兴起的必然要求。在《共产党宣言》中，马克思曾较为详尽地追溯了近代资产阶级的产生，以及它们的革命性要求和变革。二是马克思积极肯定了资产阶级及其民主革命在人类历史上所起的进步作用，特别是强调了资产阶级民主革命带来的生产力的巨大发展。在谈到资产阶级民主革命对近代社会生产

---

① ［日］中野实：《革命》，于小薇译，经济日报出版社 1991 年版，第 35 页。

力所产生的巨大推动作用时，马克思说：近代资产阶级在它诞生还不到一百年的时间内，所创造出来的生产力"比过去一切世代创造的全部生产力还要多，还要大"①。三是在肯定资产阶级民主革命在历史上的进步作用的同时，马克思也指出，资产阶级民主革命并没有改变人类社会中阶级统治与阶级剥削的实质，它以一种新的统治、新的剥削形式代替过去的旧统治与旧剥削。例如，马克思曾经深刻地分析过资产阶级民主革命带来的传统统治形式和剥削形式的变迁。它使得农村服从于城市的统治，落后于国家服从于文明国家的统治，以及东方社会服从于西方社会的统治。

第二，19 世纪末期至 20 世纪的共产主义革命。共产主义革命的产生和发展有两个历史性的前提条件：一是无产阶级的出现，并作为一种政治势力登上历史的舞台。从历史上看，无产阶级的诞生过程与资产阶级的产生过程存在着内在的一致性。无产阶级不单单是丧失了生产资料的社会阶级，无产阶级还是在现代工业生产活动中，丧失了一切生产资料，把自己的劳动当作商品出卖，依附于资本，并给资本带来增殖的一个阶级，正如马克思所说："无产阶级即现代工人阶级"，② 只有当他们找到工作，只有当他们的工作能够给资本带来增殖时，他们才能够生存和存在下去。尽管无产阶级曾经作为资产阶级的同盟军，在推翻封建主义制度的资产阶级民主革命中帮助资产阶级，取得资产阶级民主革命的胜利。但当资本主义社会发展到一定阶段，其生产关系不能再适应生产力进一步发展的要求时，无产阶级就肩负起推翻资本主义社会的历史重担，就必然会提出共产主义革命的历史要求。二是科学社会主义理论的创立，或者说马克思主义理论的创立。在马克思主义诞生之前，法国和英国的思想家们，曾经提出过各种形形色色的社会主义理论，用以指导刚刚产生的无产阶级的工人运动，但在实践中都归于失败。马克思主义创始人马克思和恩格斯批判性地总结和吸收了德国古典哲学、英国政治经济学和法国空想社会主义的理论成果，立足于 19

----

① 《马克思恩格斯选集》第 1 卷，人民出版社 1995 年版，第 277 页。
② 同上书，第 278 页。

世纪的资本主义世界和工人运动的现实情况，创立了科学的马克思主义理论体系，用以指导日益发展壮大的无产阶级革命运动。正是有了马克思主义理论的科学指引，无产阶级开展的共产主义革命才第一次有了科学的纲领、正规的组织、明确的目标，从而显示出革命的巨大威力，并最终取得共产主义革命的一步步胜利。

相较于 17—19 世纪的资产阶级民主革命，兴起于 19 世纪末期的共产主义革命具有以下几个完全不同的特征：一是通过共产主义革命建立的共产主义社会将是一个彻底消灭了压迫与剥削的社会。过去的一切革命，其结果无非是以一种新的剥削代替旧的剥削，新的压迫代替旧的压迫。共产主义革命则要彻底消灭人类社会生活中的剥削和压迫现象。这是因为，进行共产主义革命的无产阶级代表了社会中最普遍的利益要求，而其自身却没有任何私利。马克思曾经从生产工具的占有形式上论证了无产阶级的共产主义革命的彻底性。马克思指出，过去的一切占有形式都是有限制的，这种有限性既受到他们有限的生产工具的制约，也受到他们有限的交往形式的制约。但在共产主义社会，由于消灭了生产工具的私人占有，"财产则归属于全体个人"①，就能够彻底克服过去一切占有形式的局限性。二是共产主义革命的价值目标是人的自由和全面发展。资产阶级民主革命提出了天赋人权、自由、平等、博爱等价值目标，并且通过强调上述价值目标具有普适性，来为资本主义社会的终结性作论证。但事实上，资产阶级民主革命的上述价值目标都受到历史条件的制约，具有历史局限性。它所提到的自由、平等，在金钱至上的资本主义商品经济社会中，只可能是有钱人的自由和平等。与资产阶级民主革命不同，共产主义革命则把人的自由和全面发展作为自己的最高价值目标。自由和人的全面发展，作为共产主义革命的价值目标是具体的、现实的。因此，马克思在谈到自由时，明确强调这种自由不是绝对的自由，而是与他人的自由相一致的。每个人都可以自由地发展，他既可以成为一名猎人、渔夫，也可以成为一名牧人、批判者，他们不再受到现代分工的压制。

---

① 《马克思恩格斯选集》第 1 卷，人民出版社 1995 年版，第 129 页。

二　依据对象标准区分的革命类型

法国思想家古斯塔夫·勒庞在对革命进行考察时，一方面指出，革命的概念应该是指那种突然的变化，并强调这种突然的变化还应包含着进化的意蕴；另一方面，依据革命对象的不同对革命类型进行了划分。古斯塔夫·勒庞承认：当我们考察各种革命现象，试图对它们进行分类时，会发现"有些捉襟见肘"①。但如果我们仅仅从革命对象这一角度考虑的话，我们就大致可以把革命分为科学革命、政治革命和宗教革命。当然，如果依据对象的不同来区分不同类型的革命，仅仅把革命划分为科技革命、政治革命、宗教革命是远远不够的。因为我们的社会生活的领域是如此复杂多样，除了科学、政治、宗教外，还包括道德、法律、艺术等领域。另外，在社会生活的物质层面，还包括生产工具、生产者等能够具象化的物质性对象领域。但正如我们上面所讲的，我们不准备也不能够依据某一划分标准，从而穷尽在此标准之下的所有革命类型。而是，在给出一定的划分标准之后，列举出由此标准断定的主要革命类型，通过对这些革命类型的阐述，澄清近代以来革命概念的深刻内涵以及其中包含的丰富的社会生活内容。如果上述说法成立的话，我们也就能够参照古斯塔夫·勒庞的以对象为标准，把近代以来的革命区分为科学革命、政治革命和宗教革命的划分方法。

第一，科学革命。正如我们在前面分析革命概念时所谈到的，近代革命的概念最先出现在自然科学的领域中，例如哥白尼曾经就把其《天体运行论》称为一种革命，以致"哥白尼式的革命"成为一个习语，后来的人们常常用"哥白尼式的革命"来表达一种巨大转变的发生。在哲学中，18世纪的哲学家康德就非常自诩地把自己的理性批判理论称为哲学中的"哥白尼式的革命"。关于近代科学革命的开启历程，正如研究者们指出的：它开始于16世纪的中叶，并在17世纪得到了迅速发展，其代表人物有哥白尼、第谷、伽利

---

① ［法］古斯塔夫·勒庞：《革命心理学》，佟德志、刘训练译，吉林大学出版社2004年版，第5页。

略、开普勒、牛顿等。① 近代科学革命，从天文学领域的革命肇始，由物理学领域中的革命打下坚固的基石，然后波及扩散至数学、化学、电磁学、生物学等人类知识的各个门类。

近代科学革命的发起，对人类社会生活产生了深刻的影响。法国思想家古斯塔夫·勒庞把科技革命看作是近代以来人类历史中发生的最重要的革命，他说："到目前为止，科学革命是最重要的革命。"② 从事世界史研究的学者们也指出，近代科学革命极大地改变了人类的生活方式。由于科技革命，在今天人类的社会生活方式已经发生了极大的改变，"金属和塑料补充了石头和木头……毛纺品和亚麻织物竞争"③。并且，与过去的农业革命等其他革命相比，科技革命本身还包含了进步的无限可能性，这就使得我们几乎不能正确地估价科学革命的无限价值。他们认为：以往的一切革命，例如农业革命，当革命发生之初，确实能给人类社会带来巨大的进步，但是这种进步很快就会停止，在随后的很长一段时间，人们再也不能感受到进一步的发展和前景。与农业革命不同，科学革命的进步是可持续的，而且是加速的，因为"科学本身包含了无限进步的可能性"④。

科技革命诞生之初，英国的哲学家培根曾经写作《新工具》一书，来表示科学这一新事物的出现，即认为科学技术作为一种认识形式，具有客观和中立的特性。由此隐含着科技革命对于近现代生活的革命影响仅仅是工具层面的。对此，古斯塔夫·勒庞曾说：科技革命是一种发生观念领域内的革命，是一种纯粹知识性的革命，这种革命不会太多影响我们的情感和信仰。人们只需要"无条件地服从它们"⑤。但马克思以及后来的西方马克思主义者们都已认识到，在资本主义社会，科学技术已不再是一个中立的、保持客观性

---

① 参见江晓原编《科学史十五讲》，北京大学出版社 2009 年版，第 151 页。
② ［法］古斯塔夫·勒庞：《革命心理学》，佟德志、刘训练译，吉林大学出版社 2004 年版，第 5 页。
③ ［美］斯塔夫里阿诺斯：《全球通史——从史前史到 21 世纪》下卷，吴象婴、梁赤民等译，北京大学出版社 2010 年版，第 479 页。
④ 同上。
⑤ ［法］古斯塔夫·勒庞：《革命心理学》，佟德志、刘训练译，吉林大学出版社 2004 年版，第 5 页。

立场的系统，它与资本主义制度结盟，已经演变为一种具有意识形态色彩的控制和统治系统。例如，现代西方马克思主义者马尔库塞在其科学批判名著《单向度的人》中指出：在当代资本主义社会，技术已经变成了一种控制社会的"新的、更有效的、更令人愉快的形式"①。

第二，政治革命。一般来说，政治革命是那种改变了政治体制、国家结构和社会制度的革命。在政治革命中，夺取政权具有中心地位。一场成功的政治革命必然实现了政权的交替。不仅如此，按照近代以来革命的进步观念以及马克思的唯物史观，仅仅实现了政权转换的活动也不能称为政治革命。因为假设如此的话，就无法把革命与历史上经常发生的起义、暴动、宫廷政变区分开来。历史上的起义、暴动、宫廷政变往往也会导致政治权力的转换，但并不能把它们都称为政治革命。按照马克思的唯物史观，一场能够被称之为政治革命的权力转换还必须至少符合以下两个条件：一是它是以一个阶级的统治代替另一个阶级的统治。也就是说，当发生政治革命时，必然是政治权力从一个阶级转移到另一个阶级的手中。二是获得政治权力的阶级代表了社会发展的方向，是新的生产力的物质利益的代表。因此，按照马克思的唯物史观的政治革命标准，人类历史上的大多数政治变革活动都不能称为政治革命。因为，它们尽管通过各种暴力活动实现了政权的转移，但是获得政权的阶级并不是代表了新的生产力物质利益的新阶级。

注意到政治革命的上述规定，就需要我们注意把政治革命与一般的政治改良区分开来。革命和改良，虽然都含有改变现实、促进进步的含义，但改良往往是统治阶级为了维护自己的统治，对社会制度、经济发展模式、统治管理的方式等社会政治内容进行局部的改进和调整，从而达到缓解社会矛盾、更好地维持自己统治的目的。简而言之，与政治革命相比，改良并没有实现政治权力在不同社会阶级之间的流转。国内马克思主义研究者林剑教授立足于马克思主义唯物史观，从哲学的高度对政治革命与改良之间的本质区分作了较为详尽的分析和说明，他指出：尽管革命与改良似乎都包含

① ［美］马尔库塞：《单向度的人》，刘继译，上海译文出版社2006年版，第7页。

着改造、改善之意，但无论是从方式、手段，还是从价值目标来看，二者之间都存在着本质的区别。革命是一种改变世界的活动，改良则是一种对现存世界进行局部修缮的活动；革命的目标是推动历史发展进步，改良的目标是维持现存的社会秩序不变。所以，与革命相比，"改良主义在本质上是一种历史的保守主义"。①

通常来说，近代世纪以来，政治革命与科技革命、工业革命等一起，极大地改变了人类的历史进程，塑造了近现代以来人类的社会生活。毫不夸张地说，在最近几百年的时间里，世界上几乎所有的国家都实现了政治革命，而且在某些国家进行的政治革命还不止一次。在研究近代人类社会生活中频发的政治革命时，一些学者们还试图在政治革命内部对其进行区分。例如，当代著名的政治学者亨廷顿就依据三个标准——（1）急剧的暴力对现有政治制度的破坏。（2）革命对新集团的政治动员。（3）新制度的创立——把近代以来的政治革命区分为两种类型：西欧型的政治革命与东洋型的政治革命。历史学研究者斯塔夫里阿诺斯谈到近代的政治革命时，一方面高度评价了近代政治革命的历史意义；另一方面依据政治革命中所蕴含的政治价值主张，把近代以来的政治革命区分为自由主义的政治革命、社会主义的政治革命、民族主义的政治革命。

第三，宗教革命。如果说科学革命是以一种新的知识体系代替一种旧的知识体系，政治革命是以一种新的阶级统治组织代替一种旧的阶级统治组织，科技革命和政治革命都意味着一种新的、具有进步性质的事物的诞生和发展，它们都以革命的肯定形式出现的话，那么宗教革命却是一种以否定面孔出现的革命类型。因为在宗教革命中，不是新事物的诞生，而是旧事物的退场。这里的宗教革命，指的是发生在近代的，随着文艺复兴和启蒙运动的兴起，宗教权力日益从世俗生活中退却，并最终只在人类精神生活中的信仰领域发挥作用的革命性变革。宗教革命以前，在长达一千年左右的时间里，西方社会都处在宗教神权的统治之下。宗教不仅统治了人们

---

① 林剑：《不应误读与否弃马克思主义的革命观》，《马克思主义研究》2014 年第10 期，第 9 页。

的精神信仰，而且还垄断了知识，甚至超越了封建社会中君主的世俗权力。宗教法庭成为裁判一切的最高标准。近代以来，随着地理大发现、经济发展等因素的影响，传统宗教的极端保守性越来越不符合社会的发展趋势和人民大众的要求。这就直接导致了在德国、英国等欧洲国家内部发生的宗教变革运动。而随着宗教改革运动的深入开展，宗教的神秘面纱被逐渐揭示，宗教的权威性日益被质疑和打倒，在此过程中，封建王权逐步战胜宗教神权，现代知识逐渐取代宗教教条。由此可以看出，与其他类型革命的一个显著不同的方面是，宗教革命是以旧的宗教世俗权力的丧失借以实现的。正如有些学者们所评说的："宗教改革直接的和决定性的遗产是权力由教会向政府的转移。"①

关于宗教革命的思想和内容曾经对青年时期的马克思产生过重要的影响。在考察德国革命的现状时，马克思一方面肯定了德国知识分子们在精神层面对宗教所进行的卓有成效的批判活动；另一方面又对德国知识分子们仅仅把对宗教的批判停留在精神层面进行了尖锐的批评。首先，马克思肯定了青年黑格尔主义者们对当时德国宗教展开的革命性批判，并揭示了宗教产生的社会根源和认识论根源。马克思肯定了青年黑格尔派关于"人创造了宗教，而不是宗教创造了人"②的观点，并揭示宗教产生的认识论根源是"人的自我意识和自我感觉"③，由此，马克思展开了对宗教的尖锐批判，指出宗教是对人们现实生活苦难的反映，批判宗教是饱受苦难的群众的精神鸦片。其次，马克思认为对宗教的批判仅仅停留在精神层面是革命不彻底的表现，彻底的宗教批判要求对产生宗教的世俗基础展开批判，并铲除宗教产生的物质土壤条件。对此，马克思说：在宗教的神圣形象被揭穿后，批判宗教神圣化的世俗原因，"就成了为历史服务的哲学的迫切任务"④。

---

① ［美］斯塔夫里阿诺斯：《全球通史——从史前史到21世纪》下卷，吴象婴、梁赤民等译，北京大学出版社2010年版，第385页。
② 《马克思恩格斯选集》第1卷，人民出版社1995年版，第1页。
③ 《同上》。
④ 同上书，第2页。

第二节　马克思革命思想的理论体系与主要类型

马克思的理论本质上是一种革命的理论，在马克思那里，革命理论与革命实践、革命激情有机地融合在一起，共同谱写和真实反映了作为伟大革命领袖的马克思的人生历程，共同彰显和映射了作为伟大革命思想家的马克思的高贵人格。正如恩格斯在马克思逝世后墓前讲话中评价的，"马克思首先是一个革命家"。① 作为革命家的马克思，一方面把推翻资本主义社会，争取无产阶级的彻底解放，作为自己的毕生使命，并亲身参与到革命的实践活动之中；另一方面还创立了关于无产阶级革命的革命理论，科学地阐述了无产阶级革命的条件、要求等。

既然马克思的革命实践、革命激情决定了马克思的理论和思想从根本上讲是一种革命的理论、革命的思想，那么在对马克思的革命理论进行分类时就必须从马克思的革命理论本身出发，而不能随意地寻找一些标准和理论参照，粗暴地对马克思的革命思想进行简单的分割。如果这样做的话，不仅会破坏马克思革命理论与思想的有机整体性，而且还有可能导致误读和扭曲马克思革命理论和思想的严重后果。由此，在区分马克思的革命理论和思想类型之前，我们很有必要对马克思的革命理论体系展开初步阐述。

一　马克思革命思想的理论体系

正如我们在前面阐述马克思的革命概念所指出的，从马克思实践唯物主义的基本立场出发，在马克思那里，从本质上讲，革命是一种改变现实的实践活动。既然在马克思的实践唯物主义那里，实践是其理论的辐射轴心，那么在马克思的革命理论体系中，改变现实的实践活动则构成了马克思整个革命理论体系的理论辐射中心。

---

① 《马克思恩格斯选集》第3卷，人民出版社1995年版，第777页。

在马克思革命思想正式确立的"天才大纲"《关于费尔巴哈的提纲》中，马克思是这样把他所创立的革命性理论和思想与以前的一切哲学家的理论和思想区分开来的，马克思说："哲学家们只是用不同的方式解释世界，问题在于改变世界。"① 就这样，马克思用寥寥数语，发动了近代以来哲学中最伟大的变革。为了实现改变世界这一伟大的革命目标，马克思先后在人类生活中的哲学、政治经济学、社会学领域苦苦求索，创立了马克思主义的哲学、政治经济学、科学社会主义等革命理论学说，并亲身参与到法国的社会主义运动、德国的革命以及英国工人的宪章运动等欧洲革命活动中。在其晚年，他还在不断地研究革命新情况与新趋势，给处于革命前夜的俄国革命提出具体的指导和建议。

首先，从马克思革命理论体系创立的历史逻辑来看，马克思率先从哲学世界观上揭示了革命的本质就是一种改变世界的实践活动，并创立了实践唯物主义的革命哲学。

众所周知，青年时期的马克思曾经是一名青年黑格尔主义者。而作为青年黑格尔主义者，他们只是把观念的革命看作是真正的革命。像路·费尔巴哈、布·鲍威尔、麦·施蒂纳这些青年黑格尔主义者们，尽管他们从黑格尔的辩证法中继承了革命性的一面，即提出了改变现状的要求；但是由于黑格尔哲学的唯心主义本质，他们的革命性要求仅仅停留在意识形态领域，特别是停留在对作为意识形态的宗教的批判的层面上。对此，恩格斯曾指出：不论是在哲学的认识上，还是在历史的实践方面，青年黑格尔派们的革命要求，都"被过分茂密的保守的方面所窒息"②。

随着马克思大学毕业，进入到《莱茵报》工作，真正深入到社会生活，和现实的物质利益打交道。马克思逐渐认识到，与思想观念相比，物质性的现实生活是第一位的。因此，仅仅把革命理解为观念的革命是远远不够的，必须把革命的要求贯彻到现实的社会生活领域，并且，现实社会生活中的革命是决定性的。由此，在哲学

① 《马克思恩格斯选集》第 1 卷，人民出版社 1995 年版，第 57 页。
② 《马克思恩格斯选集》第 4 卷，人民出版社 1995 年版，第 218 页。

世界观的层面，马克思开始把现实生活作为哲学的出发点，把改变现实世界的革命看作是真正的革命。马克思说：哲学的前提既不是任意的，也不是教条，而是"现实的个人"①。在确立了现实生活的前提后，马克思立即对青年黑格尔的观念革命观提出了批评，并指出真正的革命，真正的人的解放，只有在现实的世界中使用现实的手段才能够实现。马克思反对青年黑格尔派们的那种仅仅停留于词句上的革命行为，说他们"尽管满口讲的都是所谓'震撼世界的'词句"②，但他们却是最大的保守派。

应该说，随着马克思确立了现实生活的第一性原则，以及把观念革命的要求转变为改变现实世界的革命要求，也就意味着马克思超越了近代唯物主义和唯心主义传统，实现了哲学思维方式和世界观的转变，并完成和创立了自己新的革命哲学理论。这种哲学理论，从革命与改变世界的实践的内在一致性来看，也被称为实践的唯物主义。因为，实践本身就意味着改变现存状态，意味着变革。

其次，马克思通过当代资本主义世界的政治经济研究，提出了为何要改变现存世界的问题，为革命理论与思想的合法性进行了论证。

在实现世界观的转变之后，认识到革命的本质在于改变现存世界，而不是停留在理论批判的空中楼阁，马克思转而到现实生活中去寻求进行革命活动的合法性。为什么要革命？为什么要改变现存世界？马克思把目光转向了现代资本主义世界的生活现实，特别是转向了资本主义社会核心的经济生产活动，力图通过对资本主义经济生产活动中矛盾的解释，从而对整个资本主义的现实生活状况进行揭露和批判。马克思从资本主义社会经济生活中的最小单位商品入手，通过对商品价值二重性的分析，进而揭示了资本主义经济生活中劳动力商品的特殊性。在考察劳动力这种特殊的商品时，在政治经济发展史中，马克思首先展示了劳动力商品使用价值的特殊性，从而第一次真正揭示资本主义社会剥削的秘密所在。由此，马

---

① 《马克思恩格斯选集》第1卷，人民出版社1995年版，第67页。
② 同上书，第66页。

克思指出，资本主义的生产过程只不过是一种剩余价值的生产过程。重要的是，马克思不仅揭示了资本主义生产过程本质上只不过是资本借助于劳动力商品实现价值增殖的过程，而且马克思还指出了在此过程中，资产主义的生产力与生产关系存在的不可调和、不可克服的深刻矛盾。至此，马克思对资本主义经济的分析的结果是，资产主义经济生产活动存在着不可克服的矛盾，而要解决这种矛盾，就必须改变旧的资本主义经济生产活动现状。

由此，资本主义社会中的经济矛盾是资本主义社会的基本矛盾，是一种它自身不能解决、不可克服的矛盾。由此，马克思不仅批判了资本主义的生产，而且对整个资本主义的制度、资本主义的生活展开了深刻的揭露、彻底的批判。在马克思看来，在资本主义的生产过程中，人类的劳动活动被扭曲了，总是处于一种异化的状态。生产活动从本质上看，应该是人的一种劳动形式，但在资本主义的生产过程中，劳动变成了一种强制性的东西，变成了人的"动物机能"①，而不是真正的人的机能。同时，在资本主义的生产过程中，劳动者和他们的产品也是分离的。劳动者生产产品，但是却不占有产品；劳动者生产的劳动产品越多，劳动者获得的生活资料就越匮乏。因此，劳动者和他们产品的主客体关系发生了颠倒，不是劳动者支配他们的产品，而是劳动者是"自己的对象的奴隶"②。总之，在马克思看来，整个资本主义的生产、生活都处于一种异化的状态、一种不合理状态，资本主义的全面异化和不合理为无产阶级的革命行为提供了合法性依据，要克服资本主义社会中的这种异化状态和不合理，无产阶级就必须进行革命。

应该说，马克思从对资本主义生产、生活异化状态揭发和批判出发，为共产主义革命的合理性和必然性论证的运思方式。一方面，把马克思的革命理论与过去其他的一切社会主义革命理论区分开来，使得马克思的革命理论建立在充分的历史现实基础之上，成为一种科学的革命理论。另一方面，通过批判资本主义的生产和生

---

① 《马克思恩格斯选集》第 1 卷，人民出版社 1995 年版，第 44 页。
② 同上书，第 42 页。

活，为共产主义革命提供合法性的做法，被后来的西方马克思主义者们所继承。20 世纪 50 年代，以马尔库塞、弗洛姆为代表的西方马克思主义者们，把马克思对资本主义生产和生活的异化状态的批判，引入到资本主义社会生活中的精神文化生活领域，引入到"现代人性格结构与心理机制的异化"① 中来，从而为无产阶级在当代资本主义世界进行革命的合法性进行了论证。

再次，马克思通过对科学社会主义理论的阐述，指明了改变后的世界的前途和方向，从而生动地描绘了革命成功后的远景画面。

马克思从哲学世界观的高度提出了改变世界的革命要求，接着又通过对资本主义社会经济政治生活的分析和批判，论证了无产阶级改变世界的革命行动的合理性。但这并不意味着马克思已经完成了一整套关于改变世界的革命理论体系，他还有工作要做，还要解决一个至关重要的问题，即改变后的世界的前途和方向，或革命成功后的社会图景。为了解决改变世界后的革命远景问题，马克思创立了科学社会主义的理论。毫无疑问，人们的任何要求改变现实的活动总是带着一定的目的性的。在历史中，我们也能够发现，所有的革命活动都一定要提出相应的革命目标。人们改变世界、发动革命大多希望通过这样的历史活动建立一个更加美好的社会。事实上，正是那种对更加美好的社会的向往，激励了历史上一群群的革命者们，冒着巨大的风险，进行革命活动。但问题在于，历史上众多的革命者和思想家们，出于对未来美好社会的向往和憧憬，刻画出了一幅幅生动、具体的未来社会画面，并用这一幅幅美好的画面来感召和激励革命者，但在革命结束后，他们并不能实现这样一幅幅画面。这些对未来社会的美好描绘总是无法变为社会现实，在最后总是沦为空中楼阁。

马克思的革命理论与过去一切革命理论最大的不同就在于，他对革命前途的规划是科学的，是建立在客观历史规律的基础之上的。过去绝大多数的革命活动和革命理论，在对革命前途规划问题上，常常陷入空想。马克思在总结了过去革命活动和理论经验的基

----

① 衣俊卿：《西方马克思主义概论》，北京大学出版社 2008 年版，第 161 页。

础上，通过对社会生活现实的全面细致分析，最终建立起科学的唯物主义历史理论。马克思的唯物主义历史理论强调生产活动在人们社会生活中的决定性作用，并揭示了在人类社会生活中生产力与生产关系、经济基础与上层建筑之间的辩证关系。由于发现了隐藏于人类社会历史生活中的一般规律，马克思也就科学地指明了人类社会发展的一般方向。这样，马克思对未来社会的描绘就建立在牢固的社会历史事实基础之上，就不是空想了。由此，马克思通过科学社会理论的创立，为他的改变现实的革命理论提出了一个能够实现的、具有历史必然性的革命目标。

总之，正是围绕着改变现存世界这一革命性的现实活动，在理论上，马克思通过建构起独具特色的马克思主义哲学、政治经济学和科学社会主义，从而全面地阐述了革命的必然性、革命的现实性以及革命的理想性等革命观的基本问题，最终形成了一整套有机的马克思主义革命理论体系。

二　马克思革命思想的主要类型

正如国内著名的马克思主义者林剑教授所指出的，任何对马克思革命类型的划分，都必须"循着马克思主义历史观所提供的思维理路"①。在马克思那里，既然他是从实践的改变现存世界的革命本性出发，首先通过其哲学提出改变现存世界的革命要求，然后再通过其政治经济学论证改变世界的革命要求的合理性和必然性，最后通过其科学社会主义指明改变世界的最终革命目标，从而建构起自己的革命理论体系。那么，我们沿着马克思构建其革命理论体系的运思方式和理论历史逻辑，就能够很自然地把马克思的革命思想划分为马克思的哲学革命思想、马克思的社会革命思想与马克思的政治革命思想三部分。

第一，马克思的哲学革命思想。马克思的哲学革命思想首先表现为：在哲学上，马克思本身超越旧哲学中唯物主义与唯心主义传

_____

① 林剑：《不应误读与否弃马克思主义的革命观》，《马克思主义研究》2014 年第10 期，第 8 页。

统，开创了实践唯物主义的新哲学。马克思哲学的创立、马克思哲学的形态，以及它们在哲学思想史所具备的革命性质、所体现出来的革命精神。马克思的哲学革命思想还表现在：马克思哲学中所包含的具体的革命内容，他的指向改变现实世界的革命要求，他的"消灭哲学"、"使哲学成为现实"① 的哲学思想等，无不是一种革命的理论、革命的思想。

马克思哲学本身是一种革命性的哲学。马克思主义创始人在一开始创立自己的哲学时，就已指明要把自己的哲学与以往的一切哲学区分开来。因为，以往的一些哲学，哲学家们在构造各种哲学理论体系时，其目的只是为了解释世界。马克思则明确地指出，自己创立哲学的目标是改变现存世界。因此，马克思哲学的创立，意味着哲学的性质在哲学史中实现了革命性转变，它由一门解释世界的学问，变成了一门改变世界的学问。随着马克思哲学性质的革命性变革，马克思哲学的思维方式也发生了革命性的转变。在过去的哲学中，人与世界是分离的，人们总是习惯用一种二元对立的思维方式来看待人与世界的关系。在这种二元对立的思维方式中，人们要么是片面地强调客观世界对主体的决定性作用，要么是夸大主体对客观世界的能动性影响。在马克思哲学的视野中，运用马克思哲学的思维方式，人类世界与自然世界是内在一致的，它们都是在人的实践活动中创造和呈现出来的。不存在社会与自然、客观与主观的绝对对立。不仅在现实中，人类社会和自然界是相统一的，而且在人类思维方式上，它们也具有内在的一致性。

马克思哲学包含了丰富的革命思想和革命内容。马克思哲学所包含的丰富内容，从本质上体现着马克思主义的世界观、人生观、价值观。马克思从哲学的高度，分别阐述了实践唯物主义的自然观、意识观、社会历史观等思想。马克思哲学的理论、观点不仅揭示了人类社会发展的一般规律，而且还内含革命斗争的意志和勇气。正如马克思本人所说的："无产阶级也把哲学当作自己的精神

---

① 《马克思恩格斯选集》第 1 卷，人民出版社 1995 年版，第 8 页。

武器。"① 也就是说，马克思哲学的内容是能够充当无产阶级精神的武器的。

第二，马克思的社会革命思想。由于社会生活的广泛性、多维性，马克思的社会革命思想是对发生在社会生活中广泛领域内的革命进行的一般性的理论阐述。当然，由于马克思的整个革命理论是建立在实践唯物主义哲学的基础之上的，因此，马克思关于社会革命思想的阐述强调了生产力革命、生产方式革命在整个社会革命中的基础性作用和决定性影响。同时，马克思也重视政治革命、哲学革命在社会革命中的地位和作用，并从历史唯物主义的高度阐述了生产力革命、生产方式革命与政治革命、哲学革命之间的辩证关系。

在马克思的社会革命思想中，马克思首先肯定了社会革命的客观性，即在广泛的人类社会生活中，社会革命的产生与实践是一个客观事实，它是不以人的意志为转移的。在社会历史领域，尽管人们总是带着主观的情感、意志进行活动，好像人们的行为受到自己的心理的左右，但是从宏观的社会层面，人类的活动总是受到客观的物质条件的制约。因为人类社会生活的客观性，社会领域中的革命也是客观的。人们既不能随心所欲地制造出革命，也不能凭妄想去消灭革命。

在马克思的社会革命思想中，马克思还广泛地探究了发生在社会生活中的一般革命现象，包括科学技术革命、工业革命、宗教革命、民族革命等。通过对发生在社会生活中的广泛革命现象的探究与分析，马克思从历史唯物主义的维度，阐述了在人类社会生活领域中伴随着革命而形成的社会进步和前进的一般规律，特别是从社会形态的维度，即从社会由原始社会直至共产主义社会更替的一般模式，深刻揭示了发生在人类社会生活领域中的革命的深刻内涵以及一般特点，从而有力地批驳了在人类社会生活领域长期占据主导地位的倒退观、循环观。

第三，马克思的政治革命思想。从某种意义上讲，马克思革命理论体系的本质就是关于共产主义的政治革命。在马克思主义理论

---

① 《马克思恩格斯选集》第 1 卷，人民出版社 1995 年版，第 15 页。

研究领域，一个长期存在的传统就是，把马克思的革命理论直接等同于政治革命。确实，政治革命，特别是推翻资产阶级统治，建立起真正的人的联合体的无产阶级政治革命，始终是马克思革命理论的焦点；并且，从实践上看，马克思关于共产主义的政治革命理论具有直接的现实性，当它为先进的无产阶级分子所接受，就能转变为切实的革命行动。20世纪的俄国革命、中国革命，无不证明了马克思关于共产主义政治革命理论的力量与魅力。

然而，正是因为马克思政治革命理论的前瞻性、预言性，当20世纪无产阶级的共产主义革命实践与马克思政治革命理论中的具体观点不相一致时，也就直接导致了马克思的政治革命理论成为其整个革命理论体系中最富争议的部分。特别是，在如何理解马克思关于共产主义革命的时机、进程、爆发国家与其政治革命理论不完全相符的问题上，马克思主义的理论家们形成了"青年马克思"与"老年马克思"、"不成熟的马克思"与"成熟的马克思"等不同的解释路径。我们认为，对马克思政治革命理论的阐述，一定要站在马克思历史唯物主义的一般原理基础之上，特别是要在马克思的世界历史的视域下正确看待和认识马克思的政治革命理论，以及马克思的政治革命理论与20世纪共产主义革命实践的关系问题。

第三章

马克思的哲学革命思想（一）
——实践唯物主义

    马克思在创立自己的哲学之始，就已经明确地表述了其革命的愿景。关于这一点，在马克思的早期哲学著作《〈黑格尔法哲学批判〉导言》中表述得特别清晰。一方面，针对当时的德国革命现实，马克思明确地提出，必须在德国的理论界发动一场哲学的革命，使革命的理论成为批判的武器，最终变成物质力量，从而推动德国的现实性的革命行动。他说："即使从历史的观点来看，理论的解放对德国也有特别实际的意义。德国的革命的过去就是理论性的，这就是宗教改革。正像当时的革命是从僧侣的头脑开始一样，现在的革命则从哲学家的头脑开始。"① 另一方面，针对近代哲学脱离现实、困囿于思辨牢笼的缺陷，马克思甚至提出了"消灭哲学"这样激进的革命性口号。他说："一句话，你们不使哲学成为现实，就不能够消灭哲学。"②

    尽管对马克思哲学是否发起了一场哲学革命的问题，马克思之后的马克思主义者对此大都持肯定立场，但在如何深刻理解和体悟马克思哲学的革命性本质问题上，马克思之后的马克思主义者们的看法却不尽相同。例如，俄国著名的马克思主义理论家普列汉诺夫认为，马克思主义哲学革命的本质是其超越了黑格尔唯心主义的唯物主义哲学。普列汉诺夫说："谈了现代社会主义起源问题的人们，常常对我们说：马克思主义哲学是黑格尔哲学的合乎逻辑和必然的结果。这是正确的，但这是不完全的，很不完全的。马克思的继承

---

① 《马克思恩格斯选集》第 1 卷，人民出版社 1995 年版，第 10 页。
② 同上书，第 8 页。

黑格尔，正像丘比特的继承萨茨尔奴斯一样，是贬黜了后者的王位的。马克思的唯物主义哲学的出现，是人类思想史上绝无仅有的一次真正的革命，是伟大的革命。"① 而在西方马克思主义者海德格尔看来，马克思主义哲学革命的突出特色是其哲学的历史感。在对西方马克思主义哲学家们进行评述时，海德格尔认为现代西方马克思主义者们从现象学、存在主义来理解马克思哲学，其结果实际并未达到同马克思对话的水平。海德格尔说："因为马克思在体会异化的时候深入到历史的本质性的一度中去了，所以马克思主义关于历史的观点比其余的历史性优越。但因为胡塞尔没有，据我看来萨特也没有在存在中认识到历史事物的本质性，所以现象学没有、存在主义也没有达到这样的一度中，在此一度中才有资格和马克思主义交谈。"②

从我国来看，最近几十年，伴随着改革开放带来的思想解放运动，马克思主义理论研究界逐步摆脱对马克思哲学研究的传统教条的束缚。当前国内马克思哲学研究呈现出两个重要的特点：一是重视对马克思理论的文本解读。"由于把文本作为马克思主义研究中一个专门的领域来通盘考虑，这就改变了过去这种研究中一直存在的零散而无序的状态，特别在中文版本之外，越来越多的研究者注意到德、俄、英、日等语种的马克思全集编辑过程中和最权威的MEGA2 已经出版部分的收文情况，从而可以从总体上对马克思的著述有一个比较准确的统计和清楚的把握，这有助于从宏观上把握马克思写作的特点、文本的类型、文本的曲折历程和思想被接受的复杂情形。"③ 二是重视对马克思理论的学术性研究。由于历史原因，马克思理论的研究常常受到政治形势和运动的左右和干扰，从而使得作为理论的马克思主义具有强烈的意识形态色彩。一般说来，任何一种理论都不可能完全客观和中立，或多或少、或远或近

---

① ［俄］普列汉诺夫：《普列汉诺夫哲学著作选集》第 2 卷，生活·读书·新知三联书店 1961 年版，第 507 页。

② 孙周兴编：《海德格尔选集》（上卷），上海三联书店 1996 年版，第 383 页。

③ 聂锦芳：《马克思的"新哲学"——原型与流变》，中国社会科学出版社 2013 年版，第 2 页。

总会与特定的意识形态关联起来。但在理论的研究和阐述中，如果过于强调理论的意识形态色彩，往往会导致理论僵硬、教条化，最终无法跟上社会生活的变迁，对社会现实丧失解释力。自 20 世纪80 年代中期起，国内马克思理论研究兴起了一股"思想淡出、学术凸显"的思潮。在这样一股思潮的影响下，国内马克思理论研究者们纷纷提出"回到马克思"、"重读马克思"、"为马克思辩护"等口号，极大地深化了对马克思本人理论和思想的解读和研究。在上述两种背景之下，我国马克思主义研究者们对马克思哲学革命本性的确认主要有如下几种立场：一是通过把马克思哲学界定为一种辩证唯物主义哲学，从而强调和凸显马克思哲学的革命本性。二是通过把马克思哲学界定为一种历史唯物主义哲学，从而强调和凸显马克思哲学的革命本性。三是通过把马克思哲学界定为一种人道主义哲学，从而强调和凸显马克思哲学的革命本性。四是通过把马克思哲学界定为一种实践哲学，从而强调和凸显马克思哲学的革命本性。

我们认为，毫无疑义，马克思哲学的创立是人类思想史上的一次壮丽的日出。我们也坚持认为，正如 20 世纪存在主义哲学家萨特所评说的，马克思哲学是"当代唯一不可超越的哲学"。但如何理解和体悟马克思哲学的革命本性，在我们看来，必须立足于马克思的实践唯物主义的基本哲学立场。无论是从马克思哲学的创立、马克思哲学体系的内在结构和逻辑，还是马克思哲学最鲜明的特色来看，上述所有问题的答案都指向了马克思哲学的同一个核心范畴——实践。关于实践在马克思哲学中的基础和特殊地位，国内马克思主义专家杨耕教授说："马克思把哲学的对象规定为人类实践活动，把哲学的任务规定为解答实践活动中人与世界、主体与客体、主观与客观的关系，从而为改变世界提供方法论。马克思哲学是为改变现存世界的实践活动而创立的，实践的内容就是它的理论内容。马克思哲学本身就是对人类实践活动中的各种矛盾关系的一种理论反思。"①

---

① 杨耕：《为马克思辩护》，中国人民大学出版社 2010 年版，第 10 页。

第一节　马克思实践唯物主义的
创立及其革命意义

马克思是否为一位哲学家？马克思是否有自己的哲学理论？这些似乎不是问题的问题也曾广泛地引起过某些马克思理论研究者的激烈争议。在一些西方理论家看来，并不存在所谓的马克思哲学，只存在作为一种政治意识形态的马克思主义理论。作为意识形态的马克思主义理论，主要指的是马克思的政治学思想和马克思的经济学思想。例如，假设你去西方大学图书馆查找马克思的著作，它们几乎都被放置在政治、经济学的目录下，而在哲学的目录下，你多半是无法查找到马克思著作的。因此，"按照这种偏见，马克思主要是一个革命家，至多同时还是一个伟大的社会理论家和经济学家，唯独在哲学上不够格。这是西方大学学院体制中普遍存在的偏见"①。也有马克思主义研究者认为，马克思本人不应该是一个哲学家。因为，马克思在其著作中曾经提出过要"消灭哲学"，也发表过像《哲学的贫困》这样的著作，"在他独立的思想形成之后的许多行文中，'哲学'、'哲学家'、'理论家'都是在一种贬义中被使用的"②。而且，从马克思本人的著述来看，关于哲学的著述只占其著作中的很小一部分，并且大都是青年时期发表的不成熟的著作。"马克思本人并未发表过系统、完整地阐述自己的哲学思想的著作。他的论述哲学的文字多以与同时代的人论战的形式问世，如《神圣家族》、《德意志意识形态》、《哲学的贫困》。至于正面表述自己的观点的文字，则每每是属于并不准备发表的手稿，例如我们有幸读到的'巴黎手稿'及《关于费尔巴哈的提纲》。这两篇文字无疑属于'哲学变革'之原初的表述，然惜乎其简，为后来各种歧义的诠

---

① 杨学功：《超越哲学同质性神话——马克思哲学革命的当代解读》，北京大学出版社 2010 年版，第 11 页。

② 吴晓明、王德峰：《马克思的哲学革命及其当代意义》，人民出版社 2005 年版，第 1 页。

解留下了多少空间。"①

当然，我们发现，无论是在正统的马克思主义那里，还是在西方马克思主义阵营里，绝大多数研究者都对马克思的哲学家身份、体系性的马克思哲学持肯定的立场。不然的话，我们就无法理解在20世纪哲学中存在的蔚为壮观的马克思哲学理论研究思潮，就不能理解20世纪像萨特、德里达、海德格尔、哈贝马斯这样著名哲学家为何纷纷宣称自己是马克思主义者，就不能理解德里达对马克思在思想史中的定位："不能没有马克思，没有马克思，没有对马克思的记忆，没有马克思的遗产，也就没有将来。无论如何得有个马克思，得有他的才华，至少得有他的某种精神。"②

一 马克思哲学的产生与发展

众所周知，马克思年轻时是一位青年黑格尔主义者。1836年，马克思进入柏林大学学习，为了解决其青年时期的"精神危机"，从而倒向了黑格尔主义。对此，《马克思传》的作者戴维·麦克莱伦记述说："马克思，这位康德和费希特的追随者，曾认为最高的存在是脱离尘世的浪漫主义的主观主义者，先前曾反对黑格尔概念性的理性主义者。但是现在观念似乎内在于现实之中了。……现在他不得不转向黑格尔哲学以便解决他的精神危机，这种转向很深刻，也很突然，这很可能是马克思整个一生思想发展中最重要的一步。"③ 为了走向和靠近黑格尔，马克思从头至尾阅读了黑格尔的全部著作，也阅读了大量的黑格尔弟子的著作，参加了黑格尔派的讨论小组，并最终成为青年黑格尔派的重要成员。关于自己成为一名青年黑格尔派的成员，马克思回忆说："由于在施特拉劳常和朋友们见面，我接触到一个'博士俱乐部'，其中有几位讲师，还有我

---

① 吴晓明、王德峰：《马克思的哲学革命及其当代意义》，人民出版社2005年版，第3页。

② ［法］德里达：《马克思的幽灵》，何一译，中国人民大学出版社1999年版，第21页。

③ ［英］戴维·麦克莱伦：《马克思传》，王珍译，中国人民大学出版社2008年版，第22页。

的一位最亲密的柏林朋友鲁滕堡博士。这里在争论中反映了很多相互对立的观点，而我同我想避开的现代世界哲学的联系却越来越紧密了。"①

马克思大学毕业的博士论文是《德谟克利特的自然哲学和伊壁鸠鲁的自然哲学的差别》。马克思在博士论文中所阐述的观点和思想，既是马克思与黑格尔哲学的第一次正式对话，反映和体现了当时德国青年黑格尔学派的一般观点和主张，同时也包含着导致后来与青年黑格尔派相决裂，并最终形成未来马克思哲学的萌芽性的内容。首先，马克思博士论文的选题直接与当时青年黑格尔派的理论兴趣相关。由于青年黑格尔派认为，在黑格尔的"总体哲学"之后，当时他们所处的状况与亚里士多德之后的希腊情况相似。因此，亚里士多德之后的希腊哲学成为青年黑格尔派共同的理论兴趣。马克思的论文把伊壁鸠鲁作为其考察的主要对象，是符合当时青年黑格尔派的理论气质的。其次，在《德谟克利特的自然哲学和伊壁鸠鲁的自然哲学的差别》一文中，马克思通过对伊壁鸠鲁自然哲学的重新解读，得出了"人的自我意识是最高的神性"②的青年黑格尔派结论。在博士论文的序言中，马克思明确地写道："哲学，只要它还有一滴血在它那个要征服世界的、绝对自由的心脏里跳动着，它就将永远用伊壁鸠鲁的话向它的反对者宣称：'渎神的并不是那抛弃众人所崇拜的众神的人，而是同意众人关于众神的意见的人。'哲学并不隐瞒这一点。普罗米修斯承认道：老实说，我痛恨所有的神。这是哲学的自白，它自己的格言，借以表示它反对一切天上的和地上的神，这些神不承认人的自我意识具有最高的神性。不应该有任何神同人的自我意识相并列。"③最后，在《德谟克利特的自然哲学和伊壁鸠鲁的自然哲学的差别》一文中，马克思首次提出了"哲学世界化"的命题。马克思说："世界的哲学化同时也就是哲学的世界化，哲学的实现同时也就是它的丧失，哲学在外部所反对的东西就是它自己内在的缺点，正是在斗争中它本身陷入了它

①　《马克思恩格斯全集》第40卷，人民出版社第1982年版，第16页。
②　同上书，第190页。
③　同上书，第189—190页。

所反对的缺陷之中，而且只有当它陷入这些缺陷之中时，它才能消除这些缺陷。与它对立的东西，它所反对的东西，总是跟它相同的东西，只不过具有相反的因素罢了。"① "哲学世界化" 的提出，表明马克思已经开始反思青年黑格尔派过于强调思辨、脱离现实的缺陷，埋下了后来与青年黑格尔派决裂的伏笔，以及隐含了马克思未来要求这些改变现实的革命主张。对于马克思 "哲学世界化" 提法的意义，国内马克思主义研究者聂锦芳说："在博士论文中，马克思已经提出 '哲学世界化' 的命题，意味着哲学必须自我扬弃，介入现实。当马克思站在激进民主主义立场上时，他把目光投向政治自由，强调的乃是哲学与政治的联盟；当马克思转变到社会主义立场时，他把目光投向社会自由，强调的乃是哲学与无产阶级的相互扬弃。最终，哲学关注现实的方式，不是单纯的解释世界，而是改变世界。"②

　　大学毕业后，马克思从事了他人生中唯一的一份正式工作，即到《莱茵报》当编辑，并最终成为《莱茵报》的主编。在《莱茵报》工作期间，是马克思思想转变的重要时期。记者和编辑的工作促使马克思不得不经常发表与物质利益相关的意见，最初，马克思站在黑格尔理性主义的立场，试图用理性原则来规范和指导物质利益的调整和分配，但现实的结果往往是物质利益打破了马克思理性主义的迷梦。在《莱茵报》期间，物质利益与理性原则的分裂不时地困扰着马克思，从《林木盗窃法》到《摩泽尔记者的辩护》，马克思的哲学思想经历了一个把物质利益贬斥为 "下流的唯物主义"到开始主动考虑 "各种关系的客观本性" 的深刻转变。在《林木盗窃法》发布后，法的原则败给了利益的考量，对此马克思评论说："这种下流的唯物主义，这种违反各族人民和人类的神圣精神的罪恶，是《普鲁士国家报》正向立法者鼓吹的那一套理论的直接后果，这一理论认为，在讨论林木法的时候应该考虑的只是树木和森林，而且不应该从政治上，也就是说，不应该同整个国家理性和国

---

　　① 《马克思恩格斯全集》第 1 卷，人民出版社 2002 年版，第 76 页。
　　② 聂锦芳：《马克思的 "新哲学" ——原型与流变》，中国社会科学出版社 2013 年版，第 104 页。

家伦理联系起来解决每一个涉及物质的课题。"① 有意思的是，尽管此时马克思还站在黑格尔的理论立场上，但马克思和恩格斯都认为，由于《林木盗窃法》是马克思第一次遇到要对物质利益发表意见，因此在其思想转变中起了重要作用。恩格斯说："曾不止一次地听到马克思说，正是他对《林木盗窃法》和摩塞尔河地区农民处境的研究，推动他由纯政治转向研究经济关系，并从而走向社会主义。"② 对于唯物主义以这样一种方式介入到马克思哲学思想转变历程中的这一历史事件，有学者评论说："当莱茵省议会通过林木盗窃法，林木所有者的利益战胜了体现国家理性的法时，马克思把其比作是下流的唯物主义的胜利。这不但标志马克思此刻对唯物主义还保持着一种疏远关系，也意味着唯物主义首先以一种奇怪的、变形的方式介入马克思的思考。可以肯定，此刻的马克思还在黑格尔的框架内寻找出路，用理性的标准来批判脱离国家有机体的私人生活。但无论如何，现实的残酷结果，直接挑战和冲击了黑格尔的国家理性学说，影响了马克思思维方式的转变。"③ 如果说《林木盗窃法》是迫使马克思思考物质利益，面临物质利益与理性原则相互分裂的困境，那么到《摩泽尔记者的辩护》事件时，马克思已经开始主动地站在唯物主义的立场来对物质利益发表意见了。在《摩泽尔记者的辩护》中，马克思说："人们在研究国家状况时很容易走入歧途，即忽视各种关系的客观本性，而用当事人的意志来解释一切。但是存在着这样一些关系，这些关系既决定私人的行动，也决定个别行政当局的行动，而且就像呼吸的方式一样不以他们为转移。只要人们一开始就站在这种客观立场上，人们就不会违法常规地以这一方或那一方的善意或恶意为前提，而会在初看起来似乎只有人在起作用的地方看到这些关系在起作用。"④

《莱茵报》关停后，马克思从社会退回到书房。在 1843 年 3 月

① 《马克思恩格斯全集》第 1 卷，人民出版社第 2002 年版，第 389—290 页。
② 《马克思恩格斯全集》第 39 卷，人民出版社第 1974 年版，第 446 页。
③ 聂锦芳：《马克思的"新哲学"——原型与流变》，中国社会科学出版社 2013 年版，第 121 页。
④ 《马克思恩格斯全集》第 1 卷，人民出版社 2002 年版，第 363 页。

至 9 月的半年时间里旅居克罗伊茨纳赫，留下了《黑格尔法哲学批判手稿》。1843 年 10 月，马克思到达法国巴黎，在此期间写下了《〈黑格尔法哲学批判〉导言》、《1844 年经济学哲学手稿》等著作。以《黑格尔法哲学批判手稿》、《〈黑格尔法哲学批判〉导言》、《1844 年经济学哲学手稿》为标志，马克思哲学思想开始受到费尔巴哈的唯物主义的影响和支配，并正式与黑格尔的唯心主义世界观相决裂，提出了要把黑格尔颠倒的主词和宾词的正当关系重新颠倒回来的要求。在此期间，费尔巴哈对黑格尔的影响首先表现在，马克思《黑格尔法哲学批判手稿》的写作直接受到费尔巴哈《关于哲学改造的临时纲要》的影响。费尔巴哈的《关于哲学改造的临时纲要》一出版，马克思就读了，并且在读后给其朋友卢格的信中热情洋溢地写道："费尔巴哈的警句只有一点不能使我满意，这就是：他过多地强调自然而过少地强调政治。然而这一联盟是现代哲学能够借以成为真理的唯一联盟。结果大概象在十六世纪那样，除了醉心于自然的人以外，还有醉心于国家的人。"① 在谈到费尔巴哈对马克思《黑格尔法哲学批判手稿》的影响时，马克思传记作家戴维·麦克莱伦说："正是费尔巴哈的《纲要》使马克思实现了对黑格尔辩证法特定的颠倒。对马克思来说，1843 年（他同时代的大多数激进民主主义者也是这样），费尔巴哈是一位哲学家。马克思在 1843 年夏详细论述的对黑格尔政治哲学批判的每一页都显示出了受费尔巴哈方法的影响。"② 其次，不仅《黑格尔法哲学批判手稿》，马克思在这段时期写下的大部分著作都受到费尔巴哈的强烈影响，从《神圣家族》到《1844 年经济学哲学手稿》，马克思不仅对费尔巴哈本人给予了高度评价，还在其论著中大量地运用费尔巴哈的术语。在《1844 年经济学哲学手稿》中，马克思这样高度评价费尔巴哈，他说："对国民经济学的批判，以及整个实证的批判，全靠费尔巴哈的发现给它打下真正的基础。从费尔巴哈起才开始了实证的人道主义的自然主义的批判。费尔巴哈的著作越不被宣扬，这些

---

① 《马克思恩格斯全集》第 27 卷，人民出版社第 1972 年版，第 442—443 页。
② ［英］戴维·麦克莱伦：《马克思传》，王珍译，中国人民大学出版社 2008 年版，第 65 页。

著作的影响就越扎实、深刻、广泛和持久；费尔巴哈是继黑格尔的《现象学》和《逻辑学》之后包含着真正理论革命的唯一著作。"①最后，在费尔巴哈唯物主义的影响下，马克思对黑格尔的唯心主义的法哲学展开批判，提出了从物质生活关系来理解法哲学的唯物主义主张。多年后，马克思在《政治经济学批判》的序言中回忆说："为了解决使我苦恼的疑问，我写的第一步著作是对黑格尔法哲学的批判性分析……我的研究得出这样一个结果：法的关系正像国家的形式一样，既不能从它们本身来理解，也不能从所谓人类精神的一般发展来理解，相反，它们根源于物质的生活关系，这种物质的生活关系的总和。"②

　　事实上，在马克思转向费尔巴哈唯物主义立场，接受费尔巴哈的方法馈赠，从而对自己的黑格尔唯心主义思想进行清算和批判的时候，马克思并没有完全地照搬费尔巴哈的理论和方法。在此期间，"马克思对政治、经济和社会主义学说的关注都远远溢出了费尔巴哈的范围，这种探索领域的扩展不仅带来理论视野的扩大，而且带来理论视点的质变。最为重要的就是'异化'理论与'劳动'的结合，以此来揭示社会主义理论初步的哲学基础"。③ "事实上，马克思赋予他的批判以一种费尔巴哈所缺少的社会历史的维度。"④这也就意味着，马克思必然将在哲学上重新启程，在超越了黑格尔的唯心主义之后再发起一次对费尔巴哈唯物主义思想的超越，而这一转变时刻来得相当的迅速。1845 年，马克思写下了《关于费尔巴哈的提纲》，并在随后的几个月中和恩格斯合作完成了《德意志意识形态》。《关于费尔巴哈的提纲》、《德意志意识形态》的完成标志着马克思从费尔巴哈的非历史立场中解脱出来，不再是紧跟费尔巴哈的学生，真正完成了对"从前哲学信仰"的清算，从而建立了

---

① 马克思：《1844 年经济学哲学手稿》，人民出版社 2000 年版，第 4 页。
② 《马克思恩格斯全集》第 13 卷，人民出版社 1962 年版，第 8 页。
③ 聂锦芳：《马克思的"新哲学"——原型与流变》，中国社会科学出版社 2013 年版，第 163—164 页。
④ ［英］戴维·麦克莱伦：《马克思传》，王珍译，中国人民大学出版社 2008 年版，第 65—66 页。

自己的哲学理论，即实践唯物主义哲学。

二　实践唯物主义哲学观的确立

实践，作为一个哲学范畴，早在古希腊时期就已出现。据说，苏格拉底就曾经提出过"哲学的实践"这一重要概念。不过，一般认为，亚里士多德是古希腊哲学家中最早严肃地分析实践范畴，并对实践展开哲学研究的哲学家之一。在《形而上学》第6卷中，亚里士多德把人类的思想活动划分为三类：实践的活动、创制的活动、理论的活动，由此也把人类知识相对应地划分为深思熟虑的知识、技艺性知识、科学知识。由于亚里士多德认为，实践活动的目标在追求幸福，提出的是关涉"好"或"善"的问题，因此，在亚里士多德的哲学中，实践哲学主要指的就是道德哲学和政治哲学。亚里士多德对于实践范畴的界定和实践哲学的划分，在西方哲学中有着重要的影响。从亚里士多德以后，直至近代哲学家康德，一般说来，实践活动专指人的道德活动和政治活动，实践哲学也就是一门研究与"善"相关的一般道德和政治的哲学。

在作为马克思哲学思想的直接来源之一的黑格尔哲学中，实践概念也是一种重要范畴。黑格尔在其《精神现象学》、《逻辑学》、《历史哲学》以及《法哲学》等著作中都表达了实践的观点和理论。在黑格尔的哲学中，首先，实践活动的基本形式是劳动。在黑格尔那里，实践已经不再是传统哲学专门指认的道德活动与政治活动，而是指人的一般的行动，有意志的人的活动。特别是，黑格尔把劳动作为人的实践活动的最基本的形式，因为在黑格尔看来，正是通过劳动这样的实践活动，人们改造自然，把自己与自然分裂开来，并达到自我意识。其次，黑格尔阐述了实践活动的三个环节或构成因素，即目的、手段、他物。在黑格尔看来，目的是实践活动的一个重要特性，也是人的活动与动物的行为相区别的根本所在。因为人有理性和思想，人的活动是能动性的，总是在理性、意志和情感的支配下从事具体的实践活动；动物缺乏理性，它只是在本能的驱使下去行动。实践活动的手段，是实践活动为了实现其目的所必须采用的中介。在黑格尔看来，目的通过手段与客观性相结合，从而抛弃目的自身的主观性。他物则是实践活动的现实的结果，当他物作为实践活动的结果出现时，实践活动最初的主观目的性彻底地转变为客观现实性。应该说，黑格尔关于实践的上述思想对后来马克思实践观的形成产生了重要影响。因此，在实践的问题上，有学者评述说："黑格尔的主要贡献就在于，他把实践理解为劳动，并把劳动提升到哲学层面。"① 但需要注意的是，由于黑格尔哲学的唯心主义本质，黑格尔的实践以及作为主要形式的劳动实践从根本上看还是一种抽象的理念活动。

在马克思哲学的产生和发展中，我们已经指出，《关于费尔巴哈的提纲》和《德意志意识形态》的完成，标志着马克思新的哲学世界观的确立，即实践唯物主义哲学世界观的确立。《关于费尔巴哈的提纲》被恩格斯公正地称为"包含新世界观天才萌芽的第一个文件"。如果说，马克思在 1843—1844 年写作的《黑格尔法哲学批判手稿》、《〈黑格尔法哲学批判〉导言》、《1844 年经济学哲学手稿》等著作，表明马克思开始彻底摆脱其青年时期接受的黑格尔思想的影响，并向费尔巴哈所主张的唯物主义立场靠近的话；那么，马克思在 1845 年完成的《关于费尔巴哈的提纲》和《德意志意识形态》，则表明马克思又摆脱了费尔巴哈的旧唯物主义的影响，并开始提出自己的哲学主张。"从 19 世纪 40 年代初马克思初次阅读费尔巴哈著作开始，他从来就不是毫无批判地接受它。但是不论是在《巴黎手稿》中，还是在《神圣家族》中，马克思都只是赞扬了费尔巴哈'真正的人道主义'。现在由于对经济学的日益关注，他从费尔巴哈静止的和非历史的立场中脱离出来，已经不再是紧跟费尔巴哈的学生了。"②《德意志意识形态》是在《关于费尔巴哈的提纲》完成后的几个月中，马克思和恩格斯合作完成的重要著作。《德意志意识形态》与《关于费尔巴哈的提纲》存在着直接的内在联系，在某种程度上，我们甚至可以说《德意志意识形态》是《关于费尔巴哈的提纲》的扩充版、详细论证版。因此，《德意志意识

---

① 杨耕：《为马克思辩护》，中国人民大学出版社 2010 年版，第 52 页。

② ［英］戴维·麦克莱伦：《马克思传》，王珍译，中国人民大学出版社 2008 年版，第 135 页。

形态》被认为是代表马克思哲学理论基本立场和思想的最重要的著作之一。"在《关于费尔巴哈的提纲》中，马克思概略地写出了在几个月后他和恩格斯在《德意志意识形态》中详细论证的思想纲要。不论依据任何标准，《德意志意识形态》都是马克思的主要著作之一。在这部著作中，通过批判费尔巴哈这一青年黑格尔派中最'世俗性'的人物，马克思和恩格斯清算了他们'从前的哲学信仰'，即梳理了从 1841 年博士论文而来的发展过程。"①

可以说，在马克思的所有著作里，《关于费尔巴哈的提纲》是被研究得最多的著作之一。这不仅因为它是"包含新世界观天才萌芽的第一个文件"，而且还由于它当中包含着的丰富的实践哲学理论和思想，不断激发了后来马克思理论研究者们的灵感和想象。20 世纪革命家葛兰西的实践哲学、新马克思学派中的南斯拉夫实践派，他们对马克思实践哲学的解读，无不最终回到马克思的《关于费尔巴哈的提纲》。

《关于费尔巴哈的提纲》总共十一条，除了第一条的字数稍多一点外，其他的十条都非常简短，有的甚至只是一句话。但是，通过考察我们发现，在这十一条中，直接使用了实践概念的有七条，另外，提纲的最后一条虽然没有使用实践的概念，但是明确地表达了与实践相关的重要思想。所以，在《关于费尔巴哈的提纲》中，马克思借助于实践概念，对其理论和思想所关注和涉及的众多领域都进行了阐述和说明。这包括：实践是超越旧唯物主义与唯心主义的根本所在；实践是认识论中的基础性范畴，因为它是检验真理的最终依据；实践还是世界观中的基础性概念，因为正是实践活动才导致人与自然既相分离又相统一；实践也是破解宗教神秘性的关键所在；费尔巴哈唯物主义的缺陷就在于没能正确地把握实践；社会生活在本质上是实践的；实践也是对传统哲学家和革命哲学家进行区分的重要标准等。

首先，在马克思看来，实践已经成为新旧哲学形态相互区分的

---

①　[英] 戴维·麦克莱伦：《马克思传》，王珍译，中国人民大学出版社 2008 年版，第 135 页。

根本性标志。由于以实践的方式对对象、现实、感性进行理解，马克思哲学成为一种新唯物主义；由于旧唯物主义对对象、现实、感性只是从客体的或者直观的形式去理解，唯心主义对对象、现实、感性只是从主体去理解，它们都没能以实践的方式去理解对象、现实、感性，因此旧唯物主义与唯心主义注定要被超越和扬弃。在《关于费尔巴哈的提纲》中的第一条，马克思说："从前的一切唯物主义（包括费尔巴哈的唯物主义）的主要缺点是：对对象、现实、感性，只是从客体的或者直观的形式去理解，而不是把它们当作感性的人的活动，当作实践去理解，不是从主体方面去理解。因此，和唯物主义相反，能动的方面却被唯心主义抽象地发展了，当然，唯心主义是不知道现实的、感性的活动本身的。费尔巴哈想要研究跟思想客体确实不同的感性客体：但是他没有把人的活动本身理解为对象性的［gegenständliche］活动。因此，他在《基督教的本质》中仅仅把理论的活动看作是真正人的活动，而对于实践则只是从它的卑污的犹太人的表现形式去理解和确定。因此，他不了解'革命的'、'实践批判的'活动的意义。"①

　　其次，马克思提出社会生活在本质上是实践。这不仅标志着马克思唯物史观的确立和逐渐成熟，而且还表明，实践概念构成了马克思唯物史观的基础性范畴。在《德意志意识形态》中，马克思进一步详细论证了社会生活的实践本性。一是哲学研究的起点应当立足于人们的现实生活、人们的实践活动。马克思说："在思辨终止的地方，在现实生活面前，正是描述人们实践活动和实际发展过程的真正的实证科学开始的地方。关于意识的空话将终止，它们一定会被真正的知识所代替。对现实的描述会使独立的哲学失去生存环境，能够取而代之的充其量不过是从对人类历史发展的考察中抽象出来的最一般的结果的概括。这些抽象本身离开了现实的历史就没有任何价值。它们只能对整理历史资料提供某些方便，指出历史资料的各个层次的顺序……这些困难的排除受到种种前提的制约，这些前提在这里是根本不可能提供出来的，而只能从对每个时代的个

---

① 《马克思恩格斯选集》第1卷，人民出版社1995年版，第54页。

人的现实生活过程和活动的研究中产生。"① 二是社会生活中的人，是现实的人，是从事实践活动的人，实践活动构成了现实的人的本质。在《德意志意识形态》中，马克思反复论述和强调了人的现实性和实践活动本质。马克思说："我们开始要谈的前提不是任意提出的，不是教条，而是一些只有在想象中才能撇开的现实前提。这是一些现实的个人，是他们的活动和他们的物质生活条件，包括他们已有的和由他们自己的活动创造出来的物质生活条件。"② "可以根据意识、宗教或随便别的什么来区别人和动物。一当人开始生产自己的生活资料的时候，这一步是由他们的肉体组织所决定的，人本身就开始把自己和动物区别开来。人们生产自己的生活资料，同时间接地生产着自己的物质生活本身。"③ "由此可见，事情是这样的：以一定的方式进行生产活动的一定的个人，发生一定的社会关系和政治关系。……但是，这里所说的个人不是他们自己或别人想象中的那种个人，而是现实中的个人，也就是说，这些个人是从事活动的，进行物质生产的，因而是在一定物质条件的、不受他们任意支配的界限、前提和条件下活动着的。"④

再次，马克思强调了实践是人与自然相分化、相统一的基础，表明了实践范畴在马克思世界观中的基础性意义。在《关于费尔巴哈的提纲》的第三条，马克思说："关于环境和教育起改变作用的唯物主义学说忘记了：环境是由人来改变的，而教育者本人一定是受教育的。因此，这种学说一定把社会分成两部分，其中一部分凌驾于社会之上。环境的改变和人的活动或自我改变的一致，只能被看作是并合理地理解为革命的实践。"⑤ 在该条中，一是马克思指出，一部分唯物主义者片面强调环境和教育对人的决定作用，而忽视人的主观能动性，这是不可取的。二是马克思认为，在人与自然的关系上，人不是纯粹的受动者，在自然环境对人起作用和影响的

---

① 《马克思恩格斯选集》第 1 卷，人民出版社 1995 年版，第 73—74 页。
② 同上书，第 66—67 页。
③ 同上书，第 67 页。
④ 同上书，第 71—72 页。
⑤ 同上书，第 55 页。

同时，人也通过自己积极主动的活动，作用于自然，改变自然，对自然产生影响。三是马克思指出，无论是片面地强调环境对人的决定作用，还是片面地强调人对环境的改造，都会造成人与自然和环境的分裂。只有引入实践概念，从实践活动的高度来观察人与自然环境的互动关系，才能解决人与自然环境相分离的困境，从而认识到人的活动和环境改变的内在一致性。

最后，马克思还从认识论的维度，指出了认识活动的实践本性以及实践在认识活动中的基础地位和决定性作用。在《关于费尔巴哈的提纲》中的第二条，马克思说："人的思维是否具有客观的[gegenständliche]真理性，这不是一个理论的问题，而是一个实践的问题。人应该在实践中证明自己思维的真理性，即自己思维的现实性和力量，自己思维的此岸性。关于思维——离开实践的思维——的现实性或非现实性的争论，是一个纯粹经院哲学的问题。"① 在该条中，在认识论问题上，马克思至少表达了两层重要意思：一是认识活动本身就是实践活动的一种形式。认识活动不是一种与实践相对立的活动，不是存在两类活动，即认识活动和实践活动，而是只有一种真正的活动，即实践活动，认识活动只是实践活动的一种形式、一个方面、部分内容。正是基于认识活动的这种实践本性，所以马克思说关于思维的真理性问题是一个"实践的问题"。并且，马克思还强调，任何离开实践对思维的谈论，都是非现实的，是没有任何意义的，是一个纯粹经院哲学问题。二是立足于认识活动的实践本性，指出了人的认识的真理性标准在于实践。需要注意的是，我们一般把马克思主义的真理性标志界定为主观与客观的相符。但在此处，由于马克思把认识看作是一种活动，它的本性是实践，由此马克思得出"人应该在实践中证明自己思维的真理性，即自己思维的现实性和力量，自己思维的此岸性"② 的结论。作为检验真理的实践标准，马克思强调的是思维的现实性和力量。

关于实践在马克思哲学中的重要地位，马克思哲学的实践唯物

① 《马克思恩格斯选集》第1卷，人民出版社1995年版，第55页。
② 同上。

主义本性，国内不少马克思主义理论研究者进行过阐释。我们立足于马克思的文本，特别是他的《关于费尔巴哈的提纲》再次对实践唯物主义如何在马克思哲学中得到确定的问题进行了分析和阐述。正如国内知名马克思主义研究专家杨耕教授所总结的，在马克思哲学那里："实践不仅改造世界，而且创造世界，它内在地包含着人与自然、人与社会、人与自我的关系。可以说，实践是现存世界的缩影，是人类面临的一切现实矛盾的总根源。马克思正是通过人类实践活动来反观世界，建构了一种新世界观，一种唯物主义的、'真正批判的世界观'。"①

第二节　马克思实践唯物主义对传统哲学的批判与超越

实践唯物主义在哲学所发起的革命，首先是作为一种哲学形态，它是一种新唯物主义，一种超越了传统唯物主义与唯心主义的新的哲学形态。如果对马克思哲学革命的理解，不能深入到哲学形态的层面，不能把实践作为马克思哲学最核心、最底层的构成范畴，当作马克思哲学中普照的光，就不可能深刻把握马克思哲学革命的精神实质，就只会在哲学的一些基本范畴，例如物质、意识等问题上发掘马克思哲学的超越性。

一　作为马克思哲学形态的实践唯物主义

对马克思实践唯物主义哲学形态的确认，在马克思思想发展史中颇具曲折性。其原因主要在于，马克思本人并没有刻意建构自己的哲学理论体系，关于其哲学的思想和观点主要是在各种论战性的著作中反映出来的。另外，马克思的一些重要的哲学著作，在其生前并没有发表，有的还是以草稿的形式被保留下来。以《1844年经济学哲学手稿》为例，他是马克思在1844年3月至8月所写的，1927年苏联学者在编纂《马克思恩格斯文库》时第一次公开地发

---

① 杨耕：《为马克思辩护》，中国人民大学出版社2010年版，第67—68页。

表该手稿的部分内容，但是被误判为《神圣家族》的准备材料，直到 1932 年才在苏联学者梁赞诺夫主持的《马克思恩格斯全集》国际版第一次以德文原文发表。而在 1932 年《1844 年经济学哲学手稿》公开问世后，立即在东西方马克思研究阵营中引发激烈的反响，并导致了西方马克思主义内部关于"青年马克思"与"老年马克思"，以及"人道主义的马克思"的争论。即使是在马克思在世的时候，关于马克思思想的理解已经出现了众多分歧和不一致的现象，以致马克思本人说："如果你们是马克思主义者，我就不是马克思。"可见，对马克思哲学思想的理解，以及马克思哲学形态的确认并不是一件轻而易举的事情。

在马克思哲学形态的定位问题上，苏联的马克思主义者们曾发挥了重要作用，他们对马克思哲学形态的界定曾经在马克思哲学史中居于支配地位。在 20 世纪的早期阶段，苏联的马克思主义研究者们曾经把马克思的哲学形态界定为"辩证唯物主义"。虽然通过考证，我们知道在马克思之后，狄慈根是第一个把马克思哲学称为"辩证唯物主义"的人。但是在这个问题上真正发生影响的却是苏联的哲学家们，因为苏联是第一个在马克思主义的理论指导下取得革命胜利的社会主义国家，也是在革命胜利后第一个把马克思主义理论官方化、体系化的社会主义国家。在苏联，哲学家德波林是最早把马克思哲学界定为辩证唯物主义的人。德波林作为当时苏共中央哲学教学大纲编写组成员，写下了《辩证唯物主义哲学导论》，被认为是苏联哲学教科书体系化的萌芽。在把马克思哲学界定为辩证唯物主义的苏联哲学家当中，普列汉诺夫是一位有着重要影响的人物。因为"作为俄国传播马克思主义的先驱之一，普列汉诺夫是俄国系统化马克思主义理论的第一人，被列宁誉为'通晓马克思主义哲学的社会主义者'，他的'全部哲学著作'是整个国际马克思主义文献中的'优秀著作'"①。普列汉诺夫明确把马克思哲学定位为"辩证唯物主义的世界观"。在普列汉诺夫看来，现代的唯物

---

① 聂锦芳：《马克思的"新哲学"——原型与流变》，中国社会科学出版社 2013 年版，第 426—427 页。

主义就是辩证唯物主义。辩证唯物主义是唯一能够集中反映马克思唯物主义特征的标签。普列汉诺夫说："马克思和恩格斯的唯物主义世界观……既包括自然界，也包括历史。无论是在自然界或是历史方面，这种世界观'都本质上是辩证的'。但因为辩证唯物主义涉及历史，所以恩格斯有时将它叫做历史的。这个形容词不是说明唯物主义的特征，而只是表明应用它去解释那些领域之一。"[1]

在普列汉诺夫之后，苏联另一位重要的马克思主义理论大师布哈林把马克思哲学定位为"历史唯物主义"。1921年，布哈林出版了《历史唯物主义理论——马克思主义社会学通俗教材》，该教材力图通过历史唯物主义的理论架构来体系化马克思哲学。在布哈林看来，尽管历史唯物主义是关于社会发展规律的一般学说，是马克思主义哲学的重要构成部分，但由于历史唯物主义是马克思理论的"基础的基础"，所以用历史唯物主义来表达马克思哲学最一般的特征是恰当的。但在历史唯物主义如何看待自然世界和社会历史的关系，如何处理辩证唯物主义与历史唯物主义关系的问题上，布哈林采用了他所谓的"平衡论"的方法。布哈林将平衡定义为："某个体系不能自动地，即没有从外面加给它的能改变本身的状态。"[2] 在布哈林那里，平衡论就是一种辩证法，当把平衡论作为历史唯物主义的核心，也就把辩证法引入了历史唯物主义那里。由此可以看出，在布哈林那里，已经出现了后来把辩证唯物主义与历史唯物主义并列起来，从而把马克思哲学界定为辩证唯物主义与历史唯物主义的萌芽。

在马克思哲学史中，所有关于马克思哲学形态定位的看法中，没有哪一种具有像"辩证唯物主义与历史唯物主义"那样重要的地位，在历史上产生那样重要的影响。直到20世纪90年代，我国大学马克思主义专业的教科书沿用的依然是《辩证唯物主义与历史唯物主义》。

---

① ［俄］普列汉诺夫：《普列汉诺夫哲学著作选集》第2卷，生活·读书·新知三联书店1961年版，第311页。

② ［苏］布哈林：《历史唯物主义原理——马克思主义社会学通俗教材》，人民出版社1983年版，第76页。

马克思哲学就是辩证唯物主义与历史唯物主义，这是 20 世纪 30 年代苏联官方对马克思哲学形态的定位，并长期成为马克思哲学史中的一种传统。1929 年，苏联哲学家芬格尔特和萨尔文发表了《辩证唯物主义与历史唯物主义》一书，在逻辑层面把马克思哲学划分为辩证唯物主义、历史唯物主义两块。在芬格尔特和萨尔文看来：世界由自然界和社会历史领域两块构成，辩证唯物主义表达了马克思在自然哲学方面的革命性超越，历史唯物主义表达了马克思在历史哲学方面的革命性超越。20 世纪 30 年代初，斯大林和联共中央制定相关决议，要求各类哲学结构和高校哲学系把编写马克思哲学教科书作为头等大事来抓。在此背景下，由米丁和拉祖莫夫主编的马克思哲学教科书吸收了以芬格尔特和萨尔文为代表的马克思哲学体系化做法，正式把马克思哲学教科书命名为《辩证唯物主义与历史唯物主义》，在教材中明确地把马克思哲学划分为辩证唯物主义与历史唯物主义两卷。

但在苏联关于马克思哲学形态的官方定位之外，在其他一些社会主义国家、社会主义革命领导人以及西方马克思主义研究者那里，关于马克思哲学形态的定位却引发了广泛的争论。比较有代表性的包括第二国际的某些理论家把马克思哲学定位为"狭义的历史唯物主义"、意大利共产党领袖葛兰西把马克思哲学定位为"实践哲学"、南斯拉夫学派把马克思哲学定位为"实践唯物主义"、部分西方马克思主义研究者把马克思哲学定位为"人道主义"等。

就我国来讲，在改革开放之后，马克思哲学理论界曾经对马克思哲学的形态定位进行过热烈的讨论。除了部分学者继续坚持苏联提出的"辩证唯物主义与历史唯物主义"之外，比较具有代表性的还有"历史唯物主义"、"实践唯物主义"、"实践的人道主义"等提法。其中，我国学者所提出的"历史唯物主义"已不同于前苏联学者对马克思哲学"历史唯物主义"的定位。在我国提出"历史唯物主义"的学者看来，历史唯物主义不是马克思哲学的一个重要部分，而是马克思哲学就是历史唯物主义，马克思没有创立历史唯物主义之外的任何其他哲学，历史唯物主义就是马克思哲学的全部。但总体看来，20 世纪 80 年代以来，我国马克思主义研究者无论是把马克思哲学定位为"历史唯物主义"、"实践唯物主义"，还是"实践的人道主义"，尽管名称不一，但我国学者们对实践范畴在马克思哲学中具有基础性地位的看法都是相同的。所不同的是，在确立了实践在马克思哲学中的基础性地位之后，学者们对实践的革命性意义认同的差别。在持"历史唯物主义"立场的学者看来，正是由于马克思哲学的基础是实践，那么在马克思哲学的世界观中，世界已不能再划分为自然界和人类社会生活世界，传统意义上的在实践之外的自然界是不存在的，在马克思实践观的视野中，所谓的自然界必定是由实践活动打开了的、人化的自然界，这种自然界已经被统一、统摄到人的社会历史生活之中去了，所以真正存在的只有历史性社会生活。在持"实践唯物主义"立场的学者们看来，马克思曾经亲自把自己的哲学称为"新唯物主义"、"实践的唯物主义"，只有立足于实践范畴在马克思哲学中的基础性地位，使之与过去的旧唯物主义区分开来，就既能彰显马克思唯物主义的本质特征，又符合了马克思自己对其哲学定位的本意。在持"实践的人道主义"立场的学者们看来，把实践作为马克思哲学的基础和核心范畴是没有问题的，但是传统关于马克思哲学的理解一般侧重于实践的物质性，忽视了实践范畴中的主观性的维度，这是过去对马克思哲学理解中存在的"见物不见人"、"人学空场"的重要原因，结合当代西方马克思主义对马克思哲学中人学思想的发掘和新发现，他们提出了"实践人道主义"的主张。

由此可见，无论是把马克思哲学定位为"实践哲学"、"历史唯物主义"、"实践唯物主义"，还是"实践的人道主义"，在当代马克思哲学研究中，绝大多数的马克思主义研究者已经深刻认识到实践范畴在马克思哲学中的基础和首要地位，肯定实践范畴是马克思哲学革命性的根源所在，只不过是由于对实践革命性意义和方面强调的侧重不同，才导致对马克思哲学形态定位的差异。如果是这样的话，我们用"实践唯物主义"这一在上述所有关于马克思哲学形态定位中最具普遍性、共性的称谓，来界定马克思的哲学形态，揭示马克思哲学革命性的本源所在，那么就是恰当和合理的。

二　实践唯物主义对传统自然概念的批判和超越

马克思实践唯物主义对传统哲学的超越是宏大的、全面的、深刻的。从哲学观、世界观、哲学理论体系等宏观方面，到对感性、现实、自然、历史等具体哲学问题上，马克思都实现了对传统哲学的超越，从而真正在哲学中实现了一场理论和思维方法的革命。在这里，我们将以马克思实践唯物主义对传统自然概念的批判和超越，说明马克思实践唯物主义对旧唯物主义的超越和革命。

在旧唯物主义那里，自然界一般被孤立为人实践之外的认识对象。首先，近代旧唯物主义的自然观深深地受到近代自然科学的影响。自然科学的兴起是近代历史中最重要的事件，近代自然科学家们以理性为指引，把纷繁复杂的自然事物作为客观性的研究对象，力图从中寻找永恒不变的内在规律，从而达到和实现征服自然、改造自然的目标。应该说，近代唯物主义对自然所作的抽象也都建立在自然科学家对自然的感性直观的基础之上。其次，近代旧唯物主义关于自然的思考方式深受形而上学思维方式的束缚。自从笛卡尔把物质定义为占据空间、有广延、不能思维，把意识定义为能思维、没有广延也不占据空间以来，马克思之前的哲学家们一直深受笛卡尔开创的这种主客二分形而上学思维方式的支配。自然作为人的认识的对象，处于一种与人相对立的位置。关于旧唯物主义看待和把握自然的缺陷，马克思在《关于费尔巴哈的提纲》中说得非常明白。他说："从前的一切唯物主义（包括费尔巴哈的唯物主义）的主要缺点是：对对象、现实、感性，只是从客体的或者直观的形式去理解，而不是把它们当作感性的人的活动，当作实践去理解，不是从主体方面去理解。"①

如果我们站在马克思实践唯物主义的立场，把自然的对象、现实、感性当作人道活动、当作实践去理解，那么马克思自然观的革命性就立刻展现出来了。正如匈牙利思想家卢卡奇在《历史和阶级意识——马克思主义辩证法研究》中所说的："自然是一个社会范

---

① 《马克思恩格斯选集》第 1 卷，人民出版社 1995 年版，第 54 页。

畴。在任何特定的社会发展阶段上，无论什么被认为是自然的，这种自然都必然是与人相关的，人所涉及的自然无论采取什么形式，也就是说，自然的形式，自然的内容，自然的范围和客观性总是被社会所决定的。"①

既然从马克思的实践唯物主义出发，马克思已经革命性地把自然理解为一个社会历史范畴了，那么还有没有优先于人的存在的自然界，与人的实践活动无关的自然界？这是一个直接关涉是否真正坚持了马克思实践唯物主义哲学立场的重要问题。正如山东大学何中华教授在《重读马克思》中指出的："拒绝对马克思哲学做出实践本体论解释的最强硬的根据之一，莫过于马克思自己的两种说法：一是自然界的条件性，一是自然界的优先性。不少人把它作为坚持物质本体论的重要理由。"② 在何中华教授看来，尽管马克思在《1844 年经济学哲学手稿》中提出了自然条件性的观点，在《德意志意识形态》中又指出了自然界时间在先的看法，但据此就彻底反对自然的社会历史性，把物质世界观作为马克思哲学的第一教条，从而最终拒斥马克思实践唯物主义的基础性立场，这是极端错误的。

让我们先来考察马克思是在什么情况下，怎样阐述自然界在先的观点的。一是在《1844 年经济学哲学手稿》中，马克思说："没有自然界，没有感性的外部世界，工人什么也不能创造。"③ 二是在《德意志意识形态》中，马克思说："在这种情况（即指商业和工业‘这种活动、这种连续不断的感性劳动和创造、这种生产正是整个现存的感性世界的基础’——引者注）下，外部自然界的优先地位仍然会保持着。"④ 关于马克思在《1844 年经济学哲学手稿》中的话，我们可以看出，马克思不仅没有明确地讲自然界具有优先性，仔细分析起来，反而能看出马克思对所谓与人无涉的自然界的

① ［匈］卢卡奇：《历史和阶级意识——马克思主义辩证法研究》，张西平译，重庆出版社 1989 年版，第 252 页。
② 何中华：《重读马克思》，山东人民出版社 2009 年版，第 239 页。
③ 马克思：《1844 年经济学哲学手稿》，人民出版社 2000 年版，第 53 页。
④ 《马克思恩格斯选集》第 1 卷，人民出版社 1995 年版，第 77 页。

否定。马克思说："没有自然界，没有感性的外部世界……"需要注意的是，在此处，马克思认为自然界是感性的外部世界，即自然界是打上了人的感性的烙印的，已不再是那种纯粹、本真的原自然界了。而自然界中的感性烙印是如何打上去的呢？毫无疑问，正是人通过自己的实践活动才在自然界上打上自己的感性的烙印的。关于马克思在《德意志意识形态》中的话，看似马克思承认了自然界在人的劳动和创造活动中的优先地位，但我们想问的是，"外部自然界的优先地位依然会保持着"，这种优先是什么意思？是逻辑在先，还是时间在先。我们的回答是，马克思在这里强调的是自然界的逻辑在先。为什么这样说？我们注意到，马克思在讲到自然界时，常常使用"外部自然界"的说法，但我们知道，这里所谓的"外部"，绝不是认为自然界是一种存在，人的实践活动是一种存在，作为两种不同的存在形式，自然界是在人的实践活动之外存在着的，而是从逻辑上，为了能够讲清楚问题，必须在观念中把二者区分开来；在现实中，真实存在的只有人的实践活动，自然界构成了人的实践活动的一个环节、一个要素。因此，马克思在此处讲的外部自然界的优先性，也是强调人们在观念中，可以从逻辑上指认外部自然界的优先地位，但不是说在现实活动中，自然界独立于、优先于人的实践活动。

在分析了所谓的马克思关于自然的条件性、优先性的看法之后，我们看看马克思是如何论述自然的社会性、历史性的。在马克思哲学观确立的重要著作《德意志意识形态》中，马克思曾多次站在实践唯物主义的立场，对费尔巴哈那种"先于人类历史而存在的自然界"展开批判，并论述了他关于自然具有社会性、历史性的基本观点。马克思说："他没有看到，他周围的感性世界决不是某种开天辟地以来就直接存在的、始终如一的东西，而是工业和社会状况的产物，是历史的产物，是世世代代活动的结果，其中每一代都立足于前一代所达到的基础上，……甚至连最简单的'感性确定性'的对象也只是由于社会发展、由于工业和商业的交往才提供给他的。大家知道，樱桃树和几乎所有的果树一样，只是在数世纪以前由于商业才移植到我们这个地区。由此可见，樱桃树只是由于一定的社会在一定时期的这种活动才为费尔巴哈的'感性确定性'所感知。"① "此外，只要按照事物的真实面目及其生产情况来理解事物，任何深奥的哲学问题……都可以十分简单地归结为某种经验的事实。人对自然的关系这一重要问题（或者如布鲁诺所说的，'自然和历史的对立'，好像这是两种不相干的'事物'，好像人们面前始终不会有历史的自然和自然的历史），就是一个例子，这是一个产生了关于'实体'和'自我意识'的一切'高深莫测的创造物'的问题。然而，如果懂得在工业中向来就有那个很著名的'人和自然的统一'，……那么上述问题也就自行消失了。"② "这种活动、这种连续不断的感性劳动和创造、这种生产，正是整个现存的感性世界的基础，它哪怕只中断一年，费尔巴哈就会看到，不仅在自然界将发生巨大的变化，而且整个人类世界以及他自己的直观能力，甚至他本身的存在也会很快就没有了。当然，在这种情况下，外部自然界的优先地位仍然会保持着，而整个这一点当然不适用于原始的、通过自然发生的途径产生的人们。但是，这种区别只有在人被看作是某种与自然界不同的东西时才有意义。此外，先于人类历史而存在的那个自然界，不是费尔巴哈生活其中的自然界；这是除去澳洲新出现的一些珊瑚岛以外今天在任何地方都不再存在的、因而对于费尔巴哈来说也是不存在的自然界。"③

　　在我们上面引述的马克思的大段的论述中，马克思不仅明确提出那种先于人类历史的自然界是不存在的，而且还指出在人的实践活动中"人和自然是统一"的。正是基于马克思在《1844年经济学哲学手稿》中表达的"被抽象地孤立地理解的、被定义为与人分离的自然界，对人说来也是无"的基本立场，国内马克思主义研究者杨学功说："构成马克思哲学自然观的基本特征，或者说把马克思的自然观与一切旧唯物主义自然观区分开来的本质之点，是马克思哲学视野中'自然'的社会——历史性质。换言之，'人化自然'

①　《马克思恩格斯选集》第1卷，人民出版社1995年版，第76页。
②　同上书，第76—77页。
③　同上书，第77页。

是马克思自然观的合理域界。"①

三　实践唯物主义对传统意识观念的批判和超越

　　意识问题是哲学中的古老难题，有关灵魂和身心的主题曾经是传统哲学中最为重要和核心的内容。在科学发达的今天，尽管与意识有关的脑科学、神经生理学、认知科学等科学研究取得了重要进展，但人们仍然没能穿透意识的迷雾，有关意识的讨论依然是哲学研究的前沿问题。在评说当代意识哲学的研究现状时，著名当代心灵哲学家查默斯曾说："在有关心灵的科学之中，意识引发了最让人辗转反侧而始终不得其解的问题。意识体验是我们再熟悉不过的东西了，但同时却也是最难以解释的东西。"②

　　在关于意识的哲学研究中，不仅唯心主义由于站在错误的哲学立场，片面地夸大了意识的主观能动性，从而不能正确把握意识的本质，即使是在马克思之前的唯物主义那里，由于站在机械论的立场，也未能充分认识到意识在人类社会生活中所具有的重要地位、所扮演的重要角色。毫无疑问，意识理论也是马克思主义哲学构成中的重要有机部分。这是由意识问题在马克思主义哲学中的特殊和重要地位所决定的。正如国内马克思主义理论专家汪信砚教授曾指出的："在本体论层面，没有对意识的本性及物质与意识关系的澄明，就不会有马克思主义的辩证唯物主义；在认识论层面，不考察意识的特性和意识活动的机理，就不可能真正确立起能动反映论的观点……在历史层面上，没有对意识的社会本质及社会意识的物质根源和根本特性的透彻理解，就根本不可能有历史唯物主义这一伟大理论发现。"③

　　但问题是，由于马克思主义经典作家们并没有专门的意识理论

---

　　①　杨学功：《超越哲学同质性神话——马克思哲学革命的当代解读》，北京大学出版社 2010 年版，第 181 页。

　　②　David Chalmers, *The Puzzle of Conscious Experience*, Scientific American, No. 62, 1995, p. 8.

　　③　邓喜道：《马克思主义意识论研讨综述》，《武汉大学学报》（哲学社会科学版）2004 年第 5 期，第 339 页。

著作，也没有在其著作中系统、集中地阐述其意识理论主张，因此，应如何准确地理解和解读马克思主义意识理论，时至今日依然是一个富有争议的理论话题。我们认为，在当前的争论中，有两种重要的理论倾向值得商榷。

一是国内教科书和某些学者在物质本体论前提下解读马克思主义意识理论的倾向。教科书关于马克思主义意识论的阐述，以当前高校公共课《马克思主义基本原理概论》为例，主要出现在两个地方：一个地方是在"物质的客观实在性"中，给出了意识的定义和一般规定；另一个地方是在"客观规律性与主观能动性"中，把"意识的能动作用"作为小标题，简要阐述了意识的能动作用和主观能动性与客观规律的辩证统一。从中我们可以看出，由于是在"物质的客观实在性"标题下阐述意识的定义和一般规定性，教科书表现出了明显的以物质为前提解读意识的倾向。相对于传统教科书中关于马克思主义意识理论的一般说明，一些学者认为其对于意识的本质和特性的阐释过于简单，特别是对意识的能动性和反作用的说明缺乏细节，由此在马克思主义意识理论问题上，他们提出了更为激进的物质本体论主张，即立足于恩格斯所说的"世界统一于物质"这一根本哲学教条，最终把意识等同于物质运动的最高形式。

二是国外马克思主义分析学派借助于分析工具把马克思主义意识论等同于副现象论的倾向。分析学派是西方马克思主义的一个重要理论流派，该流派的重要主张就是：依据语义分析的哲学方法，马克思原著中的很多概念存在着模糊不清的地方，马克思主义的很多思想是不连贯的，因此要对之进行重新加工，使其严谨起来。由此，西方马克思主义分析学派的研究者们也认为：马克思主义的意识理论是不连贯的。例如，"分析马克思主义"的重要代表乔恩·埃尔斯特在谈到马克思的意识理论时说："马克思证明了关于意识的一种唯物论理论以及这一理论的任何一个可能的版本，这些版本包括了附带现象论，即一种认为精神在本体上独立于物质但又因果地依赖于物质的观点，以及一种认为精神就是一种不同描述下的物质的同一性理论。"①

　　无论是把马克思主义意识理论置于物质本体论的前提之下，还是通过分析的方法使得把马克思主义哲学中的意识成为一种具有一定的存在地位，但是不大起作用的副现象，其理解和解读是否符合马克思主义哲学的基本精神和原则？其理解和解读自身是否陷入了与马克思主义哲学旨趣相悖的矛盾之中？明显的是，如果把马克思主义的意识理论置于物质本体论的前提之下，或者更为激进地从根本上把意识等同于物质运动的高级形式，那么，这种意识理论实质上是与马克思所批判的 18 世纪法国机械论的唯物主义者的意识主张毫无二致的。西方马克思主义分析学派关于马克思主义意识解读的问题也相当明显，这就是它所主张的分析的方法具有相当大的片面性，马克思主义哲学的创始人曾明确地阐述了他们所运用的辩证法与分析方法之间的差异和对立。恩格斯说："辩证的思维方法同样不知道什么严格的界线，不知道什么普遍绝对有效的'非此即彼！'，它使固定的形而上学的差异互相转移，除了'非此即彼！'，又在恰当的地方承认'亦此亦彼！'。"②

　　我们认为，对马克思主义意识理论的理解和阐述首先要从马克思主义哲学的总体特性和革命性品质出发。而在马克思主义哲学中，实践范畴无疑处于核心和基础性地位。因此，只有把实践作为马克思主义意识理论的逻辑出发点和基础性前提，才真正符合马克思主义哲学的内在精神。

　　首先，实践在马克思主义哲学中的本体论地位，决定了实践是马克思主义的意识理论的逻辑出发点。何为"本体"？亚里士多德认为，所谓"本体"就是那个"一切存在着的东西都由它而存在，最初由它生成，在最终消灭时又回归于它"③的东西。因此，亚里士多德又认为"本体"是所有事物存在的"第一原因"。当然，我

---

　　① ［美］乔恩·埃尔斯特：《理解马克思》，何怀远译，中国人民大学出版社 2010年版，第 52 页。

　　② 《马克思恩格斯选集》第 4 卷，人民出版社 1995 年版，第 318 页。

　　③ ［古］亚里士多德：《亚里士多德全集》第Ⅶ卷，中国人民大学出版 1993 年版，第 33—34 页。

们不能完全在亚里士多德所讲"本体"的意义上，把实践作为马克思主义哲学的本体论。因为，亚里士多德意义上的本体是通过逻辑分析获得的，是不动的、先验的绝对存在物；而实践之所以能够成为马克思主义哲学的本体，是因为实践就是人的现实生活世界本身，它是创造性的、历史性的活动。但是，在明确了马克思主义哲学的"本体"与亚里士多德的"本体"之区分之后，也必须承认我们所说的马克思哲学中的"本体"与亚里士多德所说的"本体"有共通之处，即它们都具有逻辑在先，第一原因这样的内在规定性。正是根据本体论的上述一般规定性，何中华先生在《重读马克思》中分析实践范畴的本体论地位时明确指出了"实践作为本体范畴的终极原初性"的原则，即只有从实践范畴出发，把实践作为马克思主义哲学的逻辑起点，才能真正达到对马克思主义哲学中的认识论、人学思想、历史唯物主义理论等一系列重要理论思想的正确认识。

其次，马克思主义哲学关于实践的本质规定，决定了马克思主义的意识理论必须把实践作为其基础性前提。

马克思在其 1845 年的著作《关于费尔巴哈的提纲》中确立了实践的基本思想，该《提纲》也被恩格斯称为包含了新世界观的天才萌芽。《关于费尔巴哈的提纲》的第一条是学者们用来阐述马克思主义基本哲学思想引用频率最高的内容，特别是其中的一段话："从前的一切唯物主义（包括费尔巴哈的唯物主义）的主要缺点是：对对象、现实、感性，只是从客体的或者直观的形式去理解，而不是把它们当作感性的人的活动，当作实践去理解，不是从主体方面去理解。"① 这段话之所以重要，我们认为不仅仅是因为马克思在此正式和明确地提出了其实践唯物主义的观点，还在于这里表明了马克思实践观的一个重要思想，即实践不只是单纯的人的物质性的活动，而是人的能动性的活动。因为，上述这段话的最后一句非常明确地表达了马克思关于实践的观点，即当从实践出发去理解人的活动的时候，也就意味着必须从主体的视角来对待对象、现实和感

---

① 《马克思恩格斯选集》第 1 卷，人民出版社 1995 年版，第 54 页。

性。国外马克思主义研究者 D. 沃克尔在讨论《关于费尔巴哈的提纲》时，鲜明地指出："《费尔巴哈提纲》的主要论题是实践或人类能动性。"① 国内著名的马克思主义者杨耕教授则指出，在马克思的哲学中，实践指的是人能动地改造物质世界的对象性活动。正是基于实践概念自身的内在矛盾，马克思找到了"把能动性、自由性、创造性与现实性、客观性、物质性统一起来的基础"②。由此可以看出，在马克思主义的哲学中，实践概念已经内在地包含了与意识有关的能动性、主体性等内容。

既然在马克思主义意识理论那里，关于意识的逻辑出发点和基础性前提发生了重要的转换，那么与此相对应，与此相关的传统哲学中的意识问题范式发生转换也就是理所当然的事情了。

首先，由于实践成为马克思主义意识理论的逻辑出发点和基础性前提，传统的物质和意识的关系问题就转换为实践和意识的关系问题了。

在马克思主义意识理论中，由于许多研究者自觉或不自觉地站在了物质本体论的立场上，因而在讨论马克思主义意识理论基本问题时，首先想到的是物质和意识的关系的问题。我们认为，产生上述错误的主要原因是源自对恩格斯在《路德维希·费尔巴哈和德国古典哲学的终极》中一段话的错误理解。

在《路德维希·费尔巴哈和德国古典哲学的终极》中，恩格斯说："全部哲学，特别是近代哲学的重大的基本问题，是思维和存在的关系问题。……哲学家依照他们如何回答这个问题而分成了两大阵营。凡是断定精神对自然界说来是本原的……组成唯心主义阵营。凡是认为自然是本原的，则属于唯物主义的各种学派。"③ 从上述这段话中我们可以看出，恩格斯在此主要表明的是一般唯物主义与唯心主义哲学在原则上存在着的区分，是从共性的角度来阐述唯物主义与唯心主义的基本原则；恩格斯没有说，而且上述话绝没有

---

① ［英］沃克尔：《马克思晚期著作中的方法的要素与演进》，《世界哲学》2002年第 2 期，第 28 页。

② 杨耕：《为马克思辩护》，中国人民大学出版社 2010 年版，第 70 页。

③ 《马克思恩格斯选集》第 4 卷，人民出版社 1995 年版，第 223—224 页。

表明唯物主义的基本原则也就是马克思主义哲学基本原则的具体形式的意思。事实上，在哲学的基本问题上，马克思主义哲学既应具有唯物主义哲学的一般原则和立场，又应该表现出马克思主义的"新唯物主义"的特殊性。如果不是这样的话，在哲学的基本问题上，马克思主义哲学就丧失了自己的独特品质。正因为如此，在说了上述一段话之后，恩格斯接着说："除此之外，唯心主义和唯物主义这两个用语本来没有任何别的意思……如果给它们加上别的意义，就会造成怎样的混乱。"①

　　近年来，国内的一些研究者已指出，马克思主义的"新唯物主义"的一个重大转变就是，马克思主义经典作家特别是马克思本人，已经用实践的概念扬弃了传统的"物质"概念。他们说："在马克思那里，实践取代了抽象的物质而成为这个哲学的逻辑前提。"②"马克思在哲学上实现的革命性变革的一个根本之点，便是一方面将实践概念奠定在唯物主义的基础上，另一方面从实践的观点对于物质概念作了重新规定。"③ 既然，在马克思主义哲学那里，实践的范畴取得物质成为最为基础性的范畴，那么传统哲学中物质与意识的关系自然就转变为实践和意识的关系问题了。

　　其次，由于实践成为马克思主义意识理论的逻辑出发点和基础性前提，传统的意识功能性特征问题就转换为意识的社会性、历史性问题了。

　　在马克思主义哲学中，意识的重要意义不在于它是人脑的机能，物质进化到高级阶段的产物。因为这些，不仅已经被近代日益发展的自然科学所证实，而且也被在马克思主义哲学诞生前的机械论的唯物主义所充分说明。在意识问题上，马克思主义哲学更聚焦的是意识的社会性、历史性问题。

　　考察马克思主义经典作家们的著作，我们会发现，在马克思主义经典作家那里，特别是在马克思本人那里，在涉及意识的时候，他们很少谈论产生意识的生理结构、物理机制等纯粹自然性的因

---

① 《马克思恩格斯选集》第 4 卷，人民出版社 1995 年版，第 224—225 页。
② 何中华：《重读马克思》，山东人民出版社 2009 年版，第 168 页。
③ 王南湜：《马克思主义哲学的物质概念》，《哲学研究》2006 年第 9 期，第 5 页。

素。相反，他们更多的是谈论社会生产、环境等社会性因素对意识产生的决定性作用。例如，在《德意志意识形态》中，马克思和恩格斯在多个地方表达了上述观点。他们说："意识一开始就是社会的产物，而且只要人们存在着，它就仍然是这种产物。"① "思想、观念、意识的生产最初是直接与人们的物质活动，与人们的物质交往，与现实生活的语言交织在一起的。"② "人们是自己的观念、思想等等的生产者，但这里所说的人们是现实的、从事活动的人们。"③ 马克思和恩格斯还依据人类社会生活的进步、人的社会性交往活动的扩展，阐述了意识自身不断演进、日趋成为社会性意识形态的历史进程。马克思和恩格斯认为，在人们同自然的关系像动物同自然的关系一样的时候，人的意识以狭隘的自然宗教的形式出现，此时的意识不过是以一种意识到了的本能代替纯粹动物性的本能；但随着生产效率的提高以及社会分工的细化，人的意识开始逐渐以神学、哲学、道德等社会性形态出现。

---

① 《马克思恩格斯选集》第 1 卷，人民出版社 1995 年版，第 81 页。
② 同上书，第 72 页。
③ 同上。

第四章

马克思的哲学革命思想（二）
——辩 证 法

任何关于马克思哲学革命的理解，都不可能在撇开马克思辩证法理论和思想的情况下进行。从某种意义上讲，考察马克思哲学的革命精神之源，首先就应到马克思的辩证法理论和思想中去寻找。因为，在马克思看来，辩证法本身就意味着一种批判的、革命的精神。马克思说："辩证法不崇拜任何东西，按其本质来说，它是批判的和革命的。"①

但是，如果我们考察马克思文本的话，就会惊讶地发现，马克思甚至并没有专门写过一部关于辩证法的论著，或者说一篇论文，尽管他一直有写一本专业性辩证法著作的想法。例如，马克思在1858年1月16日致恩格斯的信中说："我又把黑格尔的《逻辑学》浏览了一遍，这在材料加工的方法上帮了我很大的忙。如果以后再有工夫做这类工作的话，我很愿意用两三个印张把黑格尔所发现但同时又加以神秘化的方法中所存在的合理的东西阐述一番，使一般人都能够理解。"② 马克思的女婿拉法格在《回忆马克思》中也写道："马克思有许多没有实现的计划。他还想写一本关于逻辑学的书和一本哲学史。"③ 马克思没有写过一本专业性的辩证法著作或者论文的事实，是否意味着马克思没有形成自己独立的辩证法理论和思想？是否意味着辩证法的理论和思想在马克思哲学中并不具有重要地位？答案当然是否定的。因为，尽管马克思没有写过一部专门

---

① 《马克思恩格斯选集》第 2 卷，人民出版社 1995 年版，第 112 页。
② 《马克思恩格斯文集》第 10 卷，人民出版社 2009 年版，第 143 页。
③ ［法］拉法格：《回忆马克思》，人民出版社 1957 年版，第 80 页。

的辩证法的书籍和论文，但是在他的其他的一些重要著作和论战性
论文中，例如《哲学的贫困》、《1857—1858 年经济学手稿》、《资
本论》等，马克思自觉地贯彻和实践了他的辩证法的理论和思想，
并在一些需要解释的地方，对自己的辩证法理论和思想进行了简要
的阐述。特别是在《资本论》第一卷的序言中，马克思对上述问题
做出了回答。例如，在关于马克思是否形成自己独立的辩证法理论
和思想的问题上，马克思自己的回答是："我的辩证方法，从根本
上来说，不仅和黑格尔的辩证方法不同，而且和它截然相反。"①
"辩证法，在其合理形态上，引起资产阶级及其夸夸其谈的代言人
的恼怒和恐惧，因为辩证法在对现存事物的肯定的理解中同时包含
对现存事物的否定的理解，即对现存事物的必然灭亡的理解；辩证
法对每一种既成的形式都是从不断的运动中，因而也是从它的暂时
性方面去理解。"② 可见，马克思是有自己的辩证法的，并且马克思
对自己辩证法理论的一般性规定做出了清楚的说明。关于辩证法理
论和思想在马克思哲学中重要地位的问题，马克思主义经典作家的
重要代表人物列宁曾非常注意强调这一点，他曾明确地指出：辩证
法是马克思主义的"活的灵魂"和"根本的理论基础"。并且在
《论俄国革命》中，列宁还说："马克思主义中有决定意义的东西，
即马克思主义的革命辩证法。"③

第一节　辩证法

　　早在古希腊哲学时期，辩证法就已被哲学家们提出来，被看作
是探寻真理的一种重要方法。在近代，德国古典哲学的集大成者黑
格尔，对传统的辩证法进行了改造，把辩证法与其哲学体系一
起来。在黑格尔那里，辩证法不仅仅是一种思维方法，而且还是
宇宙观。

① 《马克思恩格斯选集》第 2 卷，人民出版社 1995 年版，第 111—112 页。
② 同上书，第 112 页。
③ ［苏］列宁：《列宁选集》第 4 卷，人民出版社 1995 年版，第 775 页。

一　古希腊哲学中的辩证法

辩证法，英文单词是 dialectics。一般认为，辩证法的最早形式出现在古希腊哲学的智者学派那里。以普罗泰戈拉、高尔吉亚为代表的智者学派，在确立了"人是万物的尺度"的哲学前提下，充分发掘人类思维中的二分特性，从而揭示了人类思维与现实之间存在的深刻矛盾。他们的这种诡辩的方式被认为是哲学中辩证法的最早萌芽。尽管对于智者学派的诡辩性质的辩证法，古希腊时代的哲学家大多进行了批判，但在近代哲学家黑格尔看来，智者学派在他们的诡辩中，展示了思维的巨大反思能力，因此"智者们也是以辩证法、普遍的哲学为对象，他们都是深刻的思想家"[1]。我国著名的马克思主义哲学研究者王南湜教授指认说："从哲学史上各种辩证法的实质看，所有辩证法问题都涉及对有限性的超越……事实上，辩证法在哲学史上首先正是作为一种对于理论思维的否定因素而引入哲学的。"[2] 正是从辩证法所内含的理性思维与现实之间的深刻矛盾，王南湜教授认为智者学派中的芝诺悖论，集中体现了辩证法所揭示出来的理论思维的有限性。

说到古希腊时期的辩证法，人们通常立刻会联想到古希腊时代的伟大哲学家苏格拉底。确实，因为作为一种"特殊的对话方式"，辩证法起源于苏格拉底。在苏格拉底那里，辩证法是一种特殊的对话方式，即一种通过对话、展示思维的矛盾并最终寻求真理的方法。一方面，苏格拉底的辩证法与其知识论密切相关。在苏格拉底的知识论中，辩证法扮演着"助产婆"的角色。因为，苏格拉底认为人的灵魂中天赋具有所有的知识，人的学习只不过是一种回忆，而辩证法则是一种帮助人们回忆起他本来就具有知识的方法。就像孕妇肚子里已经怀有孩子，助产婆的作用就是帮助孕妇把怀的孩子生下来；人天生就具有真理性的知识，辩证法的作用就是帮助人们

---

① ［德］黑格尔：《哲学史讲演录》第 2 卷，贺麟、王太庆译，商务印书馆 1981 年版，第 38 页。

② 赵剑英、张一兵编：《国外马克思主义的基本问题》，社会科学文学出版社 2006 年版，第 300 页。

把已经具有的真理性的知识回忆出来。另一方面，与智者学派把辩证法沉沦为一种诡辩方式，从而导致城邦生活中道德、政治规范失效不同，苏格拉底在承认辩证法所揭示出来的理论思维有限性的同时，力图把辩证法引入实践生活，从而最终肯定辩证法能够成为一种追寻真理的方法。苏格拉底不满意古希腊智者们对辩证法的诠释，因为在苏格拉底看来，智者们只注意到辩证法中思维的二分特性，强调一与多、有限与无限之间的对立，利用甚至是过分地滥用辩证方法中的对立性，从而否定了真理的必然性和人们认识真理的可能性。针对智者们对辩证法的误用和滥用，苏格拉底对辩证法进行了改造。首先，苏格拉底承认智者学派们所主张的任何事物都具有两面性，肯定辩证思维的二分法，承认思维与现实之间的矛盾。其次，苏格拉底坚持真理是客观的、可以寻求的，辩证法就是一种寻求真理的方法。值得注意的是，苏格拉底在指认辩证法是一种寻求真理的方法时，自觉地把辩证法融入到实践生活中去，提出了"知识就是美德"的著名命题，强调了真理与伦理的统一。

苏格拉底的学生、被黑格尔誉为真正具有"世界性"历史地位的哲学家柏拉图继承和发展了苏格拉底的辩证法理论和思想。柏拉图的哲学思想主要体现在他的一系列的对话集作品中，而在这些对话集中，柏拉图往往没有把本人作为对话的参与者，常常是借助苏格拉底的身份来言说自己的观点。因此，在关于古希腊哲学研究中，如何把柏拉图和苏格拉底的哲学思想相互区分开来，是一个重大而困难的问题。正是因为上述原因，柏拉图的许多辩证法理论和思想并没有受到应有的重视。黑格尔说："说到柏拉图的思辨辩证法，这是从他这里开始的辩证法，是他著作中最关重要的，但也是最为困难的部分。所以当人们平常研读柏拉图的著作时，大都不知道他有所谓的思辨辩证法。"① 我国哲学家汪子嵩通过对柏拉图对话集的分析指出："在柏拉图的对话中，关于辩证法有三种不同的说法：在早期对话中，他说的辩证法就是这个字的最初词义，即苏格

---

① ［德］黑格尔：《哲学史讲演录》第 2 卷，贺麟、王太庆译，商务印书馆 1981 年版，第 203 页。

拉底的对话问答法。在中期对话《国际篇》中，他认为辩证法是高于其他一切学科的学问，它能认知'相'以至最高的'善'，相当于后来苏格拉底所说的'第一哲学'，不过他不称为哲学而称为辩证法。但对于这门学问的具体内容，他没有作深入的探讨。到后期对话《智者篇》和《政治家篇》中，爱利亚的来客要少年苏格拉底为智者和政治家下定义，定义的方法叫二分法，……柏拉图在后期对话中所说的这第三种辩证法，实际上就是分析与综合的辩证法，也就是寻求一和多的辩证关系的方法，是哲学研究的重要方法。"①

亚里士多德，被认为是古希腊哲学的集大成者，"一切哲学家的老师"②。恩格斯对亚里士多德的辩证法思想给予了高度评价，他说："古希腊的哲学家都是天生的自发的辩证论者，他们中最博学的人物亚里士多德就已经研究了辩证思维的最主要的形式。"③并且，正是从辩证法的维度出发，恩格斯把亚里士多德称为古代世界的黑格尔。从辩证法最本质的思辨特性出发，近代辩证法大师黑格尔也对亚里士多德给予极高的赞誉。黑格尔说："亚里士多德的哲学同时也包含着最深刻的思辨的概念。没有人像他那样渊博而富有思辨。"④但同时，黑格尔也指出，亚里士多德的辩证思辨与他自己所强调的辩证思辨存在着重要区别。黑格尔说："但总的看起来，他的哲学却不像是一个次序及联系皆属于概念的有系统的整体，而却是各个组成部分都从经验取来，被搁在一起，部分单独被认为一定的概念，但概念却不是起联系作用的运动。不过，虽然他的系统似乎没有在它的各个部分中被发展出来，而各部分只是彼此并列着：但这些部分仍然是真正思辨的哲学的全部总和。"⑤尽管亚里士多德的哲学中包含着相当多的经验内容，以致在近代亚里士多德被认为是科学研究的开拓者之一；以及亚里士多德的哲学思维中所具

① 《柏拉图全集》第1卷，王晓朝译，人民出版社2003年版，第11—12页。

② ［德］黑格尔：《哲学史讲演录》第2卷，贺麟、王太庆译，商务印书馆1981年版，第269页。

③ 《马克思恩格斯选集》第3卷，人民出版社1995年版，第358页。

④ ［德］黑格尔：《哲学史讲演录》第2卷，贺麟、王太庆译，商务印书馆1981年版，第269页。

⑤ 同上。

有和彰显出来的分析特性，例如亚里士多德所创立的逻辑就是形式逻辑。但从总体上来说，亚里士多德的哲学是兼容并包的，在经验内容之外亚里士多德也肯定了天赋理性的重要地位，在分析的逻辑思维方式之外亚里士多德也强调了综合的思维方式。所以，黑格尔站在近代辩证法的高度，一方面指出在亚里士多德的哲学中概念是孤立着的、并列着的、不动的；另一方面由于亚里士多德哲学中的概念是高度思辨的，因此这些部分仍是真正思辨哲学的全部总和。

二　黑格尔的辩证法

随着古希腊哲学的衰落，哲学逐步为神学所取代，直至沦为神学的奴婢，古希腊哲学中的辩证法思维方法也渐趋没落。近代哲学起始于笛卡尔，根据恩格斯的看法，作为近代哲学第一人的笛卡尔，其哲学思想再次复兴了有着古老传统的辩证法思维方式，但由于近代哲学中的英国经验论，形而上学的思维方式在近代哲学中逐渐占据了主导地位。对此，恩格斯评说道："近代哲学虽然也有辩证法的卓越代表（例如笛卡儿和斯宾诺莎），但是特别由于英国的影响却日益陷入所谓形而上学的思维方式；18 世纪的法国人也几乎全都为这种思维方式所支配。"①

辩证法在近代哲学中的最大代表是黑格尔。辩证法不仅构成了黑格尔哲学中最为重要的部分，而且也是黑格尔整个哲学的体系性特征。在黑格尔的哲学中，辩证法首先是作为一种方法贯穿于其自然哲学、精神哲学直至其政治哲学之中的。无论是在自然哲学、精神哲学还是在其政治哲学中，事物的存在和发展都表现为一个三段式的辩证运动过程，即正题、反题、合题。在这个过程之后，合题又转变为一个新的正题，这一过程不断、一直持续下去，直至终结于绝对理念。

首先，黑格尔通过对传统辩证法的改造，力图克服传统辩证法中主客观世界分裂的缺陷，最终实现探寻实在本质、获得真理的目标。

---

① 《马克思恩格斯选集》第 3 卷，人民出版社 1995 年版，第 358—359 页。

辩证法产生之初，哲学家们就强调了它独特的"二分"思维模式，这也造成哲学中一直存在而又无法克服的主观思维与客观世界之间相分裂的矛盾问题。早期哲学家们提出辩证法的初衷是为了寻求真理，但其结果却导致了方法与目标之间的不可调和的矛盾。辩证法的这种内在矛盾性，直至黑格尔之前的伟大哲学家康德，不仅未能解决，反而变得更加深刻了。在《纯粹理性批判》中，康德通过追问"认识何以可能"，从哲学抽象的高度对人的认识能力、认知过程、认识结果进行了详尽的考察和分析。考察和分析的结论是，康德认为在人的认识活动之外，存在着"物自体"这一唯一真实的实在，它是人们的认识根本无法把握的。由此可见，康德的哲学不仅进一步加强了理性思想与客观世界的分裂，而且从根本上否定了把二者统一起来的可能性。

黑格尔力图通过对传统辩证法的改造，最终解决上述难题。在黑格尔看来，根本不存在人的认识能力之外的"物自体"，作为人的认识对象的客观存在也不是孤寂不动的存在物。相反，现象与现实是统一的，或者说现象就是现实。并且所有的东西都是处于一定的关系之中，没有孤立存在的事物。这样，黑格尔所面对的世界将是一个有机的世界、统一的世界、整体性的世界。而在这样的世界中，自然、心灵与绝对理念是相通的。因为，"一个人的思想方式是并且总是被自然的结构，被事物实际的活动方式所限定的。然而，事物之所以那样活动，是因为绝对在通过自然的结构表达它自身。这样，一个人就是在以绝对在自然中表现自身的方式思维自然。正如绝对和自然是一个动态的过程一样，人类思想也是一个过程——辩证的过程"①。我们看到，通过对辩证法的改造，黑格尔拒斥了从传统辩证法中的巴门尼德到近代辩证法中的斯宾诺莎等人所坚持的把一和多、有限和无限等绝对对立起来的做法，而是将绝对描述为一个动态的过程，描述为一个有着诸多部分但被统一进一个复杂系统的有机体。并且，思维将在实践中逐步意识和自觉到它所

① ［美］S. E. 斯通普夫、［美］J. 菲泽：《西方哲学史》，邓晓芒等译，世界图书出版社 2011 年版，第 294 页。

面对的这个复杂有机的系统，并最终实现思想与对象的统一，达到对绝对理念的把握。

其次，黑格尔的辩证法不仅通过其逻辑学具体地展现自身，而且还通过其哲学的体系性得到表达。

在黑格尔的哲学中，他本人非常强调其对逻辑的研究。从黑格尔的哲学体系来看，黑格尔的哲学包含逻辑学、自然哲学和精神哲学三个部分。而关于逻辑学的部分，黑格尔写过两部著作：一部著作是他早期出版的《逻辑科学》，又称《大逻辑》；另一部著作是他后来出版的《哲学百科全书》的第一部分，由于内容较他早期的《逻辑科学》少了一半，又被人们称为《小逻辑》。逻辑学之所以在黑格尔哲学中具有重要地位，是因为，"黑格尔的逻辑学不是形式逻辑。他的逻辑学名为逻辑，实为形而上学或本体论，亦即关于存在本身的理论和研究，或者用黑格尔自己的语言来说，就是研究'事物的本质'的学问"①。由于黑格尔的逻辑学与形而上学是同一个东西，而在形而上学上，黑格尔又坚持认识与存在是同一的，据此黑格尔认为可以通过逻辑的进展达到对实在本质的认识。而逻辑的进展如何展开，这就是一个辩证的过程了。以黑格尔在逻辑学中的第一个三段式为例，我们来说明黑格尔的辩证步骤。黑格尔在逻辑学中的第一个三段式为：存在、无、变易。正题"存在"："纯粹的存在构成开端，因为它既是纯粹的思想，也是没有得到规定的、简单的直接东西。"② 反题"无"："这种纯粹的存在现在是纯粹的抽象，因而是绝对否定的东西，而这种绝对否定的东西同样直接地来看，就是无。"③ 合题"变易"："无作为这种直接的、自身等同的东西，反过来说，是与存在相同的东西。因此，存在和无的真理是两者的统一；这种统一就是变易。"④ 通过考察黑格尔上述的三段式，我们发现黑格尔的辩证法通过正、反、合这样的辩证过程，不仅展现了事物的曲折上升的前进过程，而且还克服了自亚里士

---

① ［德］黑格尔：《逻辑学》，梁志学译，人民出版社 2012 年版，第 6—7 页。
② 同上书，第 167 页。
③ 同上书，第 170 页。
④ 同上书，第 172 页。

多德以来所形成的传统形式逻辑的那种把是与非绝对对立起来的思维定式。

黑格尔不仅通过逻辑学具体地展示了其辩证法，而且还自觉地把这种思维方式贯穿于他的自然哲学和精神哲学之中。黑格尔的自然哲学从最抽象的概念空间开始，通过反题、合题的辩证过程，最终回到绝对理念。他的精神哲学再次依据辩证法的各个环节进行推演，其中正题是主观精神、反题是客观精神、合题是绝对精神。就这样，黑格尔把他所主张和改造过的辩证法运用于他的整个庞大而错综复杂的哲学体系。"在每一个阶段，他提出一个正题，由之推演出一个反题；这个正题和反题在其统一中发现一个更高的合题。最后，黑格尔达到了绝对理念这一概念……于是，人类心灵辩证地运动着，持续地容纳不断增加的实在领域，只有在发现一个事物与整体的关系——它与那个理念的关系之后，才发现了这个事物的真理。"①

第二节　马克思革命辩证法的创立

如果说黑格尔是近代哲学中的辩证法大师的话，那么马克思应该是在他之后的最伟大的辩证法家。马克思的辩证法一方面继承了黑格尔辩证法中的合理内核；另一方面立足于实践生活从理论和现实的层面突破了黑格尔辩证法的唯心主义体系，特别是把黑格尔的保守辩证法转变为一种革命辩证法，从而实现了对黑格尔辩证法的超越。在谈到马克思辩证法与黑格尔辩证法之间的密切联系时，当代著名哲学家德里达强调说："康德的头颅生成了黑格尔，黑格尔生成了马克思。"② 我国马克思主义研究者则指出："在黑格尔之后马克思是最伟大的辩证法家。但这绝不是'理论传承'意义上的，

---

① ［美］S. E. 斯通普夫、［美］J. 菲泽：《西方哲学史》，邓晓芒等译，世界图书出版社 2011 年版，第 296 页。

② ［法］德里达：《马克思的幽灵》，何一译，中国人民大学出版社 1999 年版，第 10 页。

而是'实践超越'意义上的。"①

一　马克思对黑格尔辩证法的批判性继承

马克思革命辩证法的重要前提就是他认识到黑格尔辩证法中的批判性、革命性精神，并继承了黑格尔辩证法中的革命精神和批判精神。

我们知道，1836 年，马克思转入柏林大学，开启了人生和思想经历的一次重要转变。在柏林大学，马克思很快成为一名青年黑格尔主义者。黑格尔的哲学在 19 世纪的普鲁士占据着重要的位置，是当时普鲁士政府的官方哲学。从哲学史来看，黑格尔创立了有史以来最为庞大的哲学体系，里面包含了博大精深的哲学内容。对于黑格尔哲学在哲学史上的重要地位，曾有哲学家评述说："后人对康德的哲学只能选择通过，而不能选择绕过。黑格尔的哲学则是，你不管喜欢与否，你都得给以回应，而不可能加以回避。"② 黑格尔的传记作家阿尔森·古留加说："马克思曾把康德的哲学称作法国革命的德国理论。海涅认为，就其破坏能力和严峻后果而言，罗伯斯庇尔可以和康德相匹敌；说到意志的狂放和抱负的远大，拿破仑则可和费希特并肩。但是，找不到一个可以和黑格尔同日而语的人；确乎如此，因为法国的政治生活中还没有造就出一个人物，像黑格尔那样坚定地继承了前辈的事业。"③ 黑格尔逝世后，当时普鲁士思想家的黑格尔信徒们分裂成两个派别，即老年黑格尔派和青年黑格尔派。老年黑格尔派固守着黑格尔的"凡是现实的都是合理的"这一教义，在黑格尔哲学及其与现实的关系的问题上都站在保守的立场上。理论上，他们大力宣扬对黑格尔理论体系的崇拜，认为黑格尔哲学已经把最完美的哲学呈现出来了，作为后继者只能是

---

① 白刚、吕鹏：《辩证法的批判本性与马克思辩证法所开辟的批判道路》，《学术研究》2012 年第 11 期，第 12 页。

② 聂锦芳：《马克思的"新哲学"——原型与流变》，中国社会科学出版社 2013 年版，第 30 页。

③ ［苏］阿尔森·古留加：《黑格尔传》，刘半九、伯幼等译，商务印书馆 1995 年版，第 3 页。

不断地书记哲学史。现实中，他们采取不闻不问的回避态度，认为一切矛盾最终将会在调和中得到解决，卷入当前的斗争是没有必要的。青年黑格尔派则主张黑格尔的另一句教条，即"凡是合理的都是现实的"。他们倾向于对黑格尔哲学作出激进的解释，特别是把黑格尔的哲学引入到宗教领域，对宗教神学展开批判，从而为当时兴起的市民社会的人性、人权理论作证明。青年马克思当时属于青年黑格尔派。但是，"总体而言，无论青年黑格尔派，还是老年黑格尔派，都是自由主义的，而不是革命的。分歧在于，青年黑格尔派是激进自由主义，老年黑格尔派则是温和自由主义"①。

　　由于马克思本人所具有的革命气质，特别是在马克思进入《莱茵报》后不得不对涉及物质利益的问题发表观点的时候，他越来越不满意青年黑格尔派那种既思想激进，又玩世不恭的态度。由此，导致了马克思和青年黑格尔派的决裂。马克思开始受到费尔巴哈唯物主义的影响，在哲学上逐渐开始从青年黑格尔派向费尔巴哈唯物主义的转变。但是，即使马克思开始倾向于费尔巴哈的唯物主义立场，他也没有否定黑格尔辩证法中的积极内容和革命性因素。当代分析马克思主义者埃尔斯特在对马克思的辩证法展开详细研究后指出，马克思的辩证法中存在三条黑格尔式辩证法的线索，即使马克思在转向唯物主义开始对黑格尔展开批判时，例如他的《1844年经济学哲学手稿》，他依然展现了一种黑格尔式的辩证法逻辑。埃尔斯特说："我将讨论马克思当中黑格尔式推理的三条线索，它们都具有一种被诉诸的主张，如果不是这种辩证方法的话，至少也是一种辩证方法。第一条线索是在《经济学手稿》的核心部分和《资本论》第一卷前几章（它们都受到黑格尔《小逻辑》的鼓舞）中使用的准演绎的逻辑。第二条线索是恩格斯编纂过的辩证法，包括否定之否定'规律'和量变质变'规律'。第三条线索是社会矛盾理论，它在很大程度上源于《精神现象学》。"② 被誉为西方马克思主

---

　　① 聂锦芳：《马克思的"新哲学"——原型与流变》，中国社会科学出版社2013年版，第38页。

　　② ［美］乔恩·埃尔斯特：《理解马克思》，何怀远译，中国人民大学出版社2010年版，第31页。

义鼻祖的卢卡奇，一方面高度评价了马克思的辩证法，认为辩证法是区分是否为正统马克思主义的真正标准，并强调了马克思辩证法的革命性质。他说："正统的马克思主义指的只是方法。它科学地坚信，辩证唯物主义是通向真理的道路，只要沿着奠基人所开创的路线前进，马克思主义的方法就能得到发展、扩大和加深。"① "唯物主义的辩证法是一种革命的辩证法。这个定义是非常重要的，并且对于理解唯物辩证法来说，还完全是非常关键的。"② 另一方面，他对马克思辩证法创立的追溯直接定位在马克思从青年黑格尔派向费尔巴哈唯物主义转变的时期，也就是卢卡奇认为，即使是在《〈黑格尔法哲学批判〉导言》的论文中，马克思在哲学上与黑格尔进行切割的时候，马克思并没有彻底地推翻和放弃黑格尔的辩证法，而是开始了对黑格尔辩证法的批判性继承。由于卢卡奇认为，马克思的辩证法是一种主客性相互作用、理论与实践相互结合的革命性辩证法，他说："我们讨论辩证法本身之前，就必须完全掌握这一定义。这个问题与理论和实践的关系有关。理论和实践的问题不仅仅是马克思第一次批判黑格尔时所赋予的那种含义，'理论一经掌握群众，也会变成物质力量'。此外，还需从理论和掌握群众的方法这两个方面发现它的特征和定义。正是它的这种特性和定义才把理论（辩证法）转变成了一个革命手段。……在《黑格尔法哲学批判》这篇文章中，马克思清楚地规定了理论和实践两者之间成为可能的条件。马克思说：'光是思想竭力成为现实是不够的，现实本身应当力求趋向思想。'……简而言之，只有当这些条件都被满足时，理论和实践才将能统一，理论的革命功能前提才成为可能。"③

　　马克思本人和他的亲密战友恩格斯都明确地表示，他们的哲学继承了黑格尔辩证法中的批判性和革命性的内容和精神。在《资本论》第一卷的序言中，马克思说："将近 30 年以前，当黑格尔辩证

---

　　① ［匈］卢卡奇：《历史和阶级意识——马克思主义辩证法研究》，张西平译，重庆出版社 1989 年版，第 2 页。
　　② 同上。
　　③ 同上书，第 2—3 页。

法还很流行的时候，我就批判过黑格尔辩证法的神秘方面。但是，正当我写《资本论》第一卷时，今天在德国知识界发号施令的愤懑的、自负的、平庸的模仿者们，却已高兴地像莱辛时代大胆的莫泽斯·门德尔松对待斯宾诺莎那样对待黑格尔，即把他当作一条'死狗'了。因此，我公开承认我是这位大思想家的学生，并且在有关价值理论的一章中，有些地方我甚至卖弄起黑格尔特有的表达方式。辩证法在黑格尔手中神秘化了，但这决没有妨碍他第一个全面地有意识地叙述了辩证法的一般运动形式。在他那里，辩证法是倒立着的。为了发现神秘外壳中的合理内核，必须把它倒过来。"① 恩格斯在许多地方都谈到马克思和他本人对黑格尔辩证法的态度，以及他们对黑格尔辩证法的继承。恩格斯说："近代德国哲学产生了，并且在黑格尔那里完成了。它的最大的功绩，就是恢复了辩证法这一最高的思维形式。"② "这种近代德国哲学在黑格尔的体系中完成了，在这个体系中，黑格尔第一次——这是他的伟大功绩——把整个自然的、历史的和精神的世界描写为一个过程，即把它描写为处在不断的运动、转变和发展中，并企图揭示这种运动和发展的内在联系。从这个观点看来，人类的历史已经不再是乱七八糟的、统统应当被这时已经成熟了的哲学理性的法庭所唾弃并最好尽快被人遗忘的毫无意义的暴力行为，而是人类本身的发展过程，而思维的任务现在就是要透过一切迷乱现象探索这一过程的逐步发展的阶段，并且透过一切表面的偶然性揭示这一过程的内在规律性。"③ "黑格尔哲学（我们在这里只限于考察这种作为从康德以来的整个运动的完成的哲学）的真实意义和革命性质，正是在于它彻底否定了关于人的思维和行动的一切结果具有最终性质的看法。……这种辩证哲学推翻了一切关于最终的绝对真理和与之相对应的绝对的人类状态的观念。在它面前，不存在任何最终的东西、绝对的东西、神圣的东西；它指出所有一切事物的暂时性；在它面前，除了生成和灭亡的不断过程、无止境地由低级上升到高级的不断过程，什么都不存

① 《马克思恩格斯选集》第 2 卷，人民出版社 1995 年版，第 112 页。
② 《马克思恩格斯选集》第 3 卷，人民出版社 1995 年版，第 358 页。
③ 同上书，第 362—363 页。

在。它本身就是这个过程在思维着的头脑中的反映。诚然，它也有保守的方面：它承认认识和社会的一定阶级对它那个时代和那种环境来说都有存在的理由，但也不过如此而已。这种观察方法的保守性是相对的，它的革命性是绝对的——这就是辩证哲学所承认的唯一绝对的东西。"①

二　马克思革命辩证法的实践本质

与黑格尔的概念辩证法不同，马克思的革命辩证法本质上是一种实践唯物主义的辩证法。

过去对马克思哲学及其辩证法的理解中存在着一个重要的误区，即把马克思哲学看作是唯物主义辩证法与历史唯物主义的简单相加，把马克思的辩证法看作是对黑格尔辩证法的简单颠倒。这种对马克思哲学及其辩证法的公式化的处理方式，看似在马克思哲学及其辩证法的通俗化、大众化的过程中起到了重要作用，但是也有着重要的流弊，那就是对马克思哲学及其辩证法的简单公式化，不仅使得马克思哲学及其辩证法变成了一些僵硬的教条，而且还遮蔽了马克思哲学及其辩证法的原创性、革命性。

黑格尔辩证法的本质是一种概念辩证法。关于这一点，恩格斯曾经明确地表述说："在黑格尔那里，辩证法是概念的自我发展。绝对概念不仅是从来就存在的（不知在哪里？），而且是整个现存世界的真正的活的灵魂。"② 前东德哲学家施蒂勒在谈到马克思的辩证法与黑格尔辩证法的区别时也指出，黑格尔的辩证法是一种作为概念运作原则的辩证法，他说："在黑格尔看来，辩证法是一切运动的原则，是一切运动的本质。辩证法实现于存在（转变为他物）、本质（映现为他物）和概念（发展）的三段式之中。黑格尔把思维，即在自我表现中回到自身的（客观）概念理解为辩证过程的主体。现实的结构就是在认识中把握现实的结构。然而这种结构就是概念的外部表现，正像被设定为客观主体的概念自我生成、自我认

---

① 《马克思恩格斯选集》第 4 卷，人民出版社 1995 年版，第 216—217 页。
② 同上书，第 242—243 页。

识一样。这样，黑格尔就把辩证法理解成了客观的活动；客观活动是有生命的东西的活动，即有生命的东西的创造活动；然而，按其真实的本质，精神（思维）也是有生命的。而作为概念运动原则的辩证法，则在于找出和解答一般事物的特殊表现，即它的内在差别；辩证法是精神在自己客体方面的活动，即不是外部的活动，而是自己的生命，自己的内在灵魂。只要这种内在的生命体现在客观的观念的东西中，辩证法在本质上就是思维的本性，思维的本质。思维的要素是运动、否定、矛盾——这些就是从精神方面对现实进行把握和作透彻了解的基本特征。"① 我国马克思主义哲学研究专家孙正聿教授在对马克思辩证法作出精深研究的基础上也指出，马克思早已提到黑格尔的辩证法是"无人身的理性"的自我运动和自我认识构成的概念辩证体系。他说："毫无疑问，由于黑格尔的概念辩证法所描述的是'无人身的理性'的自我运动和自我表现，因而是以唯心主义的形式'抽象地'发挥了思维的能动性。但是，黑格尔以其概念辩证法所揭示的从思维的矛盾运动中去理解思维与存在的统一性，从思维的建构与反思中去发挥辩证法的批判本性，从思维与存在的否定性统一中去理解人的世界，从理论理性与实践理性的否定统一中去理解人与世界的否定性统一，把辩证法提升到了马克思之前的最高水平。"②

　　马克思本人明确地表示过，尽管他的辩证法的直接来源是黑格尔，但他的辩证法从根本上与黑格尔的辩证法不仅不同，而且还恰恰相反。他说："我的辩证方法，从根本上来说，不仅和黑格尔的辩证方法不同，而且和它截然相反。在黑格尔看来，思维过程，即他称为观念而甚至把它转化为独立主体的思维过程，是现实事物的创造主，而现实事物只是思维过程的外部表现。我的看法则相反，观念的东西不外是移入人的头脑并在人的头脑中改造过的物质的东

---

① ［德］施蒂勒：《黑格尔辩证法和马克思辩证法的差别》，余荣译，《哲学译丛》1982 年第 3 期，第 17 页。

② 杨耕等：《马克思主义哲学基础理论研究》，北京师范大学出版社 2013 年版，第 125 页。

西而已。"① 马克思理论上的亲密伙伴恩格斯则指出，马克思与黑格尔辩证法的重要区别是，由于时代条件的限制，黑格尔的辩证法是保守的、唯心主义的，黑格尔的辩证法只是提出了问题，而没有解决问题。其蕴含的意义就是，与黑格尔的辩证法相比，马克思的辩证法是革命的、唯物主义的，由于孕育于发展的社会历史条件中，马克思的辩证法已经成为思想的武器。恩格斯说："黑格尔本人，虽然在他的著作中相当频繁地爆发出革命的怒火，但是总的说来似乎更倾向于保守的方面。"② "黑格尔没有解决这个任务，这在这里没有多大关系。他的划时代的功绩是提出了这个任务。这不是任何个人所能解决的任务。虽然黑格尔和圣西门一样是当时最博学的人物，但是他毕竟受到了限制，首先是他自己的必然有限的知识的限制，其次是他那个时代的在广度和深度方面都同样有限的知识和见解的限制。但是，除此以外还有第三种限制。黑格尔是唯心主义者。"③

但究竟如何定位和理解马克思的辩证法，从根本上把马克思辩证法与以前的一切辩证法，特别是与黑格尔的辩证法区分开来，从而真正揭示马克思辩证法的革命精神，却是马克思哲学革命中的一个极富争议的话题。

我们看到，马克思本人甚少从正面对其辩证法展开论述。在《哲学的贫困》中，马克思曾经只言片语地谈到了辩证法。马克思嘲讽了他的对手蒲鲁东由于不懂"真正科学的"辩证法，从而陷入了诡辩的泥坑。他说："蒲鲁东是天生倾向于辩证法的。但是他从来也不懂得真正科学的辩证法，所以他陷入了诡辩的泥坑。实际上这是和他的小资产阶级观点有联系的。"④ 马克思第一次比较集中地谈论辩证法是在他的《资本论》的序言中，他不仅明确地说《资本论》是他把"辩证方法应用于政治经济学的第一次尝试"，第一次正面表述了自己关于"合理形态"的辩证法的观点，而且非常明确地指出辩证法按其本性来讲是批判的和革命的。他说："辩证法，

---

① 《马克思恩格斯选集》第 2 卷，人民出版社 1995 年版，第 111—112 页。
② 《马克思恩格斯选集》第 4 卷，人民出版社 1995 年版，第 220 页。
③ 《马克思恩格斯选集》第 3 卷，人民出版社 1995 年版，第 363 页。
④ 《马克思恩格斯选集》第 2 卷，人民出版社 1995 年版，第 620—621 页。

在其合理形态上，引起资产阶级及其夸夸其谈的代言人的恼怒和恐怖，因为辩证法在对现存事物的肯定的理解中同时包含对现存事物的否定的理解，即对现存事物的必然灭亡的理解；辩证法对每一种既成的形式都是从不断的运动中，因而也是从它的暂时性方面去理解；辩证法不崇拜任何东西，按其本质来说，它是批判的和革命的。"①

马克思没有直接写，也没有明确讲自己的辩证法，但这并不意味着马克思没有自己的辩证法。根据马克思哲学的实践本性及其运思方式，马克思的"真正科学"的、"合理形态"的辩证法应该是一种实践辩证法。对此，阿尔都塞曾经在《保卫马克思》中说过这样一段话："我已经说过，马克思没有给我们留下关于辩证法的著作。这种说法不完全确切。他给我们留下了一篇关于方法论的第一流的文章，这篇文章可惜没有写完，即1859年的《〈政治经济学批判〉导言》。马克思在文章里没有提到'颠倒'这个字眼，但他实际上谈到了这个问题，也就是说，他谈到了科学地使用政治经济学的概念的有效条件。我们只要思考一下这些概念的科学使用，就可以从中得出辩证法的基本成分，因为这种使用无非就是以实践状态出现的辩证法。"②

如何定位马克思辩证法？无论是在西方马克思主义的研究传统中，还是我国的马克思主义研究，都是一个引起广泛争议的话题。

西方马克思主义研究对马克思辩证法的认识经历了一个从拒斥辩证法、反省辩证法到拆解辩证法、推进辩证法的巨大转变历程。

（1）在黑格尔之后，西方哲学发展出两条不同的道路，即科学主义和人文主义。其中科学主义对马克思的辩证法采取了旗帜鲜明的拒斥立场。由于科学主义对整个形而上学采取拒斥立场，当然它们也对马克思的辩证法采取了拒斥的敌意态度。科学主义在20世纪的重要代表人物波普尔，从科学主义的证伪原则和矛盾标准出发，认为马克思的辩证法并不符合上述原则要求。他说："辩证法

---

① 《马克思恩格斯选集》第2卷，人民出版社1995年版，第112页。
② ［法］路易·阿尔都塞：《保卫马克思》，顾良译，商务印书馆2007年版，第175页。

模糊而灵活，足以解释说明这种出乎意料的情况，正像它可以圆满解释说明不出乎意料的以及碰巧不曾实现的情况一样。不管事情怎么发展都合乎辩证法的图式；辩证法将永远不必担心未来经验的反驳。"① 科学主义的另一代表人物，加拿大哲学家马里奥·本格则从科学思维出发，通过分析指出马克思的辩证法是自相矛盾的，从而拒斥马克思的辩证法。他说："辩证法论者……倾向于把对辩证法的批评称之为'反辩证法'或'形而上学'的。……这种做法正是心照不宣地承认辩证法的'法则'最终不是普遍的。因为如果它们是普遍的，如果它们是关于自然界、社会和思维的规律，那么无论在人们的头脑中还是在头脑以外，都将不会有任何非辩证的东西，我们在任何情况下都将辩证地思考和行为。这样一来，辩证法的说教也就是不必要的了。"②

（2）20 世纪西方马克思主义中诞生了一个极富理论特色的学派，即法兰克福学派。以卢卡奇、马尔库塞、阿多诺等人为代表的法兰克福学派反对对马克思的辩证法采取简单的拒斥态度，而是以一种反省的姿态尝试对马克思的辩证法进行新的解释和建构。以阿多诺为例，他认为对马克思辩证法的理解一定要深入到辩证法的否定性本质中去，辩证法的这种否定性本质即是"辩证法不应该作为思维的法则，不应该通过使经验枯竭来证明世界的抽象的齐一性。辩证法乃是对非同一性的前后一贯的意识"③。因为把辩证法的本质定义为对同一性的解构，由此阿多诺强调了马克思辩证法中关于客观事物的对立性方面以及辩证法中的矛盾思维方式。他说："就辩证法这个词的素朴的意义来说，它既不是一种纯粹的方法，也不是一种现实。之所以说辩证法不应是一种方法，乃是因为非同一的物质——缺少思想所规定的同一性——是矛盾的，并且反对任何无矛

---

① ［英］波普尔：《猜想与反驳》，傅季重、纪树立等译，上海译文出版社 1986 年版，第 475 页。

② ［加］马里奥·本格：《科学的唯物主义》，张相伦等译，上海译文出版社 1989 年版，第 67 页。

③ 陈学明、张志孚编：《当代国外马克思主义研究名著提要》（上卷），重庆出版社 1996 年版，第 256 页。

盾的说明的企图。正是这种物质，而不是思维的组织力量才把我们引向辩证法。之所以说辩证法也不是简单的现实，是因为矛盾乃是反思的范畴，乃是概念与事物之间的冲突。辩证法作为思考方式，要求辩证地思考，而辩证地思考意指矛盾地思考。"①

（3）对马克思辩证法采取拆解姿态的主要是 20 世纪后半期出现的一些持有后现代主义思想的哲学家。一方面，这些哲学家们的后现代主义思想本身与马克思的理论存在着或明或暗的内在牵连；另一方面，他们又把新发展起来的后现代手段运用到对马克思本人的思想的拆分和解构中。以伽达默尔为代表的后现代主义者们正确地认识到，马克思已经放弃了"黑格尔的概念新闻发言人"的立场，但是他们又认为，马克思的辩证法中包含了过于强硬的"革命的和批判的"的内容和精神。作为"革命的和批判的"马克思辩证法，从根本上讲是一种理论霸权和理论独断，因此需要被解构。在他们看来，被解构后的马克思辩证法，不再是一种要求掌握霸权的独断辩证法，而成为一种敞开了的、能够进行平等对话的辩证法。伽达默尔说："辩证法艺术并不是那种制服任何人的论证艺术。情况正好相反，使用辩证法艺术，即使用提问和探索真理的艺术的人在听众眼里很可能论证失败。作为提问艺术的辩证法，被证明可靠，只在于那个知道怎样去问的敌人能够掌握它的问题，也就是说，能够掌握开放的方向。提问艺术就是能够继续提问的艺术，也就是说，它是思考的艺术。它之所以被称为辩证法，是因为它是进行某种真正对话的艺术。"②

（4）辩证法在当代西方哲学研究中的复兴应该归功于 20 世纪 90 年代以后英美马克思主义的强势崛起。在苏联解体东欧剧变之后，流行于欧洲大陆的著名的法兰克福学派已逐渐式微。而与之相反，"面对这种情况，英美等发达资本主义国家的一些马克思主义者把目光又转向了马克思的辩证法，希望借助和通过马克思的辩证

---

① 陈学明、张志孚编：《当代国外马克思主义研究名著提要》（上卷），重庆出版社 1996 年版，第 256 页。
② ［德］伽达默尔：《真理与方法》（上卷），洪汉鼎译，上海译文出版社 1999 年版，第 471 页。

法，寻求对资本全球化和苏东垮台这些现象作出解释。因此，对辩证法的兴趣有了一定程度的复兴，这就使得辩证法成了 20 世纪 90 年代以来英美马克思主义研究中最为活跃的领域之一"①。以奥尔曼、哈维为代表的美国哲学家对当代马克思辩证法的复兴贡献最大。奥尔曼关于马克思辩证法研究的代表作是《辩证法之舞：马克思的方法之步》（*Dance of the Dialectic：Step in Marx's Method*），在其著作中，奥尔曼强调了马克思辩证法中的内在关系理论，指出这是马克思运用辩证法揭示"资本逻辑"的关键所在。哈维作为当代英美马克思主义的重要代表人物，一方面对马克思的辩证法进行了详尽的分析，并把马克思的辩证法概括为 11 个命题；另一方面，哈维自觉把马克思辩证法作为自己的指导思想，并把马克思辩证法贯穿于自己的原因环境、正义等问题的研究中。

根据国内一些学者的研究，认为在最近几十年我国马克思主义哲学家关于马克思辩证法的定位经历了一个从"唯物辩证法"，到"实践辩证法"，再到"生存论辩证法"的演进。

所谓"唯物辩证法"，即 20 世纪 80 年代前流行于我国传统教科书中的关于马克思辩证法的定位。传统教科书把马克思的辩证法称为"唯物辩证法"，其特点是不在于强调马克思辩证法的根本性质，而是马克思辩证法的基本组成规律和相关对立范畴。关于传统教科书中对马克思唯物辩证法的定位，有学者指出说："作为教科书模式的马克思主义哲学，其确立的最根本标准，是严格以唯物主义和唯心主义、辩证法和形而上学的划分为基准的。教科书所张扬的，是'绝对'的唯物主义。因为在教科书看来，只有唯物主义是科学，而且哲学史上除了马克思哲学之外，其他哲学都是唯心主义。用唯物和唯心这一标准来区分和衡量马克思的辩证法，马克思的辩证法只能是'唯物辩证法'，因为'唯物辩证法'揭示了自然、社会和人类思维发展的最一般的规律。马克思的唯物辩证法既是唯物主义的，与唯心主义相区别；同时，马克思的唯物辩证法也

---

① 白刚、付秀荣：《国外马克思辩证法研究的反省与批判》，《社会科学评论》2007 年第 1 期，第 117 页。

是‘关于普遍联系与永恒发展的科学’，因此又是与形而上学相对立的。”① 由此可见，传统教科书把马克思辩证法定位为唯物辩证法，主要是从传统教科书对马克思哲学体系化的裁量出发的。但问题是：一方面，传统的教科书体系本身因其僵硬的教条主义在改革开放后已经受到普遍的质疑，并正在尝试着各种改革和重构。因为，在传统的马克思哲学教科书中，“人们不是把马克思主义哲学当作一个思想发展的过程去看待，而是当作一些现成的结论来叙述。而这些现成的结论，也就是被我们视为‘原理’的东西，又大多数是从苏联哲学教科书体系中移植过来的。随着实践的发展和研究的深入，这一套既成的‘原理’体系暴露出来的问题越来越多……伴随着我国改革开放新时代的到来和思想理论领域拨乱反正的展开，建设马克思主义哲学史学科的任务和进行马克思主义哲学原理体系改革的任务，在 20 世纪 80 年代几乎被同时提了出来”②。另一方面，把马克思辩证法定位为唯物主义辩证法，只是从马克思哲学的最基本的哲学立场对其创立的辩证法进行了简单的修饰，并没有说出马克思辩证法的真正特质，没有揭示马克思辩证法批判和革命性精神的真实来源，这是远远不够的。

把马克思辩证法定位为“实践辩证法”，与我国马克思主义理论界在 20 世纪 80 年代末至 90 年代初兴起的两场大讨论相关。一场是以列宁的命题“辩证法也就是认识论”为对象的“认识论大讨论”；另一场是以“实践的唯物主义者”为对象的“实践唯物主义大讨论”。在这两场大讨论中，马克思实践的观点开始成为我国马克思主义哲学研究者关注的焦点。应该说，通过两场大讨论，国内大部分学者都认知到实践在马克思哲学乃至整个马克思主义理论中的基础性地位，甚至旗帜鲜明地提出了马克思哲学的“实践本体论”的口号和要求。对此，北京大学的聂锦芳教授评述说：“新时期以来，后来学界已就实践是马克思主义的首要的、基本的观点达

---

① 白刚：《当代中国马克思辩证法研究的三大形态述评》，《社会科学评论》2006年第 3 期，第 123 页。

② 杨学功：《超越哲学同质性神话——马克思哲学革命的当代解读》，北京大学出版社 2010 年版，第 288 页。

成共识。以此为基础，学界突破了将实践观局限于认识论领域的传统理解，从实践观出发，真正深入到人类生活的各种具体形式之中，深入到中国特色社会主义建设实践之中去，并实现马克思主义哲学自身的理论突破和创新。……从对马克思实践观的重视到对马克思实践哲学的建构，是马克思主义哲学研究中的一大推进。"① 由于在新的时期马克思哲学已被重新解释或回复为一种实践唯物主义哲学，那么马克思的辩证法也就顺理成章地被定位为"实践辩证法"。"在坚持以'实践唯物主义'来定位马克思主义哲学本性的学者们的视野中，辩证法与实践获得了一种'内在沟通性'。所以在马克思这里，辩证法不再是'精神助产术'，而变成人走向本真存在的'实践助产术'，也即实践辩证法。学者们普遍认为，马克思的实践辩证法，既克服了黑格尔辩证法的唯心主义抽象能动性，又克服了旧唯物主义的经验直观性，是沟通主观辩证法与客观辩证法的桥梁，是马克思唯物辩证法的最集中的现实体现。"②

　　"生存论辩证法"是我国马克思主义哲学界对马克思辩证法的一种最新解读和提法，其代表人物主要是吉林大学的贺来教授。"生存论辩证法"的要点在于，"把实践概念把握为一个关于人的本源性的生命活动及其历史发展的生存论的本体论概念，认为实践活动在根本上是人的最基本的生命存在和生命活动方式，实践观点的重要性就在于它为全面地理解人的现实生命及其历史发展提供了一种基本的理论观点和思维方式"③。因此我们发现，"生存论辩证法"的提出是建立在对马克思哲学的生存论本体的解读的基础之上的，而其对马克思哲学的生存论本体解读又是建立在承认实践是马克思主义哲学中基础性概念的基础上的。与"实践辩证法"不同的是，在倡导"生存论辩证法"的研究者们看来，仅仅把马克思哲学定位为实践哲学还是不够的，应该进一步深入到马克思哲学的人学

　　① 聂锦芳：《马克思的"新哲学"——原型与流变》，中国社会科学出版社 2013 年版，第 592 页。

　　② 白刚：《当代中国马克思辩证法研究的三大形态述评》，《社会科学评论》2006年第 3 期，第 125 页。

　　③ 贺来：《辩证法的生存论基础》，中国人民大学出版社 2004 年版，第 138 页。

立场上，从马克思哲学的人道主义出发，把马克思哲学定位为生存论哲学，进而把马克思的辩证法定位为"生存论辩证法"。我们认为，对马克思哲学及其辩证法的定位之所以发生生产论的转向，与最近这些年我国马克思主义研究中的所谓的"马克思人学空场论"的讨论有关。关于"马克思人学空场论"的讨论最初发生于20世纪中期的西方马克思主义理论界，以萨特为重要代表。不可否认，在一定程度上恢复马克思的人道主义理论和思想对正确理解和全面把握马克思的理论是重要的，在日益市场化的现代社会生活中也有着重要的现实意义。但是，全面地用人道主义来涵盖马克思的哲学及其辩证法，也是不可取的。因为这样做的话，一方面，不能准确地把马克思哲学及其理论与近代以来的西方启蒙的现代理论区分开来。我们注意到，近代以来的西方启蒙理论大都是人本主义的，如果我们仅仅从人道主义来考量马克思的哲学及其辩证法，就不能把马克思的哲学及其辩证法与近代以前其他的人本主义理论区分开来；另一方面，从马克思哲学的整个理论体系来看，既不符合其理论体系的特征，也不符合其理论体系的目标旨趣。

在考察了当代国外和国内对马克思辩证法定性研究的不同观点、理论及其不同发展历程的基础上，我们将立足于马克思的实践唯物主义，再次简要说明马克思实践辩证法的革命性本质及其重要意义。

我国马克思主义哲学研究专家王南湜教授认为，从哲学史中辩证法的固有传统来看，所有辩证法都涉及对有限规定性的超越。或者说，从本质上看，辩证法是一种对理论思维进行否定的逻辑思维方式，它表达了哲学中存在于理性思维与现实之间的固有的张力和矛盾。因此，辩证法要成为一种合理形态，它必须与实践相结合。王南湜教授说："只有在实践哲学中，辩证法的存在才有其合法性，才能够真正发挥哲学作为追求智慧之学的作用。"① "从理论哲学转向实践哲学，是目前国内哲学界一种极为强劲的趋势……但这一趋

---

① 赵剑英、张一兵编：《国外马克思主义的基本问题》，社会科学文学出版社2006年版，第299页。

势的指向却是一种全新的哲学思维方式，一种思维方式上的革命性变化，因而是必须予以认真对待的。而辩证法问题便是在这一转变中的一个首当其冲的根本性问题。"① 由此可见，从辩证法的本性来看，要使马克思的革命辩证法成为一种真正科学的、合理形态的辩证法，首先必须要立足于实践哲学的坚实土壤之上，而我们在上一章节中已经非常明确地论证了，马克思哲学革命的根源就在于他所创立的实践哲学。所以，从马克思的实践唯物主义出发，把马克思的辩证法定位为实践辩证法，既符合马克思哲学的基本精神，也契合了哲学史中辩证法传统的要求。

西方马克思主义法兰克福学派的重要代表人物阿尔都塞在对马克思的辩证法进行考察和阐述的时候，一直紧抓马克思辩证法与实践的内在联系。一方面，阿尔都塞指出，任何对马克思辩证法的确切理论阐述，必须回到作为马克思哲学基础的实践那里去。他说："对辩证法作确切的理论阐述，首先关系到马克思主义辩证法在其中起作用的那些实践，因为这些实践（马克思主义的'理论'和政治）在它们的发展过程中需要有关于它们的实践的概念（辩证法的概念），以免在这一发展的质的新形式（新的形势、新的'问题'）面前陷入无能为力的地步，或者为了避免一而再、再而三地在理论上和实践中落到形形色色的机会主义泥坑中去。"② 另一方面，阿尔都塞还认为，马克思辩证法的普遍性意义，最终需要回到各种具体的实践活动中去检验。他说："为了证实辩证法这个定义超出我们涉及的具体内容的范围，并能具有放之四海的普遍理论意义，我们还要把这个定义放到其他的内容和其他实践中去检验（例如自然科学的理论实践，以及认识论、科学史意识形态史、哲学史等尚未确立的科学的理论实践），从而确有把握地认识这一定义的普遍意义，或在必要时对定义的表述进行修正。"③

---

① 赵剑英、张一兵编：《国外马克思主义的基本问题》，社会科学文学出版社 2006 年版，第 299 页。

② ［法］路易·阿尔都塞：《保卫马克思》，顾良译，商务印书馆 2007 年版，第 160 页。

③ 同上书，第 214 页。

我们还注意到，无论是在国外马克思主义研究中，还是国内马克思主义研究中，对马克思辩证法的定位都存在着其他各种形形色色的说法，例如西方马克思主义的鼻祖卢卡奇提出了所谓"总体性辩证法"，我国著名的马克思主义研究专家张一兵教授提出的"历史辩证法"。但是，如果我们仔细分析了他们关于"总体性辩证法"、"历史辩证法"的阐述之后，就会发现，他们对马克思辩证法的定位与我们所讲的实践辩证法并无根本矛盾和冲突之处。相反，他们关于"总体性辩证法"、"历史辩证法"的提出正是依赖于对马克思辩证法的阐述，建立在对马克思哲学进行实践唯物主义理解的基础之上。首先让我们来看看卢卡奇的"总体性辩证法"。卢卡奇在谈到自己的"总体性辩证法"时说："总体性范畴并不是把它的各种因素化为一种无差别的一致性，化为同一性。只有在这些因素被卷入了一种同另外一些因素的能动的辩证关系的范围内，这些因素才能被看作是和一个和能动的反辩证的整体，相等的能动的辩证方面。"① 既然卢卡奇的总体性范畴强调构成它的各种因素不是一种无差别的同一性，而是能动性和被动性的统一，并且它们构成一个运动的整体。试想，在马克思的哲学范畴中，有哪一个范畴能够承担建构卢卡奇整体性范畴的重担？可能的答案只能是实践，因为只有实践活动是被动因素与能动因素的结合体，并且只有实践活动是一个运动的整体。其次让我们来看看张一兵教授的"历史辩证法"。关于马克思的历史辩证法，张一兵教授是这样表述的，他说："马克思看到，黑格尔历史辩证法的本质，就是指认了所有观念都只是历史必然性（绝对理念）的一定的表现，在历史性的具体运动过程面前，没有任何固定和永恒不变的东西。这种历史性的革命力量，在历史唯物主义之上，说明了仅仅看到社会生活中客观存在的优先性还不是历史唯物主义，历史唯物主义的历史性存在本身要求的是一种不断地客观改变着的现在历史。历史正在生成，它是一个现在式，而不是过去式。这是我们在前文中已经强调过的理论质

---

① ［匈］卢卡奇：《历史和阶级意识——马克思主义辩证法研究》，张西平译，重庆出版社1989年版，第15页。

点。马克思在这里重新把它指认出来，目的无非是想说明，彻底的唯物主义必然是革命的历史辩证法。反之亦然。"① 为什么张一兵教授把马克思的辩证法指认为历史辩证法呢？重要的原因就在于张一兵教授把马克思的哲学定位为历史唯物主义，正如他自己指出的："正如我们前面所说，历史唯物主义和历史辩证法在本质上是同一个东西。"② 如果我们继续追问，为什么以张一兵教授为代表的学者们把马克思哲学定位为历史唯物主义，那就是他们认为作为马克思哲学基础的实践只能是历史性，实践之外的自然界既对人无任何意义，也没有历史性，因此必须把传统的与人无涉的所谓自然哲学排除在马克思哲学之外，由此马克思哲学就变成了历史唯物主义哲学，马克思的辩证法就是一种历史辩证法了。可见，无论是"历史唯物主义"，还是"历史辩证法"的提出，都是建立在对马克思哲学的实践唯物主义理解的基础之上的。

第三节　恩格斯和列宁对马克思革命辩证法的继承和发展

　　由于黑格尔的辩证法本质上是唯心的，这就消解了黑格尔辩证法中批判的、革命性的内容和精神，导致黑格尔的辩证法沉沦为一种为其生活于 18 世纪的普鲁士政府辩护的哲学。在黑格尔之后，马克思认为不能简单地把黑格尔的哲学当作"一条死狗"，黑格尔唯心主义哲学体系中包含着合理的内核，隐藏着革命的精神，这就是黑格尔的辩证法。马克思批判地继承了黑格尔的辩证法理论和思想，创立了自己的、建立在实践唯物主义基础之上的辩证法，并在其哲学和政治经济学的理论研究中广泛地运用了这种辩证法。但由于马克思本人只是在自己的理论研究工作中自觉地运用和实践辩证法，既没有正面地阐述辩证法的基本理论、基本思想，也没有时间能够把自己的辩证法理论系统化、体系化。由于认识到辩证法在马

---

① 张一兵、蒙木桂：《神会马克思——马克思哲学原生态的当代阐释》，中国人民大学出版社 2004 年版，第 98 页。
② 同上书，第 109 页。

克思哲学中的重要地位，马克思的亲密战友恩格斯和他的继承者列宁自觉地接受了这一任务。

一　恩格斯对马克思辩证法的继承和发展

恩格斯和马克思一样，承认辩证法是黑格尔哲学中的合理内核，黑格尔的辩证法中蕴含着批判和革命的力量，也提出要把黑格尔的辩证法拯救过来。他说："马克思和我，可以说是把自觉的辩证法从德国唯心主义哲学中拯救出来并用于唯物主义的自然观和历史观的唯一的人。"① 但与马克思由于要花大量时间和精力从事对资本主义政治经济学的研究，因而无法对辩证法展开详细而又具体的研究和阐述不同，恩格斯写了许多专门论述辩证法的著作和文章，例如《反杜林论》、《自然辩证法》、《路德维希·费尔巴哈和德国古典哲学的终结》。在这些著作中，恩格斯不仅对他和马克思所主张的辩证法进行了较为正面和详细的阐述，而且还从定义、主要规律、重要范畴等方面对他和马克思所主张的辩证法进行了初步的系统化工作。

首先，恩格斯明确地从概念上对辩证法进行了界定，并对辩证法的概念进行了详细的阐述。

在《反杜林论》、《自然辩证法》、《路德维希·费尔巴哈和德国古典哲学的终结》著作中，恩格斯分别对辩证法下了定义。在《反杜林论》中，恩格斯第一次给辩证法下了一个科学定义，即"辩证法不过是关于自然、人类社会和思维的运动和发展的普遍规律的科学"②。在《自然辩证法》中，恩格斯把辩证法称为"关于普遍联系的科学"③。在《路德维希·费尔巴哈和德国古典哲学的终结》中，恩格斯把辩证法定义为"关于外部世界和人类思维的运动的一般规律的科学"④。

我们注意到，恩格斯在不同场合对辩证法进行定义时，都明确

---

① 《马克思恩格斯选集》第 3 卷，人民出版社 1995 年版，第 349 页。
② 同上书，第 484 页。
③ 《马克思恩格斯选集》第 4 卷，人民出版社 1995 年版，第 259 页。
④ 同上书，第 243 页。

地表明辩证法是一门涉及规律的科学。如何理解恩格斯对作为科学的辩证法的界定呢？以及如何理解作为科学的辩证法与其他具体的科学的关系？让我们先看看恩格斯在《反杜林论》中讲的两段话。一段话是恩格斯对黑格尔哲学体系没落后留下的辩证法所作的评说，恩格斯说："就哲学被看作是凌驾于其他一切科学之上的特殊科学来说，黑格尔体系是哲学的最后的最完善的形式。全部哲学都随着这个体系没落了。但是留下的是辩证的思维方式以及关于自然的、历史的和精神的世界是一个无止境地运动着和转变着的、处在生成和消逝的不断过程中的世界的观点。现在不再向哲学，而是向一切科学提出这样的要求：在自己的特殊领域内揭示这个不断的转变过程的运动规律。而这就是黑格尔哲学留给它的继承者的遗产。"① 另一段话是恩格斯从正面阐述唯物主义辩证法与具体自然科学的关系的，他说："现代唯物主义本质上都是辩证的，而且不再需要任何凌驾于其他科学之上的哲学了。一旦对每一门科学都提出要求，要它们弄清它们自己在事物以及关于事物的知识的总联系中的地位，关于总联系的任何特殊科学就是多余的了。于是，在以往的全部哲学中仍然独立存在的，就只有关于思维及其规律的学说——形式逻辑和辩证法。其他一切都归到关于自然和历史的实证科学中去了。"② 从上述的两段话中，我们看到，恩格斯一方面坚持唯物辩证法的规律性、科学性是由自然科学的发展所证明、开拓并最终抽象而来的；另一方面，唯物辩证法的规律性、科学性又不能完全消融在自然科学之中，它具有自己的合法性地位，由于它自身的高度抽象性，它已经成为当代哲学最重要的对象和内容。

其次，恩格斯对辩证法的本质特征进行了概述，即把坚持事物的普遍联系与永恒发展作为马克思主义辩证法的本质特征。

恩格斯认为，马克思主义辩证法在认识和把握客观的物质世界时，在思维中本质上就是坚持联系的观点和发展的观点。他说："辩证法在考察事物及其在观念上的反映时，本质上是从它们的联

---

① 《马克思恩格斯选集》第 3 卷，人民出版社 1995 年版，第 362 页。
② 同上书，第 364 页。

系、它们的联结、它们的运动、它们的产生和消逝方面去考察的。"①"要精确地描绘宇宙、宇宙的发展和人类的发展，以及这种发展在人们头脑中的反映，就只有用辩证的方法，只有不断地注视生成和消逝之间、前进的变化和后退的变化之间的普遍相互作用才能做到。"② 恩格斯还认为，之所以把坚持联系的观点和发展的观点作为辩证法的本质特征，其中一个重要的原因就在于，我们能够在古希腊哲学时期的辩证法中发现这个传统。在回顾哲学中的联系观和运动观时，恩格斯说："当我们深思熟虑地考察自然界或人类历史或我们自己的精神活动的时候，首先呈现在我们眼前的，是一幅由种种联系和相互作用无穷无尽地交织起来的画面，其中没有任何东西是不动的和不变的，而是一切都在运动、变化、生成和消逝。这种原始的、素朴的但实质上正确的世界观是古希腊哲学的世界观，而且是由赫拉克利特最先明白地表述出来的：一切都存在而又不存在，因为一切都在流动，都在不断地变化，不断地生成和消逝。"③

　　为了强调马克思主义辩证法的联系观与发展观，恩格斯还从当代两种主要不同思维形式的维度，对辩证法与形而上学进行了比较。对于形而上学思维方式的本质，恩格斯正确地总结说："在形而上学者看来，事物及其在思想观念上的反映即概念，是孤立的、应当逐个地和分别地加以考察的、固定的、僵硬的、一成不变的研究对象。他们在绝对不相容的对立中思维；他们的说法是：'是就是是，不是就是不是；除此以外，都是鬼话。'在他们看来，一个事物要么存在，要么就不存在；同样，一个事物不能同时是自身又是别的东西。"④ 对于形而上学思维方式的产生原因，恩格斯指认说："把自然界分解为各个部分，把各种自然过程和自然对象分成一定的门类，对有机体的内部按其多种多样的解剖形态进行研究，这是最近 400 年来在认识自然界方面获得巨大进展的基本条件。但是，这种做法也给我们留下了一种习惯：把自然界中的各种事物和

---

① 《马克思恩格斯选集》第 3 卷，人民出版社 1995 年版，第 361 页。
② 同上书，第 362 页。
③ 同上书，第 359 页。
④ 同上书，第 360 页。

各种过程孤立起来，撇开宏大的总的联系去进行考察，因此，就不是从运动的状态，而是从静止的状态去考察；不是把它们看作本质上变化的东西，而是看作永恒不变的东西；不是从活的状态，而是从死的状态去考察。这种考察方法被培根和洛克从自然科学中移植到哲学中以后，就造成了最近几个世纪所特有的局限性，即形而上学的思维方式。"① 在总结了形而上学思维本质和指认了形而上学思维方式产生根源的基础上，恩格斯站在唯物主义辩证法的立场对形而上学展开了批判，指出其只在有限的意义上能起到相应的作用，已经不再符合现代自然科学发展的实际和要求。恩格斯说："形而上学的思维方式，虽然在依对象的性质而展开的各个领域中是合理的，甚至必要的，可是它每一次迟早都要达到一个界限，一超过这个界限，它就会变成片面的、狭隘的、抽象的，并且陷入无法解决的矛盾。"② "自然界是检验辩证法的试金石，而且我们必须说，现代自然科学为这种检验提供了极其丰富的、与日俱增的材料，并从而证明了，自然界的一切归根到底是辩证地而不是形而上学地运行的。"③

再次，恩格斯对马克思主义辩证法的一些重要的规律和范畴进行了阐述。

在《自然辩证法》中，恩格斯第一次正式且详细地阐述了他对马克思主义辩证法重要规律的总结。他说："可见，辩证法的规律是从自然界和人类社会的历史中抽象出来的。辩证法的规律无非是历史发展的这两个阶段和思维本身的最一般的规律。它实质上可归结为下面三个规律：量转化为质和质转化为量的规律；对立的相互渗透的规律；否定的否定的规律。"④ 关于马克思主义辩证法的三大规律，一方面，恩格斯强调了它们的客观性，即这些规律是物质世界本身所固有的、本质的、必然的联系。他说："对我来说，事情不在于把辩证规律硬塞进自然界，而在于从自然界找出这些规律并

---

① 《马克思恩格斯选集》第 3 卷，人民出版社 1995 年版，第 359—360 页。
② 同上书，第 360 页。
③ 同上书，第 361 页。
④ 《马克思恩格斯选集》第 4 卷，人民出版社 1995 年版，第 310 页。

从自然界出发加以阐发。"① 并且，从规律的客观性出发，恩格斯还对黑格尔的唯心主义辩证法展开了批判，他说："所有这三个规律都曾经被黑格尔按照其唯心主义的方式当作纯粹的思维规律加以阐明；……错误在于：这些规律是作为思维规律强加于自然界和历史的，而不是从中推导出来的。由此就产生了整个牵强的并且常常是令人震惊的结构：世界，不管它愿意与否，必须适应于某种思想体系，而这种思想体系本身又只是人类思维的某一特定发展阶段的产物。"② 另一方面，恩格斯还从自然界和历史的角度对马克思主义辩证法所坚持的客观规律进行了有力的论证。恩格斯说："在自然界里，正是那些在历史上支配着似乎是偶然事变的辩证法运动规律，也在无数错综复杂的变化中发生作用；这些规律也同样地贯串于人类思维的发展史中，它们逐渐被思维着的人所意识到。这些规律最初是由黑格尔全面地、不过是以神秘的形式阐发的，而剥去它们的神秘形式，并使人们清楚地意识到它们的全部的单纯性和普遍有效性，这是我们的期求之一。"③ 关于人类社会历史的规律，恩格斯说："社会发展史却有一点是和自然发展史根本不同的。在自然界中（如果我们把人对自然界的反作用撇开不谈）全是没有意识的、盲目的动力，这些动力彼此发生作用，而一般规律就表现在这些动力的相互作用中。……相反，在社会历史领域内进行活动的，是具有意识的、经过思虑和凭激情行动的、追求某种目的的人；任何事情的发生都不是没有自觉的意图，没有预期的目的的。但是，不管这个差别对历史研究，尤其是对各个时代和各个事变的历史研究如何重要，它丝毫不能改变这样一个事实：历史进程是受内在的一般规律支配的。"④

在对辩证法的研究中，恩格斯除了提出马克思主义辩证法的三大基本规律之外，还提出了马克思主义辩证法的相关范畴理论。恩格斯提出的范畴主要包括：同一与对立、简单和复合、偶然和必

---

① 《马克思恩格斯选集》第 3 卷，人民出版社 1995 年版，第 351 页。
② 《马克思恩格斯选集》第 4 卷，人民出版社 1995 年版，第 311 页。
③ 《马克思恩格斯选集》第 3 卷，人民出版社 1995 年版，第 349—350 页。
④ 《马克思恩格斯选集》第 4 卷，人民出版社 1995 年版，第 247 页。

然、抽象和具体、原因和结果、形式和内容、自由和必然、正和负、南极和北极、有限和无限、相对和绝对、开端和终点、普遍和特殊等。一般认为，从恩格斯所阐述的整个辩证法体系来看，"范畴是辩证法规律的一部分，或者说是规律的补充"①。在阐述马克思主义辩证法的基本范畴时，恩格斯特别强调了坚持对立统一的观点研究范畴的重要性，他说："同一和差异——必然性和偶然性——原因和结果——这是两个主要的对立，当它们被分开来考察时，都互相转化。"②"所有的两极对立，都以对立的两极的相互作用为条件；这两极的分离和对立，只存在于它们的相互依存和联结之中，反过来说，它们的联结，只存在于它们的分离之中，它们的相互依存，只存在于它们的对立之中。"③

二　列宁对马克思辩证法的继承与发展

在整个马克思主义发展史上，列宁占据了重要的位置。这不仅是因为列宁是第一位成功地实践了马克思主义理论的革命家，而且还因为列宁本人有着深厚的马克思主义理论素养，他不仅通晓马克思和恩格斯的几乎全部著作，而且还结合自己的革命经历对马克思主义理论某些内容进行了创造性发挥，并创立了以他本人命名的"列宁主义"。我们知道，在马克思主义理论中，列宁素以对马克思唯物主义的捍卫和对经验主义的批判而闻名，并写下了《唯物主义和经验批判主义》这样的经典名著。事实上，列宁本人还非常重视马克思主义辩证法的研究，这主要是因为，"一战前后，列宁主要的理论论战对手已不是经验批判主义，而是大谈辩证法而又往往违反辩证法的普列汉诺夫、用折衷主义和诡辩论冒充辩证法的考茨基以及不善于运用辩证法进行具体分析的卢森堡等人。他的哲学理论

---

① 聂锦芳：《马克思的"新哲学"——原型与流变》，中国社会科学出版社 2013 年版，第 375—376 页。

② 《马克思恩格斯选集》第 4 卷，人民出版社 1995 年版，第 321 页。

③ 同上书，第 349 页。

的重心自然就集中在了辩证法上。"①

列宁的辩证法思想主要体现在他的 8 本《哲学笔记》中。自 19 世纪末期，列宁就非常重视对辩证法的研究和运用。为了研究马克思的辩证法思想，列宁除了研读强调马克思哲学辩证性质的狄慈根的《短篇哲学著作》、马克思和恩格斯探讨辩证法的通信稿（即《马克思和恩格斯通信集》）外，还详细研读了黑格尔的一系列重要著作，包括《逻辑学》、《哲学史讲演录》、《历史哲学》等。在研读马克思和恩格斯探讨辩证法的通信稿（即《马克思和恩格斯通信集》）时，列宁明确地指出："如果我们想用一个词来表明全部通信集的焦点，即其中所发表所讨论的一切思想集结的中心点，那末这个词就是辩证法。用唯物辩证法从根本上来改造全部政治经济学，把唯物辩证法应用于历史、自然科学、哲学以及工人阶级的政策和策略——这就是马克思和恩格斯最为注意的事情，这就是他们做了最重要最新颖的贡献的地方，这就是他们在革命思想史上英明地迈进的一步。"② 在经历了长达二十多年的研读的基础上，列宁为了写作辩证法，作了大量笔记。现在通行的列宁的《哲学笔记》就是列宁从 1895 年到 1916 年为写作辩证法而作的笔记，包括 8 个哲学笔记本。8 个哲学笔记本中批注和札记共有 20 篇之多，其中就包括列宁在 1915 年写作的著名的《谈谈辩证法问题》。

首先，列宁认为马克思主义的辩证法、认识论和逻辑学是同一个东西。

在阅读黑格尔的《逻辑学》一书时，恩格斯就认识到，在黑格尔的哲学中，其辩证法、认识论与逻辑学是三位一体的，是同一个东西。并且，马克思在《资本论》中贯彻了黑格尔在《逻辑学》中的逻辑、辩证法、认识论相同一的思想。对此，列宁说："虽说马克思没有遗留下'逻辑'（大写字母的），但他遗留下《资本论》的逻辑，应当充分地利用这种逻辑来解决这一问题。在《资本论》

---

① 聂锦芳：《马克思的"新哲学"——原型与流变》，中国社会科学出版社 2013 年版，第 397 页。

② 《列宁全集》第 19 卷，人民出版社 1959 年版，第 558 页。

中，唯物主义的逻辑、辩证法和认识论［不必要三个词：它们是同一个东西］都应用于一门科学，这种唯物主义从黑格尔那里吸取了全部有价值的东西并发展了这些有价值的东西。"① 为何列宁认为，在黑格尔和马克思那里辩证法与认识论、逻辑学是同一的呢？这与列宁关于逻辑的理解相关。在列宁看来，"逻辑不是关于思维的外在形式的学说，而是关于'一切物质的、自然的和精神的事物'的发展规律的学说，即关于世界的全部具体内容的以及对它的认识的发展规律的学说，即对世界的认识的历史的总计、总和、结论"②。既然逻辑不再局限为"关于思维外在形式的学说"，而是关于世界的"发展规律的学说"，是"对世界的认识"，那么此时逻辑当然也就是马克思主义所讲的辩证法与认识论了。在《谈谈辩证法问题》一文中，列宁再次强调了马克思主义辩证法与认识论、逻辑学的统一性，他说："辩证法也就是（黑格尔和）马克思主义的认识论。"③

既然马克思主义的辩证法与认识论、逻辑学是同一个东西，为何在马克思哲学中还要把辩证法凸显出来？为什么不用认识论、逻辑学来取代辩证法这个范畴或概念呢？对于这些问题，国内马克思主义研究专家聂锦芳教授指出："在列宁看来，辩证法、逻辑学、认识论是同一个东西，如果用一个词来做标题的话，那么采用黑格尔的常用术语和专著名称，就是'逻辑学'。而列宁个人更倾向于按照马克思的哲学遗愿和常用术语，称之为'辩证法'。"④ 列宁强调马克思主义辩证法与认识论、逻辑学的同一性，主要针对的是那种把辩证法构造成一个与马克思主义认识论、逻辑学完全割裂开来，自成一套独立哲学体系的错误做法。但列宁也承认，相对的意义上，马克思主义的辩证法、认识论和逻辑学有一定的独立意义，即"在关于一切物质的、自然的和精神的事物的发展规律的学说

---

① 《列宁全集》第 55 卷，人民出版社 1990 年版，第 290 页。
② 同上书，第 77 页。
③ 同上书，第 308 页。
④ 聂锦芳：《马克思的"新哲学"——原型与流变》，中国社会科学出版社 2013 年版，第 399 页。

的意义上，它是辩证法；在关于认识的本质和规律的学说的意义上，它是认识论；在关于思维的发展规律的学说的意义上，它是逻辑学"①。

其次，列宁提出了辩证法的本质是对立统一的思想。

早在《黑格尔〈逻辑学〉一书摘要》中，黑格尔就已有了辩证法的对象是对立统一的思想。在其中，他说："辩证法是一种学说，它研究对立面怎样才能够同一，是怎样（怎样成为）同一的——在什么条件下它们是相互转化而同一的，——为什么人的头脑不应该把这些对立面看作僵死的、凝固的东西，而应该看作活生生的、有条件的、活动的、彼此转化的东西。"② 在这之后的《黑格尔〈哲学史讲演录〉一书摘要》中，列宁再次从关于辩证法实质的论述中，强调了辩证法就是一门研究事物对立统一的学说，他说："这就是辩证法的实质。对立面的统一、同一这个公式正是表现这个实质。"③

在《谈谈辩证法问题》中，列宁辩证法的实质就是对对立统一的思想进行了详细的阐述。在著作的一开头，列宁就指出："统一物之分为两个部分以及对它的矛盾的部分的认识，是辩证法的实质（是辩证法的本质之一，是它的基本的特点或特征之一，甚至可以说是它的基本的特点或特征）。"④ 紧接着，列宁从自然界、人类社会、思维的维度，论证了对立统一规律是贯穿于其中的客观的、基本的规律。他说："辩证法内容的这一方面的正确性必须由科学史来检验。……在数学中，+和-，微分和积分。在力学中，作用和反作用。在物理学中，正电和负电。在化学中，原子的化合和分解。"⑤ "马克思在《资本论》中首先分析资产阶级社会（商品社会）里最简单、最普通、最基本、最常见、最平凡、碰到过亿万次

---

① 聂锦芳：《马克思的"新哲学"——原型与流变》，中国社会科学出版社 2013 年版，第 404 页。
② 《列宁全集》第 55 卷，人民出版社 1990 年版，第 90 页。
③ 同上书，第 219 页。
④ 《马克思主义经典著作选读》，人民出版社 2011 年版，第 380 页。
⑤ 同上。

的关系：商品的交换。这一分析从这个最简单的现象中（从资产阶级社会的这个'细胞'中）揭示出现代社会的一切矛盾（或一切矛盾的萌芽）。"① "可见，在任何一个命题中，很想在一个'单位'（细胞）中意义，都可以（而且应当）发现辩证法一切要素的胚芽，这就表明辩证法本来是人类的全部认识所固有的。"② 在著作的最后，列宁对为何对立统一规律构成了马克思主义辩证法核心的问题进行了总结，其原因如下，即"对立面的统一和斗争是事物运动、变化和发展的源泉。对立统一规律是理解其他一切辩证法要素的钥匙。对立统一规律是理解认识的辩证运动的钥匙。是否承认对立统一规律是辩证法和形而上学根本对立的关键。诡辩论的要害在于歪曲对立统一规律"③。

最后，列宁通过对辩证法历史形态演变的考察，指出了马克思主义辩证法的先进性与革命性。

在列宁看来，在哲学发展史中，辩证法先后发展出了三种形态。辩证法史的第一形态，是萌芽状态的古希腊朴素辩证法；辩证法史的第二形态，是黑格尔的唯心辩证法；辩证法史的第三形态，是马克思主义的唯物辩证法。在对辩证法形态的历史演进进行考察时，列宁采用的是追溯法。为何采用追溯法对辩证法的历史演进进行考察？列宁认为这反映和体现了马克思主义关于历史研究的独特的方法论模式。关于这种方法论模式，马克思曾说："对人类生活形式的思索，从而对这些形式的科学分析，总是采取同实际发展相反的道路。这种思索是从事后开始的，就是说，是从发展过程的完成的结果开始的。"④ "人体解剖对于猴体解剖是一把钥匙。反过来说，低等动物身上表露的高等动物的征兆，只有在高等动物本身已被认识后才能理解。"⑤

从列宁对辩证法历史形态的区分及其考察方法可以看出，列宁

---

① 《马克思主义经典著作选读》，人民出版社 2011 年版，第 381 页。
② 同上书，第 382 页。
③ 黄楠森编：《〈哲学笔记〉注释》，北京大学出版社 1981 年版，第 214 页。
④ 《马克思恩格斯文集》第 5 卷，人民出版社 2009 年版，第 93 页。
⑤ 《马克思恩格斯选集》第 2 卷，人民出版社 1995 年版，第 23 页。

认为马克思主义的辩证法是最先进的，相对于历史中的其他的辩证
法形态，马克思主义的辩证法是革命性的。因为，马克思主义辩证
法吸收了古希腊朴素辩证法、黑格尔唯心主义辩证法的合理性因
素，又扬弃了它们其中的糟粕性内容。作为一种最新形态的辩证
法，马克思主义辩证法反映了社会历史发展的客观现实和基本趋
势，也符合最新自然科学所揭示出来的具体真理，并且马克思主义
辩证法经受住了实践的检验，显示出了其巨大的理论力量。所以，
无论是从理论分析，还是从现实检验来看，马克思主义辩证法都具
有先进性和革命性。

第五章

马克思的社会革命思想

恩格斯在马克思墓前的讲话中说："马克思首先是一个革命家。他毕生的真正使命，就是以这种或那种方式参加推翻资本主义社会及其所建立的国家设施的事业，参加现代无产阶级的解放事业，正是他第一次使现代无产阶级意识到自身的地位和需要，意识到自身解放的条件。"① 恩格斯这段中肯的评价表明，作为革命家的马克思不仅是一位积极的革命活动家，亲自"以这种或那种方式参加推翻资本主义社会及其所建立的国家设施的事业"；作为革命家的马克思还是一位天才的革命理论家，他通过自己创立的社会革命理论，第一次使得"现代无产阶级意识到自身的地位和需要，意识到自身解放的条件"。

长期以来，人们习惯于狭义地去理解作为革命活动家的马克思和作为革命理论家的马克思，即仅仅把马克思看作是政治革命活动家和政治革命理论家。这种有失偏颇的看法无疑没有注意到马克思作为革命活动家的伟大胸襟和作为革命理论家的广阔视域。从历史考证中我们会发现，无论是在实践生活领域，还是在理论活动领域，马克思都是把自身融于波澜壮阔的整个社会生活之中，把眼光投射于纷繁复杂的人类生活的各个领域的。因此，作为革命活动家的马克思是社会革命活动家；作为革命理论家的马克思是社会革命理论家。

---

① 《马克思恩格斯选集》第 3 卷，人民出版社 1995 年版，第 777 页。

第一节　马克思社会革命的概念

不可否认，革命的实践和革命的精神是贯穿于马克思人生中的主线。但马克思不是天生的革命家，马克思的革命理论的形成也不是一蹴而就的。青年时代的马克思，曾经想成为一位诗人、一名大学教师、一名办报人，最终在各种历史因素的作用下成了伟大的共产主义革命者；尽管青年时代马克思已经具有了强烈的社会批判精神，但其社会革命理论的形成也经历了从空想向现实，从资本主义民主主义立场向社会主义民主立场的转变。

一　马克思的社会革命概念

在马克思那里，社会革命意指什么？传统的社会革命观认为，社会革命就是政治革命，特别是指一个阶级推翻另一个阶级，建立新政权的革命活动。例如，我国传统教科书认为：社会革命是"一个阶级推翻另一个阶级的统治的急剧转变，是新旧社会形态的更替和社会发展过程中质的飞跃"，"社会革命是阶级斗争的最高表现。……社会革命不是经济斗争，也不是思想斗争，也不是一般的政治斗争，而是在夺取政权的斗争，革命的首要的基本的标志是国家政权从反动阶级的手里转移到革命的进步的阶级手里。"① 但如果仅仅把马克思的社会革命理解为政治革命，显然使得这个马克思主义中的重要概念的内涵过于狭隘，既不符合马克思主义经典作家关于社会革命的一般论述，也不符合马克思本人的思想。

马克思主义的创始人马克思、恩格斯都曾经对广义的社会革命概念作过正面的阐述，使之与一般的哲学革命、工业革命、科技革命，特别是政治革命区分开来。早在马克思社会革命思想形成之初的论文《〈黑格尔法哲学批判〉导言》中，马克思就指出："彻底

---

① 李秀林、王于、李淮春：《辩证唯物主义和历史唯物主义原理》，中国人民大学出版社 1990 年版，第 408 页。

的革命、全人类的解放，不是乌托邦式的梦想，确切地说，部分的纯政治的革命，毫不触犯大厦支柱的革命，才是乌托邦式的梦想。部分的纯政治的革命的基础是什么呢？就是市民社会的一部分解放自己，取得普遍统治，就是一定的阶级从自己的特殊地位出发，从事社会的普遍解放。只有在这样的前提下，即整个社会都处于这个阶级的地位，也就是说，例如既有钱又有文化知识，或者可以随意获得它们，这个阶级才能解放整个社会。"① 在此处，马克思非常明确地把"彻底的革命、全人类的解放"与"纯政治的革命"区分开来，认为纯粹的政治革命，在大多数情况下并不能触动资本主义社会大厦的支柱，并强调"彻底的革命"必须是"社会的普遍解放"。在随后的《论犹太人问题》中，马克思再次论述了政治解放与全人类解放之间的区别。在马克思看来，当时资产阶级的政治解放运动，只能把人变成资本主义社会制度下的公民、法人，是一种低层次的革命运动；全人类的解放则是使人真正成为"类存在物"，是迈向共产主义社会的社会革命事业，是一种更高级的革命运动。马克思说："政治解放同时也是人民所排斥的那种国家制度即专制权力所依靠的旧社会的解体。"② "政治解放一方面把人变成市民社会的成员，变成利己的、独立的个人，另一方面把人变成公民，变成法人。……只有当现实的个人同时也是抽象的公民，并且作为个人，在自己的经验生活、自己的个人劳动、自己的个人关系中间，成为类存在物的时候，只有当人认识到自己的'原有力量'并把这种力量组织成为社会力量因而不再把社会力量当作政治力量跟自己分开的时候，只有到了那个时候，人类解放才能完成。"③ 在紧接着的 1844 年《评"普鲁士人"的"普鲁士国王和社会改革"一文》中，马克思再次明确地把政治革命和社会革命区分开来，并着重强调了它们之间的内在联系。马克思说："具有政治精神的'社会'革命要末是一堆毫无疑义的废话（如果'普鲁士人'把'社会'革命理解为和政治革命对立的'社会'革命，可是却赋予社会革命

① 《马克思恩格斯选集》第 1 卷，人民出版社 1995 年版，第 12 页。
② 《马克思恩格斯全集》第 1 卷，人民出版社 1960 年版，第 441 页。
③ 同上书，第 443 页。

以政治精神，而不是赋予它以社会精神）；要末'具有政治精神的社会革命'只不过是从前人们所谓的'政治革命'或'革命'的同义语。……让'普鲁士人'在同义语和废话之间选择去吧！可是，如果说具有政治精神的社会革命不是同义语就是废话，那末具有社会精神的政治革命却是合理的思想。一般的革命——推翻现政权和破坏旧关系——是政治行为。而社会主义不通过革命是不可能实现的。社会主义需要这种政治行为。因为它需要消灭和破坏旧的东西。但是，只有它的组织活动在哪里开始，它的自我目的，即它的精神在哪里显露出来，社会主义也就在哪里抛弃了政治的外壳。"①

　　马克思主义的经典作家恩格斯也曾在多个场合论述了社会革命的这一重要概念，并指出社会革命与其他形式的革命相比，具有潜在性，因为它是"不声不响地进行"；具有广泛性，因为它"比任何其他一种革命都更广泛"；是真正的革命，因为"政治的和哲学的革命必定通向社会革命"。恩格斯关于社会革命上述特性的论述集中表现在其早期重要著作《英国状况》中，他说："英国自上一世纪中叶以来经历了一次比其他任何国家经历的变革意义更重大的变革；这种变革越是不声不响地进行，它的影响也就越大。因此，这种变革很可能会比法国的政治革命或德国的哲学革命在实践上更快地达到目的。英国的革命是社会革命，因此比任何其他一种革命都更广泛，更有深远影响。人类知识和人类生活关系中的任何领域，哪怕最生僻的领域，无不对社会革命发生作用，同时也无不在这一革命的影响下发生某些变化。社会革命才是真正的革命，政治的和哲学的革命必定通向社会革命。"② 在社会革命的论述中，恩格斯不仅对社会革命与政治革命、哲学革命作出了区分，特别强调了发生在近代的自然科学革命对哲学革命和政治革命的推动作用，以及它与社会革命之间的内在联系。他说："各门科学在 18 世纪已经具有自己的科学形式，因此它们终于一方面和哲学，另一方面和实践结合起来了。科学以哲学为出发点的结果就是唯物主义（牛顿的

① 《马克思恩格斯全集》第 1 卷，人民出版社 1960 年版，第 488—489 页。
② 《马克思恩格斯选集》第 1 卷，人民出版社 1995 年版，第 17 页。

学说和洛克的学说同样是唯物主义的前提）、启蒙运动和法国的政治革命。科学以实践为出发点的结果就是英国的社会革命。"①

从上面马克思主义经典作家关于社会革命的论述中，我们可以发现，马克思主义创始人关于社会革命的概念是广义的、多维的。革命存在于社会的经济、政治、技术、法律、意识形态等各个层面。正如国内某些学者所指出的："实际上，在马克思主义创始人那里，社会革命是一个非常广泛的范畴，既包括经济的、科学的、技术的，又包括精神的、思想的、文化的；既有生产方式方面的，又有生活方式和价值观念方面的。政治领域的革命仅仅属于社会革命的一部分。"②

二　从社会革命概念向政治革命概念流变的原因

为何在传统的革命观中，人们总是习惯于把马克思的社会革命与政治革命等同起来？一个重要的原因可能是来自列宁的影响。由于特殊的历史环境以及出于实践的需要，马克思主义经典作家列宁非常强调政治革命在社会历史发展中的作用，并写下了关于政治革命的《国家与革命》的重要著作。在其论著中，列宁关于革命的论述大多是政治革命方面，因为当时列宁关心的是如何通过政治革命推翻统治阶级，并最终获得政权。由于列宁在《国家与革命》中如此集中地论述了无产阶级的政治革命的一般原则、基本主张、主要策略等内容，再加上《国家与革命》在马克思主义理论文献中所取得的经典地位，使得后来的人们一谈到马克思主义的社会革命理论，立即就联想起列宁的政治革命理论和主张，渐渐地便模糊了马克思社会革命理论与列宁政治革命理论之间所存在的重要区别。关于这一点，当代著名的西方马克思主义研究者罗伯特·查尔斯·塔克指出："马克思主义者非常关心革命政治，马克思主义思想的非常多的学生自己也对革命政治感兴趣。革命政治也许是标准。无论

---

① 《马克思恩格斯选集》第 1 卷，人民出版社 1995 年版，第 27—28 页。

② 徐景星：《论马克思"社会革命"概念的深刻内涵——兼评哲学教科书对"社会革命"概念的误读》，《河北师范大学学报》（哲学社会科学版）2005 年第 6 期，第 53 页。

如何，这一偏见的症状是：列宁有关马克思主义革命理论的主要论文《国家与革命》，几乎完全致力于作为政治现象的革命。"① 在罗伯特·查尔斯·塔克看来，一方面，马克思的社会革命是一种基本的革命事实，或者说社会革命是一个广义的概念，它涵盖了社会历史中普遍发生的历史活动与事实。因为，罗伯特·查尔斯·塔克认为在马克思那里，"革命是历史的范畴"，② "革命是社会的、经济的、技术的、政治的、法律的和意识形态的现象。在某种意义上，革命甚至是自然现象"③。另一方面，马克思的社会革命是整体的有机过程。罗伯特·查尔斯·塔克说："在马克思著作中不时重新提起的革命和诞生过程之间的类比中，人们可以看到，社会革命是整体有机过程。新社会通过这一整体有机过程而诞生。政治革命仅仅是在过程顶点发生的重大事件。"④

第二节 马克思社会革命思想形成的历史逻辑

正如马克思本人所指出的，哲学的理论是"自己时代精神的精华"。一方面，马克思社会革命理论的形成，离不开他生活于其中的历史时代背景，或者可以说，马克思革命理论本身就是马克思对其生活于其中的现实生活的精神表达；另一方面，随着时代的发展变化，马克思革命理论也要不断地对新的历史现象和事实进行回答，从而充实其理论内容、推进其理论观点。因此，从历史逻辑来考察马克思社会革命理论的形成，就是研究马克思革命理论形成的历史背景，就是反对把马克思革命理论当成僵硬的教条，在肯定马克思革命理论的基于理论内核和原则的基础上，展示马克思革命理论在社会历史生活中自我革新、自我发展的历程。

① ［美］罗伯特·查尔斯·塔克：《马克思主义革命观》，高岸起译，人民出版社2012年版，第32—33页。
② 同上书，第28页。
③ 同上。
④ 同上书，第33页。

一　马克思社会革命思想形成的历史背景

马克思社会革命理论形成有着特定的社会历史背景。马克思生活于 19 世纪的德国，19 世纪的世界是一个充斥着革命事件和革命精神的世界，马克思社会革命理论的形成正是对近代以来直至 19 世纪的革命时代的精神表达。

第一，近代科学革命的产生及其重要影响。近代以来，科学技术日益作为专业性的部分挣脱神学的压制，并从哲学中分化和独立出来，并取得巨大的乃至革命性的发展。恩格斯曾对近代自然科学革命的发生过程进行了生动的刻画，他说："18 世纪以前根本没有科学；对自然的认识具有自己的科学形式，只是在 18 世纪才有，有些部门或者早几年。牛顿由于发现了万有引力定律而创立了科学的天文学，由于进行了光的分解而创立了科学的光学，由于创立了二项式定理和无限理论而创立了科学的数学，由于认识了力的本性而创立了科学的力学。物理学也正是在 18 世纪获得了科学性质；化学刚刚由布莱克、拉瓦锡和普利斯特列创立起来；由于地球形状的确定和人们进行的许多次只有在今天才对科学服务有益的旅行，地理学被提高到科学水平；同样自然史也被布丰和林耐提高到科学水平。"① "18 世纪综合了过去历史上一直是零散地、偶然地出现的成果，并且揭示了它们的必然性和它们的内在联系。无数杂乱的认识资料经过整理，筛选，彼此有了因果联系；知识变成科学，各门科学都接近于完成。"② 英国的历史学家艾瑞克·霍布斯鲍姆也认为，近代自然科学革命对马克思主义理论的产生起到了直接的促进作用，他说："下列这两场革命便是明确的例证，两者的合轨产生了集社会科学之大成的马克思主义。第一场革命延续了 17 和 18 世纪理性主义者的光辉开拓，为人类居民建立了相当于物理法则的规范。最早的胜利是政治经济学系统演绎理论的构建，及至 1789 年，这方面已取得很大的进展。第二场革命是历史进化的发现，它实质

---

① 《马克思恩格斯选集》第 1 卷，人民出版社 1995 年版，第 18 页。
② 同上。

上属于这个时代并与浪漫主义密切相关。"①

第二，近代工业革命的产生及其影响。近代工业革命的产生是有史以来最为重要的历史事件之一，它不仅深刻影响和改变了人类的历史进程，而且深刻地影响和重构了人类的全部社会生活。它既成为近代资本主义社会确立的根本性原因，也推动了共产主义的革命运动的产生和发展。艾瑞克·霍布斯鲍姆认为，社会工业革命的爆发意味着"在18世纪80年代的某个时代，人类社会的生产力摆脱了束缚它的桎梏，在人类历史上这还是第一次。从此以后，生产力得以持久迅速地发展，并臻于人员、商品和服务皆可无限增长的境地，套用经济学家的行话来说，就是从起飞进入自我成长。"②"当时，无论是英国还是全世界都知道，在英伦诸岛发动的工业革命，正在改变着世界，工业革命将所向披靡，过去的神仙皇帝在今天的商人和蒸汽机面前，都将显得软弱无力。"③马克思生活的年代，近代工业革命正如火如荼地在欧洲大陆展开，并波及全世界。在1849年以后，马克思移居英国，并长期居住直至逝世。英国是近代工业革命的发源地，通过工业革命，英国不仅成为当时的"世界工厂"，而且在世界范围内取得霸权。因此，近代工业革命的爆发不可能不给马克思本人留下深刻的影响。马克思曾经这样评述工业革命对英国资本主义社会的重要影响，他说："资产阶级在它的不到一百年的统治中所创造的生产力，比过去一切世代创造的全部生产力还要多，还有大。自然力的征服，机器的采用，化学在工业和农业中的应用，轮船的行驶，铁路的通行，电报的使用，整个整个大陆的开垦，河川的通航，仿佛用法术从地下呼唤出来的大量人口，——过去哪一个世纪料想到在社会劳动里蕴藏有这样的生产力呢？"④

第三，近代政治革命的影响。文艺复兴以来，欧洲大陆开始了

---

① ［英］艾瑞克·霍布斯鲍姆：《革命的年代》，王章辉等译，江苏人民出版社1999年版，第383页。

② 同上书，第34页。

③ 同上书，第68页。

④ 《马克思恩格斯选集》第1卷，人民出版社1995年版，第277页。

延续几百年的纷繁复杂的不间断的政治革命。在这一系列的令人眼花缭乱的政治革命中，最初是王权对神权发起了挑战，并最终取得支配地位；接着是新兴起的资产阶级对保守的王权发起挑战，并在荷兰、英国、法国等国家逐步取得胜利。从历史上看，在这一系列的政治革命活动中，英国的"光荣革命"、法国大革命和美国的独立革命运动具有特殊的地位，被并称为近代以来的三大政治革命运动，它们分别确立了近代政治中的自由主义、社会主义、民族主义的原则。英国的革命从 1642 年保皇党人与清教徒之间的战斗开始，直至 1688 年的"光荣革命"为止，持续了近半个世纪，其间还经历了 20 多年的王权复辟阶段，最终以资产阶级与封建贵族的妥协而宣告结束，并确立和稳固了英国的资本主义制度。历史学家认为："从世界史的观点看，英国革命的主要意义在于确立并贯彻了自由主义的原则。"① 在整个近代政治革命中，法国是一个最具革命传统的民族，法国的激进的政治革命，不仅使得当时的法国社会在不间断的革命中接受了一次又一次的改造，而且由于法国革命激扬的斗争精神和革命群众的极富煽动力的热情，使得法国革命的精神远播世界，对当时欧洲的其他国家的政治革命，例如德国、俄国等产生了积极的影响。正如某些历史学者所评说的："如果说 19 世纪的经济主要是在英国工业革命的影响之下发展起来的话，那么它的政治和意识形态则主要受到法国大革命的影响。"② 美国革命发生在法国大革命前几十年，尽管它没有像法国大革命那样轰轰烈烈，但"美国革命在当时具有深远的影响。一个独立的共和国在美洲的建立，在欧洲被广泛地解释为：它意味着启蒙运动的思想是切实可行的—— 一个民族有可能建立一个国家，有可能制定一种建立在个人权利基础上的切实可行的政体。于是，美国成为自由和机会的一个

---

① ［美］斯塔夫里阿诺斯：《全球通史——从史前史到 21 世纪》（上、下册），吴象婴、梁赤民等译，北京大学出版社 2010 年版，第 515 页。
② ［英］艾瑞克·霍布斯鲍姆：《革命的年代》，王章辉等译，江苏人民出版社1999 年版，第 69 页。

象征，作为一块新的、没有历史负担和枷锁的大陆而受人羡慕"①。马克思本人及其思想特别受到法国大革命和美国独立革命的影响。马克思的出生地是特利尔，而特利尔地区深受法国大革命的影响，并且是德国最早出现法国空想社会主义思想的城市。马克思的传记作家麦克莱伦说："马克思不仅有着终生来自特利尔城的莱茵河畔口音，而且更为重要的是，他对历史一贯而专注的热情也正源于年少时的这种环境。不只是这座罗马时代的城市影响了他，在拿破仑战争时期，这座城市连同莱茵河畔的其他地区都划归为法国，并且依照法国大革命的基本原则进行管理，因此在足够长的时间里，这座城市都浸润在言论自由和立宪自由氛围中。"②

二　马克思社会革命思想形成的历史条件

马克思的社会革命理论的创立、形成和发展是一个动态的历史过程，正是在马克思从哲学批判，到吸取社会主义的优秀成果并把它转化为科学社会主义，再到对资本主义政治经济学进行深刻的揭示和批判的这一历史过程中，马克思实现了从资本主义民主主义革命立场向共产主义革命理论和立场的转变。

早期马克思的哲学批判理论为马克思社会革命理论的创立做了哲学准备。众所周知，大学时代的马克思是一名青年黑格尔主义者。毕业后，马克思到当时普鲁士的《莱茵报》担任编辑，并成为总编。在《莱茵报》期间，马克思的哲学思想开始发生转变。在《〈政治经济学批判〉序言》中，马克思回顾了自己转向对黑格尔哲学批判的这一历程。马克思说："我学的专业本来是法律，但我只是把它排在哲学和历史之次当作辅助科学来研究。1842—1843 年间，我作为《莱茵报》的编辑，第一次遇到对所谓物质利益发表意见的难事。……为了解决使我苦恼的疑问，我写的第一部著作是对黑格尔法哲学的批判性的分析，这部著作的导言曾发表在 1844 年

---

① 〔美〕斯塔夫里阿诺斯：《全球通史——从史前史到 21 世纪》（上、下册），吴象婴、梁赤民等译，北京大学出版社 2010 年版，第 523—524 页。
② 〔英〕戴维·麦克莱伦：《马克思传》，王珍译，中国人民大学出版社 2008 年版，第 3 页。

巴黎出版的《德法年鉴》上。我的研究得出这样一个结果：法的关系正像国家的形式一样，既不能从它们本身来理解，也不能从所谓人类精神的一般发展来理解，相反，它们根源于物质的生活关系。"①

第一，马克思的批判哲学清算了自己过去哲学思想中的唯心主义内容，在哲学世界观的基本问题上转向了唯物主义立场，从而使得自己的社会革命理论牢固地立足于唯物主义的一般立场。一般认为，《〈黑格尔法哲学批判〉导言》是马克思对自己青年时期的黑格尔哲学思想进行清算的先声之作。在《〈黑格尔法哲学批判〉导言》中，马克思首先声明说："就德国来说，对宗教的批判基本上已经结束；而对宗教的批判是其他一切批判的前提。"② 因为对宗教进行批评是青年黑格尔派的主要特征，马克思的这段话表明，他既肯定了青年黑格尔派对当时德国宗教批判的积极作用，因为"对宗教的批判是其他一切批判的前提"。但同时马克思又认为，在当时的德国，"对宗教的批判基本已经结束"，也就是说，如果青年黑格尔派还停滞于宗教批判的脚步，不能再向前行进，那是远远不够的。因此，这段话还表明马克思已经开始与青年黑格尔派划清界限。接着马克思转向费尔巴哈的唯物主义立场，通过表述费尔巴哈宗教批判的主要观点，来进一步表明为何在当时的德国对宗教的批判已经结束。他说："反宗教的批判的根据是：人创造了宗教，而不是宗教创造人。就是说，宗教是还没有获得自身或已经再度丧失自身的人的自我意识和自我感觉。"③ 然后，马克思转向了对黑格尔哲学本身及其所代表的哲学体系的批判，他说："德国的国家哲学和法哲学在黑格尔的著作中得到了最系统、最丰富和最终的表述；对这种哲学的批判既是对现代国家和对同它相联系的现实所作的批判性分析，又是对迄今为止的德国政治意识和法意识的整个形式的坚决否定，而这种意识的最主要、最普遍、上升为科学的表现正是思辨的法哲学本身。"④ 应该说，在《〈黑格尔法哲学批判〉导言》

① 《马克思恩格斯选集》第 2 卷，人民出版社 1995 年版，第 31—32 页。
② 《马克思恩格斯选集》第 1 卷，人民出版社 1995 年版，第 1 页。
③ 同上。
④ 同上书，第 8—9 页。

中，马克思不仅是一般地对自己过去哲学中的唯心主义思想展开了清算，从而在哲学世界观上转向了唯物主义立场，而且马克思的哲学批判已经开始触及他后来所确立的唯物主义的实践的基础性观点。马克思说："对思辨的法哲学的批判既然是对德国迄今为止政治意识形式的坚决反抗，它就不会面对自己本身，而会面向只有用一个办法即实践才能解决的那些课题。"① 在接下来一年左右时间的著作中，即1845年的《关于费尔巴哈的提纲》中，马克思最终完成对自己过去哲学信仰的批判，从而确立了自己实践的唯物主义世界观。在《关于费尔巴哈的提纲》的第一条中，马克思指出由于旧唯物主义和唯心主义"'革命的'、'实践批判的'活动的意义"②，导致"从前的一切唯物主义（包括费尔巴哈的唯物主义）的主要缺点是：对对象、现实、感性，只是从客体的或者直观的形式去理解，而不是把它们当作感性的人的活动，当作实践去理解，不是从主体方面去理解。因此，和唯物主义相反，能动的方面却被唯心主义抽象地发展了，当然，唯心主义是不知道现实的、感性的活动本身的"③。

第二，马克思的批判哲学实现了批判对象从意识形态向现实生活的转变，通过对现实生活的革命性批判，为其社会革命理论的合法性作了哲学的证明。在《〈黑格尔法哲学批判〉导言》中，马克思说了一句寓意深刻的话，他说："你们不使哲学成为现实，就不能够消灭哲学。"④ 马克思为何提出"消灭哲学"的主张？在一些马克思主义研究者看来，马克思提出"消灭哲学"的主张是难以理解和接受的，因为如果马克思"消灭哲学"的主张成立，那么马克思哲学的合法性也就成了问题。他们提出的解决路径就是，认为过去把此处德文的"Philosophie aufheben"翻译成"消灭哲学"是不准确的，正确的做法是把"aufheben"翻译成"扬弃"，这样的话，"你们不使哲学成为现实，就不能消灭哲学"就成了"你们不使哲

---

① 《马克思恩格斯选集》第1卷，人民出版社1995年版，第9页。
② 同上书，第54页。
③ 同上。
④ 同上书，第8页。

学成为现实，就不能扬弃哲学"。但正如某些马克思主义研究者所指出的，马克思在此处强调的是要在现实中实现哲学，马克思的"消灭哲学"的主张针对的是当时德国的唯心主义哲学，要消灭的是脱离了现实的黑格尔唯心主义哲学，并不是要消灭所有的哲学。消灭唯心主义哲学的主张，也就是要求建立一种立足于现实生活的批判性的新哲学。因此，"马克思上述论断中的'哲学'一词是有特定所指的，马克思要'消灭'或者说他决心要抛弃的，是那种脱离现实的思辨哲学"①。对照马克思提出"消灭哲学"主张的上下文，我们可以进一步看到，马克思提出"消灭哲学"的主张是与他的哲学批判必须实现从意识形态向现实生活转变的主张密切相关的。他说："德国的实践政治要求对哲学的否定是正当的。该派的错误不在于提出了这个要求，而在于停留于这个要求——没有认真实现它，也不可能实现它。该派以为，只要背对着哲学，并且扭头去对哲学嘟囔几句陈腐的气话，对哲学的否定就实现了。该派眼界的狭隘性就表现在没有把哲学归入德国的现实范围。"② 在《德意志意识形态》中，马克思再次指出了过去德国哲学的错误就在于哲学的批判没有和德国的现实联系起来，他说："这些哲学家没有一个想到要提出关于德国哲学和德国现实之间的联系问题，关于他们所作的批判和他们自身的物质环境之间的联系问题。"③ "这些青年黑格尔派认为，观念、思想、概念，总之，被他们变为某种独立东西的意识的一切产物，是人们的真正枷锁……只要同意识的这些幻想进行斗争就行了。"④

第三，马克思的批判哲学提出了改变世界的社会革命要求，并明确指出其批判哲学的功能是把哲学当作社会革命的思想武器。马克思的批判哲学本质上是一种实践哲学，这种实践哲学一方面要求实践地理解社会生活，提出社会生活本质上是实践的基本观点。马

---

① 杨学功：《超越哲学同质性神话——马克思哲学革命的当代解读》，北京大学出版社 2010 年版，第 113 页。
② 《马克思恩格斯选集》第 1 卷，人民出版社 1995 年版，第 8 页。
③ 同上书，第 66 页。
④ 同上书，第 65 页。

克思说："全部社会生活在本质上是实践的。凡是把理论引向神秘主义的神秘东西，都能在人的实践中以及对这个实践的理解中得到合理的解决。"① 另一方面，由于实践在本质上是批判的和革命的，因此马克思的批判哲学内在地蕴含着改变世界的革命要求。对此，马克思说："对实践的唯物主义者即共产主义者来说，全部问题都在于使现存世界革命化，实际地反对并改变现存事物。"② "哲学家们只是用不同的方式解释世界，问题在于改变世界。"③ 关于马克思批判哲学的功能定位问题，马克思认为，革命的发动需要两个方面的因素共同起作用，即物质的被动因素和思想的主动因素。无疑，马克思的批判哲学担当了革命中的思想的主动因素的角色。马克思说："革命需要被动因素，需要物质基础。理论在一个国家的实现程度，总是决定于理论满足这个国家的需要的程度。……光是思想力求成为现实是不够的，现实本身应当力求趋向思想。"④ 尽管马克思上面的表述强调的是作为革命被动因素的物质基础，但马克思也指出作为革命主动因素的思想也要起到"力求成为现实"的积极作用。关于把批判的哲学当作社会革命思想武器的最为经典的一段表述是马克思在《〈黑格尔法哲学批判〉导言》中的一段话，马克思说："批判的武器当然不能代替武器的批判，物质力量只能用物质力量来摧毁；但是理论一经掌握群众，也会变成物质力量。理论只要说服人［ad hominem］，就能掌握群众；而理论只要彻底，就能说服人［ad hominem］。"⑤ 马克思还说："哲学把无产阶级当作自己的物质武器，同样，无产阶级也把哲学当作自己的精神武器。"⑥ 马克思还把批判性哲学比作革命的头脑，把无产阶级比作革命的心脏，强调批判性哲学在社会革命中的作用。他说："德国人的解放就是人的解放。这个解放的头脑是哲学，它的心脏是无产阶级。"⑦

---

① 《马克思恩格斯选集》第 1 卷，人民出版社 1995 年版，第 56 页。
② 同上书，第 75 页。
③ 同上书，第 57 页。
④ 同上书，第 11 页。
⑤ 同上书，第 9 页。
⑥ 同上书，第 15 页。
⑦ 同上书，第 16 页。

1844 年，马克思被驱逐进入法国的巴黎。当时的巴黎既是欧洲文化的中心，也是社会主义思潮的发源地之一。在这期间，马克思大量阅读了孔西得朗、勒鲁、蒲鲁东、卡贝、德萨米、邦纳罗蒂、傅立叶、劳蒂埃尔、维尔加德尔和其他作者的社会主义著作。同时，马克思也积极参加了各种具有社会主义性质的工人协会的活动。据马克思传记作家麦克莱伦记述："马克思参加了法国大多数工人协会的会议，当然还是比较接近德国人，尤其是正义者同盟。正义者同盟是德国人的秘密社会组织中最为激进的一个，主要由移民来的手工艺者组成，目标是把'社会共和政体'引入德国。"①正是在法国巴黎期间，马克思不仅阅读和吸收了当时法国社会主义思潮中的积极有益内容，而且开始自觉地立足于自己所创建的实践唯物主义的哲学立场，开始形成社会革命的一般原则、主要理论，并把共产主义社会确立为社会革命的最终目标。

第一，在阅读和吸收法国社会主义思想中积极内容的基础上，马克思建立了他社会革命理论中的阶级理论，并指出无产阶级在社会革命中扮演的重要角色。正如马克思传记作家麦克莱伦所指出的，马克思到达巴黎后，首先对他造成巨大冲击的是"他在那里对于阶级的发现"②。从马克思到达巴黎后给费尔巴哈的一封信中可以发现这一点，在信中马克思写道："当共产主义的手工艺者组成协会时，教育和宣传都是他们的首要目标。但是联合的行动创造一种新的需要——结社的需要——似乎是手段的东西成了目的。当法国的社会主义工人联合在一起时，就可以看出这种实际发展的最惊人的结果。抽烟、吃喝都不再仅仅是把人聚在一起的手段。公司、协会以及也将结社作为自己目的的招待会，对他们说来都足矣；人的兄弟情谊不再是空洞的词句，而是一种现实，人的尊严从他们劳累的身躯上向我们投射出来。"③诚然，在此时，马克思只是意识到工

---

① ［英］戴维·麦克莱伦：《马克思传》，王珍译，中国人民大学出版社 2008 年版，第 80 页。

② 同上。

③ 转引自［英］戴维·麦克莱伦《马克思传》，王珍译，中国人民大学出版社 2008 年版，第 80 页。

人们结社的倾向和现实，开始有了社会阶级理论的朦胧意识。马克思对社会划分为阶级，并科学揭示出产生阶级的经济基础的论述，要到1845年其和恩格斯合著的《德意志意识形态》中才得以完整地表述。但值得注意的是，在此时，马克思已经清楚地认识到无产阶级在未来的社会革命中所扮演的重要角色及其历史使命。旅居巴黎后，马克思写作的第一篇文章就是著名的《〈黑格尔法哲学批判〉导言》，在其中马克思不仅揭示了无产阶级的客观存在，而且第一次表述了无产阶级作为旧制度的破坏者和新制度的创造者的历史使命。马克思说："德国解放的实际可能性到底在哪里呢？答：就在于形成一个被戴上彻底的锁链的阶级，一个并非市民社会阶级的市民社会阶级，形成一个表明一切等级解体的阶级，形成一个由于自己遭受普遍苦难而具有普遍性质的领域……总之，形成这样一个领域，它表明人的完全丧失，并因而只有通过人的完全回复才能回复自己本身。社会解体的这个结果，就是无产阶级这个特殊等级。德国无产阶级只是通过兴起的工业运动才开始形成。"① "无产阶级宣告迄今为止的世界制度的解体，只不过是揭示自己本身的存在的秘密，因为它就是这个世界制度的实际解体。无产阶级要求否定私有财产，只不过是把社会已经提升为无产阶级的原则的东西，把未经无产阶级的协助就已作为社会的否定结果而体现在它身上的东西提升为社会的原则。"②

　　第二，在阅读和吸收法国社会主义思想中积极内容的基础上，马克思对社会主义和共产主义的文献进行了分类和批判，确立了科学社会主义的社会革命基本理论。在《共产党宣言》中，马克思批判了当时流行的各种形形色色的社会主义思潮，包括：封建的社会主义、小资产阶级的社会主义、德国的"真正的"社会主义、资产阶级的社会主义、空想的社会主义或共产主义，马克思在对它们进行了详细的分析后指出，上述社会主义要么是反动的，要么是保守的，要么是空想的。马克思认为，封建的社会主义、小资产阶级的

---

① 《马克思恩格斯选集》第1卷，人民出版社1995年版，第14—15页。
② 同上书，第15页。

社会主义和德国的"真正的"社会主义尽管控告了资本主义的罪行，但是由于它们"企图恢复旧的生产资料和交换手段，从而恢复旧的所有制关系和旧的社会，或者是企图重新把现代的生产资料和交换手段硬塞到已被它们突破而且必然被突破的旧的所有制关系的框子里去"①。因此，它们是在开历史的倒车，这些社会主义是反动的。马克思认为，资产阶级的社会主义尽管想要消除资本主义社会的弊病，但是由于他们只"愿意要现代社会的生存条件，但是不要这些条件必然产生的斗争和危险。他们愿意要现存的社会，但是不要那些使这个社会革命化和瓦解的因素。他们愿意要资产阶级，但是不要无产阶级"②。他们只是为了保障资产阶级的社会生存。所以，他们所提出的各种社会主义主张是改良的、保守的。马克思认为，空想的社会主义尽管表达了无产阶级的要求，看到了资本主义社会中的阶级对立，也意识到无产阶级是资本主义社会中受苦最深的一个阶级，但是由于"他们看不到无产阶级方面的任何历史主动性，看不到它所特有的任何政治运动"③。导致"他们拒绝一切政治行动，特别是一切革命行动；他们想通过和平的途径达到自己的目的，并且企图通过一些小型的、当然不会成功的实验，通过示范的力量来为新的社会福音开辟道路。④"因此欧文和傅立叶等人的社会主义是空想的。在对形形色色的社会主义进行批判的基础上，马克思确立了自己的科学社会主义理论，并立即把社会革命作为自己的社会主义理论内在本质要求。马克思说："总之，共产党人到处都支持一切反对现存的社会制度和政治制度的革命运动。"⑤"共产党人不屑于隐瞒自己的观点和意图。他们公开宣布：他们的目的只有用暴力推翻全部现存的社会制度才能达到。让统治阶级在共产主义革命面前发抖吧。无产者在这个革命中失去的只是锁链。他们获得

---

① 《马克思恩格斯选集》第 1 卷，人民出版社 1995 年版，第 298 页。
② 同上书，第 301—302 页。
③ 同上书，第 303 页。
④ 同上书，第 304 页。
⑤ 同上书，第 307 页。

的将是整个世界。"①

第三，在阅读和吸收法国社会主义思想中积极内容的基础上，马克思确立了共产主义社会或全人类的解放的社会革命的最终目标。在马克思的早期哲学思想中，就已经表达了关于人的解放的思想。但此时马克思追求的人的解放，还是从宗教批判、从对异化的抽象批判的基础上获得的。早在《〈黑格尔法哲学批判〉导言》中，马克思就说："人的根本就是人本身。德国理论的彻底性从而其实践能力的明证就是：德国理论是从坚决积极废除宗教出发的。对宗教的批判最后归结为人是人的最高本质这样一个学说。"②"德国唯一实际可能的解放就是以宣布人是人的最高本质这个理论为立足点的解放……在德国，不摧毁一切奴役制，任何一种奴役制都不可能被摧毁。彻底的德国不从根本上进行革命，就不可能完成革命。德国人的解放就是人的解放。"③在《1844年经济学哲学手稿》中，马克思着力分析和刻画了劳动者在资本主义社会中的异化状态，从而从克服异化的角度论证了人道解放。例如，马克思说："从异化劳动对私有财产的关系可以进一步得出这样的结论：社会从私有财产等等解放出来、从奴役制解放出来，是通过工人解放这种政治形式来表现的，别以为这里涉及的仅仅是工人的解放，因为工人的解放还包含普遍的人的解放。"④但马克思关于人的解放理论的真正成熟，应该是在马克思确立了自己的科学社会主义理论之后，通过自己的科学社会主义理论，马克思才第一次科学地论证了人的解放和共产主义社会的必然性，并把人的解放和共产主义社会作为自己社会革命理论的最终目标。在《共产党宣言》中，马克思立足于唯物主义历史观，历史地分析了资产阶级和无产者的产生过程、历史作用及其前途，得出了"资产阶级的灭亡和无产阶级的胜利是同样不可避免"⑤的科学结论。并指出未来的人的解放和共产

---

① 《马克思恩格斯选集》第1卷，人民出版社1995年版，第307页。
② 同上书，第9页。
③ 同上书，第16页。
④ 同上书，第51页。
⑤ 同上书，第284页。

主义社会将是"代替那存在着阶级和阶级对立的资产阶级旧社会的，将是这样一个联合体，在那里，每个人的自由发展是一切人的自由发展的条件"①。

　　马克思政治经济学的研究及其马克思政治经济学的创立是其社会革命理论走向成熟的最终标志。有关政治经济学的研究，是马克思一生的兴趣所在。当马克思大学毕业进入《莱茵报》当编辑，还是一位青年黑格尔主义者时，马克思就意识到："法的关系正像国家的形式一样，既不能从它们本身来理解，也不能从所谓人类精神的一般发展来理解，相反，它们根源于物质的生活关系，这种物质的生活关系的总和，黑格尔按照18世纪的英国人和法国人的先例，概括为'市民社会'，而对市民社会的解剖应该到政治经济学中去寻求。"② 马克思的早期著作《1844年经济学哲学手稿》，被认为是马克思关于政治经济学研究的第一份著作，也被认为是马克思试图把其哲学、社会主义理论与政治经济学融合起来的第一次尝试，而在写作《1844年经济学哲学手稿》之前，"从1843年秋起马克思一直在断断续续地阅读经济学。到1844年春为止，他已经阅读并摘录了从17世纪晚期的布阿吉尔贝尔、魁奈到詹姆士·穆勒、萨伊等所有重要经济学家的著作"③。正是在《1844年经济学哲学手稿》中，马克思表达了其将要从政治经济学开始，最后用一本综合性的著作表明各个论题之间的关系，批判性地和思辨地对待物质世界的终生计划。由此可见，马克思阐释自己思想的终生计划是从政治经济学开始的。事实上，在19世纪50年代以后，马克思研究的重心和主要精力集中于政治经济学领域，以致马克思主义史的研究者认为马克思的理论在19世纪50年代实现了政治经济学的转向，并认为只是在马克思创立了自己的完整的政治经济学理论后，马克思的理论才成为"一个完整的唯物主义世界观"。依据上述观点，我们也可以说，马克思的政治经济学为马克思的社会革命理论提供

---

① 《马克思恩格斯选集》第1卷，人民出版社1995年版，第294页。
② 《马克思恩格斯选集》第2卷，人民出版社1995年版，第32页。
③ ［英］戴维·麦克莱伦：《马克思传》，王珍译，中国人民大学出版社2008年版，第96页。

了最为深刻的论证和最为科学的说明，没有马克思政治经济学的创立，也就没有马克思社会革命理论的成熟和完善。

第一，马克思通过对政治经济学的研究，深刻揭示了资本主义社会的剥削秘密和压迫本质。早在马克思和蒲鲁东论战的著作《哲学的贫困》中，马克思通过对政治经济学的研究，就已初步提出剩余价值理论，从而深刻揭示出资本主义社会中资本家的剥削秘密。以大卫·李嘉图为代表的英国经济学家们认为，商品的价值是由劳动时间确立的，商品的交换遵循由劳动时间确立的价值标准。作为小资产者的蒲鲁东则认为，一切商品都具有使用价值和交换价值这样两个构成部分，认为商品的交换价值是由供需的关系所决定，当商品稀少时，商品的交换价值就高，商品充裕时，商品的交换价值就低，从而否认商品交换价值的客观性和历史性。通过历史地研究分工、劳动、价值等政治经济学的基本范畴，马克思认为，商品的价值既不是由一般劳动时间来决定，也不是由人的主观需求来决定，而是取决于生产该商品的最低劳动时间。在阐述了关于价值的一般概念后，马克思着重考察了作为商品的"劳动"的价值问题，并指出工人通过劳动所创造的价值与它作为商品的"劳动"的价值之间存在着一个差额，而这个差额就是资本家进行剥削和发财致富的秘密所在。正如国内马克思主义研究者庄福龄所指出的，尽管在《哲学的贫困》中，马克思还没有发现劳动的二重性，对劳动价值论的理解还没有达到真正科学的程度，但"《哲学的贫困》在马克思主义政治经济学创立过程中的重大意义就在于：第一，马克思完全肯定并比较科学地阐述了劳动价值论；第二，马克思已接近揭示剩余价值的来源"①。由于剩余价值理论的创立，马克思也就揭示了资本主义社会中资本的掠夺本性和资产阶级的压迫本质。作为无产阶级的代言人，马克思对资本的掠夺本性进行了辛辣的讽刺，对资产阶级的压迫进行了强烈的谴责。马克思说："资本来到世间，从头到脚，每个毛孔都滴着血和肮脏的东西。"②"资本由于无限度地

① 庄福龄编：《简明马克思主义史》，人民出版社 2013 年版，第 51 页。
② 《马克思恩格斯全集》第 44 卷，人民出版社 2001 年版，第 871 页。

盲目追逐剩余劳动，像狼一般地贪求剩余劳动，不仅突破了工作日的道德极限，而且突破了工作日的纯粹身体的极限。它侵占人体成长、发育和维持健康所需的时间。它掠夺工人呼吸新鲜空气和接触阳光所需要的时间。它克扣吃饭时间，尽量把吃饭时间并入生产过程本身，因此对待工人就像对待单纯的生产资料那样，给他饭吃，就如同给锅炉加煤、给机器上油一样。"①

　　第二，马克思通过对政治经济学的研究，生动刻画了未来社会的理想设计。马克思在对资本进行了深刻分析的基础上指出，由于资本扩张过程中产生的经济危机是资本主义社会无法克服的根本矛盾，因此资本的最终命运是解体。为了适应发展起来的更高的生产力，资本解体后的未来社会，在生产资料、产品问题上："在一个集体的、以生产资料公有为基础的社会中，生产者不交换自己的产品；用在产品上的劳动，在这里也不表现为这些产品的价值，不表现为这些产品所具有的某种物的属性，因为这时，同资本主义社会相反，个人的劳动不再经过迂回曲折的道路，而是直接作为总劳动的组成部分存在着。"② 在劳动时间和经济规律问题上："真正的经济——节约——是劳动时间的节约。"③ "时间的节约，以及劳动时间在不同的生产部门之间有计划的分配，在共同生产的基础上仍然是首要的经济规律。这甚至在更加高得多的程度上成为规律。"④ 在分工和分配问题上："迫使个人奴隶般地服从分工的情形已经消失，从而脑力劳动和体力劳动的对立也随之消失之后；在劳动已经不仅仅是谋生的手段，而且本身成了生活的第一需要之后；在随着个人的全面发展，他们的生产力也增长起来，而集体财富的一切源泉都充分涌流之后，——只有在那个时候，才能完全超出资产阶级权利的狭隘眼界，社会才能在自己的旗帜上写上：各尽所能，按需分配！"⑤ "每一个生产者，在作了各项扣除以后，从社会领回的，正

①　《马克思恩格斯选集》第 2 卷，人民出版社 1995 年版，第 197 页。
②　《马克思恩格斯选集》第 3 卷，人民出版社 1995 年版，第 303 页。
③　《马克思恩格斯全集》第 31 卷，人民出版社 1998 年版，第 107 页。
④　《马克思恩格斯全集》第 30 卷，人民出版社 1995 年版，第 123 页。
⑤　《马克思恩格斯选集》第 3 卷，人民出版社 1995 年版，第 305—306 页。

好是他给予社会的。他给予社会的，就是他个人的劳动量。"①

　　第三，马克思通过对政治经济学的研究，深刻展示了人类社会运动的一般规律。通过马克思的文本，我们可以发现，马克思关于人类社会运动一般规律的具体内容论述大多见诸他的有关经济学的论著中。以马克思的社会形态理论为例，马克思的社会形态理论主要有两种基本观点。一是根据分工的深化及其引发的所有制变迁把人类社会历史演进划分为五个阶段，即原始社会、奴隶社会、封建社会、资本主义社会、共产主义社会，俗称"五形态理论"。二是以人的发展尺度为依据把人类社会的历史演进划分为三个阶段，即人的依赖关系阶段、以物的依赖为基础的人的独立性阶段、人的自由和全面发展的阶段，俗称"三形态理论"。关于"五形态理论"的初步表述是在马克思和恩格斯合著的《德意志意识形态》中，马克思和恩格斯以分工为线索，分别刻画了人类社会历史中的五种不同社会形态，即部落所有制与社会生产的原始状态、古代公社所有制与社会生产的初步发展、封建的或等级的所有制与社会生产的地域扩张、现代资产阶级的所有制与社会生产的矛盾发展、无产阶级占有制与人的自由发展。在后来的《雇佣劳动与资本》中，马克思依据生产关系的标准，又把人类社会形态划分为古典古代社会、封建社会、资产阶级社会，使之成为"五形态理论"的压缩版或简约版。在 1859 年的《政治经济学批判》中，马克思再次对"五形态理论"进行了比较科学和系统的阐述。他说："大体说来，亚细亚的、古代的、封建的和现代资产阶级的生产方式可以看作是经济的社会形态演进的几个时代。资产阶级的生产关系是社会生产过程的最后一个对抗形式……在资产阶级社会的胎胞里发展的生产力，同时又创造着解决这种对抗的物质条件。因此，人类社会的史前时期就以这种社会形态而告终。"② 关于"三形态"理论的经典表述体现在马克思的《1857—1858 年经济学手稿》中，在该著作中马克思对人类社会演进的"三形态理论"进行了较为详细的说明。马克

---

① 《马克思恩格斯选集》第 3 卷，人民出版社 1995 年版，第 304 页。
② 《马克思恩格斯选集》第 2 卷，人民出版社 1995 年版，第 33 页。

思说："人的依赖关系（起初完全是自然发生的），是最初的社会形式，在这种形式下，人的生产能力只是在狭小的范围内和孤立的地点上发展着。以物的依赖性为基础的人的独立性，是第二大形式，在这种形式下，才形成普遍的社会物质交换、全面的关系、多方面的需要以及全面的能力的体系。建立在个人全面发展和他们共同的、社会的生产能力成为从属于他们的社会财富这一基础上的自由个性，是第三个阶段。第二个阶段为第三个阶段创造条件。因此，家长制的，古代的（以及封建的）状态随着商业、奢侈、货币、交换价值的发展而没落下去，现代社会则随着这些东西同步发展起来。"① 上述关于马克思"五形态理论"和"三形态理论"的文本考察表明，马克思的社会形态演进理论大多是在其经济学著作中提出的，其划分也都是依据经济范畴的生产力、生产关系、分工等概念。这也表明，马克思的唯物史观的基本理论、社会革命理论，正是建立在马克思政治经济学的坚实土壤之上，才最终获得极强的说服力和完全的科学性。

第三节　马克思社会革命思想形成的理论逻辑

尽管马克思本人并没有刻意地建构一套社会革命理论体系，也没有专门地写作一部关于社会革命理论的著作，但不可否认的是，在人类社会历史的思想领域中，马克思阐述了一种具有独特理论特征和旨趣的社会革命理论学说，并且在其社会革命理论内隐含着密切的逻辑关联。在我们看来，现实的人构成了马克思的社会革命理论生成的逻辑起点，社会历史理论构成了马克思社会革命理论的主体内容和本质，唯物主义历史观的完成则是马克思社会革命理论最终确立并走向成熟的理论标志。

一　马克思社会革命思想的理论起点：现实的人

马克思的社会革命理论是有着人本主义的意蕴的，他继承了启

---

① 《马克思恩格斯全集》第 30 卷，人民出版社 1995 年版，第 107—108 页。

蒙运动以来关注人的权利、价值和尊严的基本吁求，也肯定了近代德国古典哲学家康德所提出的"人是目的"这一人本主义的最高教义。当代一些西方思想家为了批判马克思主义及其社会革命理论，对马克思的一个重要责难就是，马克思的理论不仅缺乏对人的人道主义关怀，而且在马克思那里，人变成了工具，成了革命的手段。事实上，如果我们回到马克思的文本，回到马克思思想的本身，就会发现上述看法是在多大程度上扭曲和误解了马克思及其思想。从马克思的最早的大学时期的博士毕业论文《德谟克利特的自然哲学和伊壁鸠鲁的自然哲学的差别》，直到他晚年的《资本论》，他的著作和思想无不浸渗着人本主义的关怀，他同情劳动人民的悲惨境遇、深切关注当代资本主义社会中产生的人的普遍异化状态、热情地歌颂人的自由和解放。因此，人本主义是马克思社会革命理论的一个重要维度，马克思的人学理论构成了其社会革命理论的出发点。

　　人的问题、人的本质是贯穿于整个马克思社会革命理论中的中心问题之一。早在马克思的博士毕业论文《德谟克利特的自然哲学和伊壁鸠鲁的自然哲学的差别》的序言中，马克思就写道："只是现在，伊壁鸠鲁派、斯多亚派和怀疑派的体系为人们所理解的时代才算到来了。他们是自我意识的哲学家。"①　可见，马克思博士毕业论文的中心思想是人的自我意识以及与之相关的人的自由问题。在序言中，马克思还写道："只要哲学还有一滴血在自己那颗要征服世界的、绝对自由的心脏里跳动着，它就将永远用伊壁鸠鲁的话向它的反对者宣称：'渎神的并不是那抛弃众人所崇拜的众神的人，而是把众人的意见强加于众神的人。'哲学并不隐瞒这一点。普罗米修斯的自白：'总而言之，我痛恨所有的神。'就是哲学自己的自白，是哲学自己的格言，表示它反对不承认人的自我意识是最高神性的一切天上的和地上的神。不应该有任何神同人的自我意识相并列。"②　在此，马克思对伊壁鸠鲁哲学中所蕴含的人的自我意识思想进行了热情的歌颂，甚至把伊壁鸠鲁对自我意识的承认比作普罗米

---

①　《马克思恩格斯全集》第 1 卷，人民出版社 2002 年版，第 103 页。
②　同上书，第 12 页。

修斯盗取天火。国内马克思主义研究者聂锦芳认为，马克思之所以把伊壁鸠鲁哲学作为自己的博士毕业论文研究主题，其原因就在于："马克思借古人之酒浇今人胸中之块垒，通过阐发伊壁鸠鲁哲学中被遗忘的思考，来阐发黑格尔总体哲学之后的哲学的真正境况。因此，自由、自我意识与理性是马克思深入挖掘的哲学主题与时代主题。"①

在 1843 年的《〈黑格尔法哲学批判〉导言》中，马克思深切地关注了人的解放问题。在该著作中，马克思在众多地方，反复地谈到人的解放问题。他说："彻底的革命、全人类的解放，不是乌托邦式的梦想。"②"哲学把无产阶级当作自己的物质武器，同样，无产阶级也把哲学当作自己的精神武器；思想的闪电一旦彻底击中这块素朴的人民园地，德国人就会解放成为人。"③"德国人的解放就是人的解放。"④ 但是，我们也应当注意到，尽管此时的马克思非常关注人的解放问题，并试图摆脱唯心主义抽象地谈论人的本质的做法，但他关于人的本质的论述还具有相当大的抽象性，这表明此时的马克思并没有彻底从黑格尔的唯心主义思想中摆脱出来。例如，在谈到人的本质的地方，马克思说："人不是抽象的蛰居于世界之外的存在物。人就是人的世界，就是国家，社会。"⑤"人的根本就是人本身。"⑥

《1844 年经济学哲学手稿》在整个马克思的著作和思想中具有特殊的地位。在一些西方马克思主义者看来，《1844 年经济学哲学手稿》是马克思人本主义思想的理论发源地，在此他们发现了一个人道主义的马克思，由此他们还批评了以苏联为代表的传统马克思主义对马克思理论体系的物质化和客体化。在《1844 年经济学哲学手稿》中，人的异化、人的劳动的异化是马克思关注和研究的主

---

① 聂锦芳：《马克思的"新哲学"——原型与流变》，中国社会科学出版社 2013 年版，第 88 页。
② 《马克思恩格斯选集》第 1 卷，人民出版社 1995 年版，第 12 页。
③ 同上书，第 15—16 页。
④ 同上书，第 16 页。
⑤ 同上书，第 1 页。
⑥ 同上书，第 9 页。

题。从马克思关于人的异化、人的劳动的异化中我们可以发现，一方面，马克思已经从现实的人、人的社会性、人的劳动活动来谈论人的本质问题。马克思说："因为人的本质是人的真正的社会联系，所以人在积极实现自己本质的过程中创造、生产人的社会联系、社会本质，而社会本质不是一种同单个人相对立的抽象的一般的力量，而是每一个单个人的本质，是他自己的活动，他自己的生活，他自己的享受，他自己的财富。因此，上面提到的真正的社会联系并不是由反思产生的，它是由于有了个人的需要和利己主义才出现的，也就是个人在积极实现其存在时的直接产物。有没有这种社会联系，是不以人为转移的；但是，只有人不承认自己是人，因而不按照人的样子来组织世界，这种社会联系就以异化的形式出现。因为这种社会联系的主体，即人，是自身异化的存在物。人们——不是抽象概念，而是作为现实的、活生生的、特殊的个人——就是这种存在物。"① 另一方面，在马克思谈论人的本质的某些地方，马克思关于人的本质的论述依然具有唯心主义的某些痕迹。例如，马克思说："一个种的全部特性、种的类特性就在于生命活动的性质，而人的类特性恰恰就是自由的有意识的活动。生活本身仅仅成为生活的手段。动物和自己的生命活动是直接同一的。动物不把自己同自己的生命活动区别开来。它就是自己的生命活动。人则使自己的生命活动本身变成自己意志的和自己意识的对象。他具有有意识的生命活动。这不是人与之直接融为一体的那种规定性。有意识的生命活动把人同动物的生命活动区别开来。正是由于这一点，人才是类存在物。"② 在此，马克思强调了意识是人与动物相区别的根本性标志，构成了人的类特性。

从《关于费尔巴哈的提纲》开始，马克思在自觉构建自己的哲学理论体系的时候，已经开始明确地从人的社会性、人的实践、人的劳动历史地谈论人的本质问题，开始自觉地把现实的人作为其哲学理论的出发点。在《关于费尔巴哈的提纲》中，马克思说："费

---

① 《马克思恩格斯全集》第 42 卷，人民出版社 1979 年版，第 24—25 页。
② 《马克思恩格斯选集》第 1 卷，人民出版社 1995 年版，第 46 页。

尔巴哈把宗教的本质归结于人的本质。但是，人的本质不是单个人所固有的抽象物，在其现实性上，它是一切社会关系的总和。"① 如果说，在《关于费尔巴哈的提纲》中马克思还只是宗旨性地强调了人的本质的社会性，那么在随后的《德意志意识形态》中，马克思开始大量地、具体地从实践活动、社会性来谈论人的本质，并把现实的人规定为其哲学的出发点。首先，马克思强调了哲学的出发点是现实的人。马克思说："我们开始要谈的前提不是任意提出的，不是教条，而是一些只有在想象中才能撇开的现实前提。这是一些现实的个人，是他们的活动和他们的物质生活条件，包括他们已有的和由他们自己的活动创造出来的物质生活条件。"② "这种考察方法不是没有前提的。它从现实的前提出发，它一刻也不离开这种前提。它的前提是人，但不是处在某种虚幻的离群索居和固定不变状态中的人，而是处在现实的、可以通过经验观察到的、在一定条件下进行的发展过程中的人。只要描述出这个能动的生活过程，历史就不再像那些本身还是抽象的经验论者所认为的那样，是一些僵死的事实的汇集，也不再像唯心主义者所认为的那样，是想象的主体的想象活动。"③ 其次，马克思指出，现实的人一定是处于某种社会关系之中的人，现实的人是受到社会关系规定的人。马克思以奴隶为例，指出黑人之所以为奴隶，只是由特定的生产关系所决定的，而特定的生产关系是人在社会生产活动中必然会发生的一种联系和关系。马克思说："黑人就是黑人。只有在一定的关系下，他才成为奴隶。纺纱机是纺棉花的机器。只有在一定的关系下，它才成为资本。脱离了这种关系，它也就不是资本了，就像黄金本身并不是货币，砂糖并不是砂糖的价格一样。人们在生产中不仅仅影响自然界，而且也互相影响。他们只有以一定的方式共同活动和互相交换其活动，才能进行生产。为了进行生产，人们相互之间便发生一定的联系和关系；只有在这些社会联系和社会关系的范围内，才会有

---

① 《马克思恩格斯选集》第 1 卷，人民出版社 1995 年版，第 56 页。
② 同上书，第 66—67 页。
③ 同上书，第 73 页。

他们对自然界的影响，才会有生产。"① 再次，马克思强调了人的生产活动决定了人与动物之间的区别，是现实的人的第一个历史活动。马克思说："可以根据意识、宗教或随便别的什么来区别人和动物。一当人开始生产自己的生活资料的时候，这一步是由他们的肉体组织所决定的，人本身就开始把自己和动物区别开来。人们生产自己的生活资料，同时间接地生产着自己的物质生活本身。"② "我们首先应当确定一切人类生存的第一个前提，也就是一切历史的第一个前提，这个前提是：人们为了能够'创造历史'，必须能够生活。但是为了生活，首先就需要吃喝住穿以及其他一些东西。因此第一个历史活动就是生产满足这些需要的资料，即生产物质生活本身，而且这是这样的历史活动，一切历史的一种基本条件……因此任何历史观的第一件事情就是必须注意上述基本事实的全部意义和全部范围，并给予应有的重视。"③

二　马克思社会革命思想的理论本质：社会理论

美国马克思主义研究者罗伯特·查尔斯·塔克认为：马克思的革命理论本质上是一种社会理论。因此任何对马克思社会革命理论的研究，首先必须考察马克思的社会观。罗伯特·查尔斯·塔克说："对马克思来说，实在的社会单位是人类，是在历史成长过程的既定阶段的人类集体。每一这样阶段构成由特定的'社会形式'支配的社会时代。尽管任何国家社会，例如德国社会、英国社会或者法国社会，可能都是一个实例，即最清楚地和用最成熟的发展方式展示现存的或者说正在出现的社会形式的一般模式的一个实例，但任何国家社会都具体表达了既定时代整体的人类社会情况。"④ 尽管我们在前面的论述中已经表明，马克思社会革命理论的起点是现实的人，但马克思又坚持，现实的人总是处于社会关系支配下的

---

①　《马克思恩格斯选集》第1卷，人民出版社1995年版，第344页。

②　同上书，第67页。

③　同上书，第78—79页。

④　［美］罗伯特·查尔斯·塔克：《马克思主义革命观》，高岸起译，人民出版社2012年版，第34页。

人，社会性是人的本质属性，所以对现实的人的研究也必然包含对生活于其中的社会的研究。从马克思的社会革命理论本身来看，其理论的名称也表明其理论的展开侧重于社会的逻辑。因此，整个马克思主义革命理论的体系构建必须以社会的外观形式出现。这样的话，对马克思社会革命理论的本质的阐述，必然就是对马克思社会观、社会变革动力、社会形态形式等内容的研究和阐述。

在马克思的社会观中，社会的基本事实是人类的生产活动，以及人类在生产活动中结成的相互关系，它们构成了人类社会生活中物质性的方面。在生产关系构成的社会基础之上，又存在着以各种意识形态形式存在的上层建筑，它们构成了人类社会生活中的精神性的方面。在社会事实中，作为社会生活中物质性方面的生产活动和生产关系是基础性的，作为社会生活中精神性方面的上层建筑尽管具有相对独立性，但它们受到社会生活中物质性方面的支配。

首先，马克思强调了人类的生产活动是社会生活中最基本的事实。马克思反对唯心主义社会观把人类社会历史看作是思想史、文化史的做法，认为对人类社会生活的考察要从人的现实生活出发，他说："在思辨终止的地方，在现实生活面前，正是描述人们实践活动和实际发展过程的真正的实证科学开始的地方……对现实的描述会使独立的哲学失去生存环境，能够取而代之的充其量不过是从对人类历史发展的考察中抽象出来的最一般的结果的概括。这些抽象本身离开了现实的历史就没有任何价值。"① 在强调了对人类社会生活的考察要从现实生活这一前提出发后，马克思接着论述了生产活动在人类社会现实生活中的首要和基础性地位。马克思说："我们首先应当确定一切人类生存的第一个前提，也就是一切历史的第一个前提，这个前提是：人们为了能够'创造历史'，必须能够生活。但是为了生活，首先就需要吃喝住穿以及其他一些东西。因此第一个历史活动就是生产满足这些需要的资料，即生产物质生活本身，而且这是这样的历史活动，一切历史的一种基本条件，人们单是为了能够生活就必须每日每时去完成它，现在和几千年前都是这

---

① 《马克思恩格斯选集》第 1 卷，人民出版社 1995 年版，第 73—74 页。

样。即使感性在圣布鲁诺那里被归结为像一根棍子那样微不足道的东西，它仍然必须以生产这根棍子的活动为前提。因此任何历史观的第一件事情就是必须注意上述基本事实的全部意义和全部范围，并给予应有的重视。"① "这种活动、这种连续不断的感性劳动和创造、这种生产，正是整个现存的感性世界的基础，它哪怕只中断一年，费尔巴哈就会看到，不仅在自然界将发生巨大的变化，而且整个人类世界以及他自己的直观能力，甚至他本身的存在也会很快就没有了。"②

　　其次，马克思认为社会生活中从事物质生产活动的人们不可避免地会结成各种交往关系或生产关系，而这种交往关系或生产关系是由生产决定的。马克思说："以一定的方式进行生产活动的一定的个人，发生一定的社会关系和政治关系。"③ "生产本身又是以个人彼此之间的交往［verkehr］为前提的。这种交往的形式又是由生产决定的。"④ 在马克思那里，人们在生产活动中所必然结成的生产关系是以分工为中介的，分工成为生产力和生产关系联结起来的桥梁。正如国内著名的马克思主义研究者杨耕教授指出的那样，"能够成为生产力与生产关系中介的，必须具有双重属性，即既有生产力的属性又有生产关系的属性，否则，它就不能成为生产力和生产关系的结合部、纽带和'桥梁'。分工就具有这种二重性：就它是生产过程中人与'物'的结合方式来说，它属于生产力范畴；就它是生产过程中人与人的结合方式而言，它又属于生产关系范畴"⑤。生产关系也是社会生活中的物质性事实，因为构成生产关系的是从事生产活动的现实的人。马克思在考察资本主义的生产关系时，明确地指出，资本主义的生产关系主要由两个主体部分构成，即资本家和雇佣工人。马克思说："把资本主义生产过程联系起来考察，或作为再生产过程来考察，它不仅生产商品，不仅生产剩余价值，

① 《马克思恩格斯选集》第 1 卷，人民出版社 1995 年版，第 78—79 页。
② 同上书，第 77 页。
③ 同上书，第 71 页。
④ 同上书，第 68 页。
⑤ 杨耕：《为马克思辩护》，中国人民大学出版社 2010 年版，第 133 页。

而且还生产和再生产资本关系本身：一方面是资本家，另一方面是雇佣工人。"① 在生产活动与生产关系的问题上，马克思认为，生产活动是基础性的，起决定性作用的。对此，马克思说："个人怎样表现自己的生活，他们自己就是怎样。因此，他们是什么样的，这同他们的生产是一致的——既和他们生产什么一致，又和他们怎样生产一致。因而，个人是什么样的，这取决于他们进行生产的物质条件。"②

再次，马克思阐述了作为上层建筑的意识形态的诞生过程，并强调了物质生产活动对意识形态的决定性作用。马克思认为，作为意识形态之源的人的意识一开始并不具有独立性，它最初受到物质的纠缠，并直接表现为物质性的语言。马克思说："在我们已经考察了原初的历史的关系的四个因素、四个方面之后，我们才发现：人还具有'意识'。但是这种意识并非一开始就是'纯粹的'意识。'精神'从一开始就很倒霉，受到物质的'纠缠'，物质在这里表现为振动着的空气层、声音，简言之，即语言。语言和意识具有同样长久的历史；语言是一种实践的、既为别人存在因而也为我自身而存在的、现实的意识。语言也和意识一样，只是由于需要，由于和他人交往的迫切需要才产生的。"③ 马克思认为，作为意识形态之源的人的意识最初只是一种本能性意识、动物式意识，人的意识的独立性是随着生产的发展、人的交往扩大而逐步发展起来的。马克思说："意识起初只是对直接的可感知的环境的一种意识，是对处于开始意识到自身的个人之外的其他人和其他物的狭隘联系的一种意识。同时，它也是对自然界的一种意识，自然界起初是作为一种完全异己的、有无限威力的和不可制服的力量与人们对立的，人们同自然界的关系完全像动物同自然界的关系一样，人们就像牲畜一样慑服于自然界，因而，这是对自然界的一种纯粹动物式的意识（自然宗教）。"④ 马克思特别强调了人的物质性生产活动中的分工对独立意识的产生所起的重要推动作用，并认为正是在社会生产

---

① 《马克思恩格斯全集》第 23 卷，人民出版社 1972 年版，第 634 页。
② 《马克思恩格斯选集》第 1 卷，人民出版社 1995 年版，第 67—68 页。
③ 同上书，第 81 页。
④ 同上书，第 81—82 页。

中分工的推动下，作为社会性意识的意识形态才得以最终产生。马克思说："分工起初只是性行为方面的分工，后来是由于天赋（例如体力）、需要、偶然性等等才自发地或'自然形成'分工。分工只是从物质劳动和精神劳动分离的时候才真正成为分工。从这时候起意识才能现实地想象：它是和现存实践的意识不同的某种东西；它不用想象某种现实的东西就能现实地想象某种东西。从这时候起，意识才能摆脱世界而去构造'纯粹的'理论、神学、哲学、道德等等。"① 在详细阐述了人的意识、社会性意识形态的诞生过程之后，马克思接着强调了物质性的生产活动对社会意识的决定性作用。马克思说："如果这种理论、神学、哲学、道德等等和现存的关系发生矛盾，那么，这仅仅是因为现存的社会关系和现存的生产力发生了矛盾。"②

正如马克思在辩证法中所强调的，一切事物都处于运动和变化之中，事物运动和变化的根本动力是矛盾。把上述辩证法的基本观点运用于社会历史领域，马克思认为人类社会历史表现为一种动态发展的过程，推动人类社会历史不断发展进步的也是深藏于人类社会生活内部的矛盾。在马克思看来，在人类社会生活中的所有矛盾中，其内在的、根本性的矛盾是生产力和生产关系、经济基础和上层建筑之间的矛盾，生产力和生产关系、经济基础和上层建筑之间的矛盾构成了人类社会生活中的根本性矛盾，推动了人类社会历史的运动和发展。

为什么生产力和生产关系、经济基础和上层建筑的矛盾构成了人类社会的根本性矛盾？在上述关于马克思的社会观的说明中，我们已经论证了马克思关于社会生活中的基本事实问题，即人类的生产活动、人类在生产活动中结成的生产关系、建构在生产关系之上的上层建筑。关于社会生活中的三类基本事实，罗伯特·查尔斯·塔克是这样总结的，他说："社会，对马克思思维方式来说，本质上是生产方式和生产过程。社会基本事实是：人类的生产活动，尤

---

① 《马克思恩格斯选集》第 1 卷，人民出版社 1995 年版，第 82 页。
② 同上。

其是一切其他活动依赖的物质生产，实际上是社会活动。换句话说，对马克思来说，生产不仅仅是在人与自然之间进行的过程，而且也是在人与人之间进行的过程。这一'生产的社会过程'本质上是社会过程的核心。人类社会基本上是生产社会，是一套人在生产活动中进行的'社会关系'。在马克思的《政治经济学批判》人们所熟悉的阐述中，生产关系构成社会的'基础'，惯例的上层建筑竖立在这一基础之上，以各种'意识形态的形式'（宗教、哲学、艺术）表达的社会精神与这一基础是一致的。"[①] 在马克思那里，以社会形成表现出来的社会生活的基本事实及其相互关系根源于人的实践活动。因为人的实践活动表现出物质性的生产活动和精神性的生产活动的双层结构，才使得作为社会表现形式的生产力、生产关系与上层建筑也表现为双层结构。同时，因为人的实践活动的内在的深刻矛盾，即实践活动既是人用物质性的工具和手段改造世界的具体的现实性活动，又是人在一定的情感和意志的支配下所从事的具有目的性、超越性的理想性活动，这就导致作为人的实践活动的社会表现形式的生产力、生产关系及其上层建筑之间的矛盾。

马克思在《德意志意识形态》、《〈政治经济学批判〉序言》中曾多次具体地论述了生产力和生产关系、经济基础和上层建筑之间的矛盾是人类社会的基本矛盾，是推动人类社会历史发展的根本性动力。在《德意志意识形态》中，马克思指出，生产力和生产关系的矛盾既是社会革命爆发的根本性原因，也是社会生活中的其他形式冲突的原因所在。马克思说："生产力和交往形式之间的这种矛盾——正如我们所见到的，它在迄今为止的历史中曾多次发生过，然而并没有威胁交往形式的基础，——每一次都不免要爆发为革命，同时也采取各种附带形式，如冲突的总和，不同阶级之间的冲突，意识的矛盾，思想斗争，政治斗争，等等。从狭隘的观点出发，可以从其中抽出一种附带形式，把它看作是这些革命的基础，而且因为革命所由出发的各个人都根据他们的文化水平和历史发展

---

① ［美］罗伯特·查尔斯·塔克：《马克思主义革命观》，高岸起译，人民出版社2012年版，第35页。

的阶段对他们自己的活动本身产生了种种幻想，这样做就更容易了。"① 马克思还认为，不仅生产力和生产关系的矛盾是一切社会历史冲突的根本原因，而且其矛盾的激化和尖锐可能受到国际交往的影响。马克思说："因此，按照我们的观点，一切历史冲突都根源于生产力和交往形式之间的矛盾。此外，不一定非要等到这种矛盾在某一国家发展到极端尖锐的地步，才导致这个国家内发生冲突。由广泛的国际交往所引起的同工业比较发达的国家的竞争，就足以使工业较不发达的国家内产生类似的矛盾（例如，英国工业的竞争使德国潜在的无产阶级显露出来了）。"② 在《〈政治经济学批判〉序言》中，马克思不仅再次明确地表达了生产力决定生产关系的原理，而且较为正式地对经济基础进行了概念性的阐述，指出了经济基础决定上层建筑这一基本社会原理，并从生产力和生产关系、经济基础和上层建筑这两对范畴的矛盾运动中阐述了社会的运动变化的一般规律。马克思说："人们在自己生活的社会生产中发生一定的、必然的、不以他们的意志为转移的关系，即同他们的物质生产力的一定发展阶段相适合的生产关系。这些生产关系的总和构成社会的经济结构，既有法律的和政治的上层建筑竖立其上并有一定的社会意识形式与之相适应的现实基础。物质生活的生产方式制约着整个社会生活、政治生活和精神生活的过程。不是人们的意识决定人们的存在，相反，是人们的社会存在决定人们的意识。社会的物质生产力发展到一定阶段，便同它们一直在其中运动的现存生产关系或财产关系（这只是生产关系的法律用语）发生矛盾。于是这些关系便由生产力的发展形式变成生产力的桎梏。那时社会革命的时代就到来了。随着经济基础的变更，全部庞大的上层建筑也或慢或快地发生变革。"③

与传统的社会历史观相比，在马克思社会观的视域中，由生产力和生产关系、经济基础和上层建筑所推动的人类社会生活不仅不

---

① 《马克思恩格斯选集》第 1 卷，人民出版社 1995 年版，第 115 页。
② 同上书，第 115—116 页。
③ 《马克思恩格斯选集》第 2 卷，人民出版社 1995 年版，第 32—33 页。

再是静态的，而且还表现为一种动态上升的过程。人类社会生活的动态上升，在其社会表现形式上，又是以其具体的社会形态来表征的。所谓社会形态，即"是关于社会运动的具体形式、发展阶段和不同质态的范畴，是同生产力发展的一定阶段相适应的经济基础与上层建筑的统一体。社会形态包括社会的经济形态、政治形态和意识形态"。① 由此，社会的发展变迁就表现为社会形态的更替。马克思本人也论述了人如何在生产中结成生产关系，在生产关系的基础上结成社会关系，并最终形成社会和具体的社会形态的。马克思说："因此，各个人借以进行生产的社会关系，即社会生产关系，是随着物质生产资料、生产力的变化和发展而变化和改变的。生产关系总和起来就构成所谓社会关系，构成所谓社会，并且是构成一个处于一定历史发展阶段上的社会，具有独特的特征的社会。古典古代社会、封建社会和资产阶级社会都是这样的生产关系的总和，而其中每一个生产关系的总和同时又标志着人类历史发展中的一个特殊阶级。"②

关于马克思社会形态的划分，我们在前面已经进行了阐述，即主要包括："五形态理论"和"三形态理论"。这里的问题是，我们该如何站在马克思社会观的哲学高度，看待和认识马克思的社会形态理论？即马克思的社会形态理论是否具有历史的普遍性与必然性。

社会形态及其更替是否具有历史的普遍性与必然性？要回答这个问题，既需要我们注意把马克思早年关于社会形态更替的理论表述与其晚年东方社会发展道路的研究结合起来进行研究，又需要我们辩证地把马克思关于社会形态更替的一般原理表述与马克思关于具体社会形态的演进发展的论述结合起来考虑。在 19 世纪 70 年代以前，马克思关于社会形态更替的表述中，有两处表述经常被马克思主义研究者们引用。一是马克思在《〈政治经济学批判〉序言》中的一段话，马克思说："无论哪一个社会形态，在它所能容纳的

---

① 逄锦聚等编：《马克思主义基本原理概论》，高等教育出版社 2010 年版，第109 页。

② 《马克思恩格斯选集》第 1 卷，人民出版社 1995 年版，第 345 页。

全部生产力发挥出来以前，是决不会灭亡的；而新的更高的生产关系，在它的物质存在条件在旧社会的胎胞里成熟以前，是决不会出现的。"① 二是马克思在《资本论》序言中的一句话："我的观点是把经济的社会形态的发展理解为一种自然史的过程。"② 而在马克思晚年，随着人类学对史前时期人类社会生活的揭示，以及马克思对包括中国、印度、俄国在内的东方社会研究的深入，马克思对人类社会形态更替的论述似乎较之以前有了变化，对此，马克思主义研究者们经常会引用马克思在给俄国的《祖国纪事》编辑部的信中的一段话。在这段话中，马克思说："他一定要把我关于西欧资本主义起源的历史概述彻底变成一般发展道路的历史哲学理论，一切民族，不管他们所处的历史环境如何，都注定要走这条道路……他这样做，会给我过多的荣誉，同时也给我过多的侮辱。"③ 在我们看来，从生产力与生产关系的矛盾运动推动社会形态的变迁，从而导致社会形态不断地经历一个从低级向高级的发展过程这一社会形态更替的基本原理来看，人类社会形态的更替具有历史的普遍性和必然性；但是，具体某一社会采取何种具体内容表现其社会形态的形式，以及以何种具体的方式实现社会形态的更替则有其特殊性，不能一概而论。例如，同样是资本主义社会，英国的资本主义与美国的资本主义在其具体内容上就有很大的不同，英国资本主义的政治制度是君主立宪制，美国的资本主义政治制度是两党制。同样是从旧社会制度更替到社会主义社会，俄国是从落后的资本主义社会跨越到社会主义社会，而中国则是直接从半殖民地半封建的社会跨越到社会主义社会。由此可见，关于马克思社会形态更替理论的历史必然性和普遍性问题，从宏观历史来看，它具有必然性和普遍性；从各个国家的具体实际情况来看，它又具有特殊性和多元性。

三　马克思社会革命思想的理论完成：唯物史观的建立

马克思社会革命理论的形成、发展和完成不是一蹴而就的，它

---

① 《马克思恩格斯选集》第 2 卷，人民出版社 1995 年版，第 33 页。
② 同上书，第 101—102 页。
③ 《马克思恩格斯全集》第 19 卷，人民出版社 1963 年版，第 130 页。

既随着马克思生活于其中的、必须面对和研究的社会革命材料的日益丰富、全面而完善，也随着马克思对批判思维方式的日臻成熟而深刻。应该说，马克思社会革命理论的形成和发展与其唯物史观的提出和建立具有内在的一致性。因为，马克思的整个社会革命理论是内在于他的唯物史观里的。在马克思的社会革命理论中，无论是其革命的范畴，还是其社会的范畴，都属于唯物史观内的重要范畴。对此，罗伯特·查尔斯·塔克说："对马克思来说，革命是历史范畴。马克思整个革命理论是建立在唯物史观框架之内的。马克思的社会理论是在历史中的社会理论。马克思的革命理论是在历史中的社会改造理论，是历史自身作为人革命进化过程中的理论。"①因此，从社会革命理论与唯物史观的这种内在联系来看，马克思唯物史观的建立也就意味着马克思社会革命理论的完成。

正如我们必须根据马克思生活的时代条件背景、人生经历，历史地考察马克思的社会革命理论，我们也必须历史地把握马克思的唯物史观，把其置于一种开放性的话语系统中进行考察和讨论。事实上，直到马克思的晚年，即《资本论》写作完成之后，马克思还一直在思考、修正和完善他和恩格斯所创立的历史唯物主义。同时，由于社会本身就是一个极其复杂的巨型系统，这就决定了要建立一种尽善尽美的关于社会的历史哲学几乎是不可能完成的任务。因此，当我们从唯物史观的维度来把握马克思的社会革命理论时，一定要确定这样一种前提，即马克思虽然创立了历史唯物主义，但这种历史唯物主义是一种开放的理论系统，保持着一种未完成状态，需要根据历史实践的变化随时地填充新的理论材料、观点等。从马克思的文献学考证来看，也证明了这一点。《德意志意识形态》是马克思论述其历史唯物主义的重要著作，但是在其"未誊清稿Ⅲ"中，马克思留下了 18 个未完成的片段，分别讨论了革命的必要性、群体联合的进程等问题。因此，国内马克思主义研究专家聂锦芳说："无论是对社会、历史、人自身的深入理解，还是对'唯

---

① ［美］罗伯特·查尔斯·塔克：《马克思主义革命观》，高岸起译，人民出版社2012 年版，第 28 页。

物史观'或'历史唯物主义'的进一步建构，马克思、恩格斯的思考绝没有到某一个文本为止就终结了！例如，在《资本论》及其手稿中，通过对资本本质及其逻辑批判和政治经济学研究，他们的思想又跃迁到更高的层次和阶段。"① 唯物史观建立后的开放性状态，决定了马克思社会革命理论完成后的开放性状态。历史也证明了确实如此，在马克思、恩格斯之后，马克思主义经典作家列宁，中国的马克思主义者毛泽东、邓小平等人都根据本国的实际情况，从不同的方面拓展了马克思的社会革命理论。

首先，正是在马克思历史唯物主义的理论体系中，马克思社会革命理论中的个人、社会等范畴才获得历史的、现实的意义。

马克思的革命理论非常强调"在现实的世界中并使用现实的手段"② 来实现人的解放。因此，马克思社会革命理论中的个人、社会必定是现实的个人、历史的社会。而促使马克思从抽象的个人、理性的社会向现实的个人、历史的社会转变的一个根本性原因，就是马克思对历史唯物主义的自觉。一旦马克思开始从黑格尔、费尔巴哈的唯心主义历史观中觉醒，开始转向历史唯物主义时，马克思就自觉地把个人、社会当作一个历史性范畴进行考察和研究，把社会革命当作一个历史性的活动过程。

我们知道，《德意志意识形态》是马克思第一次比较正式地表述其历史唯物主义理论的著作。马克思在批判费尔巴哈的唯物主义时，直指费尔巴哈由于不把人看作是现实存在的、处于社会联系中的人，从而在社会历史观的问题上陷入了唯心主义。马克思说："诚然，费尔巴哈比'纯粹的'唯物主义者有很大的优点：他承认人也是'感性对象'。但是，他把人只看作是'感性对象'，而不是'感性活动'，因为他在这里也仍然停留在理论的领域内，没有从人们现有的社会联系，从那些使人们成为现在这种样子的周围生活条件来观察人们——这一点且不说，他还从来没有看到现实存在着的、活动的人，而是停留于抽象的'人'，并且仅仅限于在感情

----

① 聂锦芳：《马克思的"新哲学"——原型与流变》，中国社会科学出版社 2013 年版，第 326 页。

② 《马克思恩格斯选集》第 1 卷，人民出版社 1995 年版，第 74 页。

范围内承认'现实的、单个的、肉体的人',也就是说,除了爱与友情,而且是观念化了的爱与友情以外,他不知道'人与人之间'还有什么其他的'人的关系'。他没有批判现在的爱的关系。可见,他从来没有把感性世界理解为构成这一世界的个人的全部活生生的感性活动,……正是在共产主义的唯物主义者看到改造工业和社会结构的必要性和条件的地方,他却重新陷入唯心主义。当费尔巴哈是一个唯物主义者的时候,历史在他的视野之外。"① 在正面论述自己的历史观时,马克思强调,他和恩格斯所坚持的历史观就在于把社会生活理解为现实的生产过程,现实人的实践活动决定了他们的思想观念。马克思说:"由此可见,这种历史观就在于:从直接生活的物质生产出发阐述现实的生产过程,把同这种生产方式相联系的、它所产生的交往形式即各个不同阶段上的市民社会理解为整个历史的基础,从市民社会作为国家的活动描述市民社会,同时从市民社会出发阐明意识的所有各种不同理论的产物和形式,如宗教、哲学、道德等等,而且追溯它们产生的过程。这样当然也能够完整地描述事物(因而也能够描述事物的这些不同方面之间的相互作用)。这种历史观和唯心主义历史观不同,它不是在每个时代中寻找某种范畴,而是始终站在现实历史的基础上,不是从观念出发来解释实践,而是从物质实践出发来解释观念的形成。"②

其次,正是在马克思历史唯物主义的理论体系中,马克思社会革命理论中的社会变迁模式最终得以科学地概念化、抽象化。

我们知道,根据辩证法的一般原理,马克思力图通过社会矛盾来说明社会的历史变迁。但马克思社会革命理论中的矛盾框架正是在其历史唯物主义中形成的。早在《黑格尔法哲学批判》中,马克思就认为,近代资本主义社会的基本矛盾是市民社会与国家的分裂,正是这一基本矛盾推动了近代资本主义国家的前进和发展。仔细分析,我们就会发现,市民社会尽管是一个历史性的范畴,但它也具有一定的历史局限性。因为如果把市民社会与国家的分裂作为

① 《马克思恩格斯选集》第 1 卷,人民出版社 1995 年版,第 77—78 页。
② 同上书,第 92 页。

近代资本主义社会发展变迁的动力因素，是有一定道理的；但如果把市民社会与国家的分裂作为人类社会历史变迁的一般动力形式，则是不恰当的。正如马克思在随后的《德意志意识形态》中所说的："'市民社会'这一用语是在18世纪产生的，当时财产关系已经摆脱了古典古代的和中世纪的共同体〔Gemeinwesen〕。真正的市民社会只是随同资产阶级发展起来的；但是市民社会这一名称始终标志着直接从生产和交往中发展起来的社会组织，这种社会组织在一切时代都构成国家的基础以及任何其他的观念的上层建筑的基础。"① 由此可见，由于市民社会与国家的矛盾只是近代资本主义社会变迁的动力形式，还不能把其作为人类社会历史变迁的一般动力形式。为了发现人类社会历史变迁的一般动力形式，必须在市民社会与国家的矛盾基础上进行进一步的抽象。而进一步抽象的结果就是，从市民社会中抽象出"在过去一切历史阶段上受生产力制约同时又制约生产力的交往形式"。② 由此，随着马克思唯物主义历史观的成熟和完善，马克思社会革命理论的动力模式也逐渐清晰，从而最终获得抽象化、概念化的一般模式。

马克思社会革命理论中社会变迁的一般动力模式是生产力与生产关系、经济基础与上层建筑的矛盾。从马克思的文本来看，马克思关于上述动力模式的逐渐明朗正是随着其唯物主义历史观的逐步成熟和完善而实现的。在《哲学的贫困》中，马克思已经开始提出生产力和生产关系的矛盾推动了社会的发展，并指出生产力和生产关系的原理和范畴正是人们在其生产活动中抽象出来的，它们具有历史性。马克思说："社会关系和生产力密切相联。随着新生产力的获得，人们改变自己的生产方式，随着生产方式即谋生的方式的改变，人们也就会改变自己的一切社会关系。手推磨产生的是封建主的社会，蒸汽磨产生的是工业资本家的社会。人们按照自己的物质生产率建立相应的社会关系，正是这些人又按照自己的社会关系创造了相应的原理、观念和范畴。所以，这些观念、范畴也同它们

---

① 《马克思恩格斯选集》第1卷，人民出版社1995年版，第130—131页。
② 同上书，第87—88页。

所表现的关系一样，不是永恒的。它们是历史的、暂时的产物。"①
马克思 1859 年的《〈政治经济学批判〉序言》，被认为是对其历史
唯物主义思想的最为完整的正式表述的著作，也正是在该著作中，
马克思关于社会革命变迁的模式的概念化、抽象化得以完备化。马
克思说："人们在自己生活的社会生产中发生一定的、必然的、不
以他们的意志为转移的关系，即同他们的物质生产力的一定发展阶
段相适合的生产关系。这些生产关系的总和构成社会的经济结构，
即有法律的和政治的上层建筑竖立其上并有一定的社会意识形式与
之相适应的现实基础。物质生活的生产方式制约着整个社会生活、
政治生活和精神生活的过程。不是人们的意识决定人们的存在，相
反，是人们的社会存在决定人们的意识。社会的物质生产力发展到
一定阶段，便同它们一直在其中运动的现存生产关系或财产关系
（这只是生产关系的法律用语）发生矛盾。于是这些关系便由生产力
的发展形式变成生产力的桎梏。那时社会革命的时代就到来了。随着
经济基础的变更，全部庞大的上层建筑也或慢或快地发生变革。"②

　　最后，正是在马克思的历史唯物主义理论体系中，马克思社会
革命理论中的社会形态理论才最终得以科学确认。

　　马克思社会革命形态理论中的中心问题是共产主义社会这一理
想性社会形态。马克思关于社会形态的划分，最终指向的是人的自
由和全面发展的共产主义社会。与原始社会、奴隶社会、封建社会
和资本主义社会不同，它们都是人类社会历史发展过程中曾经形成
的、历史性的社会形态，在马克思生活的年代，共产主义社会还未
曾出现。在马克思之前，英国和法国的社会主义者们也对未来的共
产主义社会作出种种设想，但他们大多是从道德主义的立场转向共
产主义社会的，因此他们的共产主义社会往往是空想性质的。马克
思把共产主义社会看作是历史的必然趋势，看作是现实的活动过
程。正如有研究者指出的那样："经典马克思主义把共产主义设想
为普遍现象。经典马克思主义为世界预见的目标是地球上的共产主

---

① 《马克思恩格斯选集》第 1 卷，人民出版社 1995 年版，第 141—142 页。
② 《马克思恩格斯选集》第 2 卷，人民出版社 1995 年版，第 32—33 页。

义社会。在地球上的共产主义社会，人处处会实现其本质上的创造性，通过私人财产的社会化克服了历史过程中忍受异化。"① 在马克思那里，共产主义社会的可能性、合理性、科学性都是由其唯物主义历史观来确认的，唯物主义历史观构成了马克思社会形态理论生存的科学土壤。

在《共产党宣言》中，马克思站在历史唯物主义的立场上，对空想的社会主义和共产主义展开批判，揭示了其理论建立受制于历史条件不充分的困境。马克思说："批判的空想的社会主义和共产主义的意义，是同历史的发展成反比的。阶级斗争越发展和越具有确定的形式，这种超乎阶级斗争的幻想，这种反对阶级斗争的幻想，就越失去任何实践意义和任何理论根据。所以，虽然这些体系的创始人在许多方面是革命的，但是他们的信徒总是组成一些反动的宗派。"② 与空想社会主义和共产主义相比，马克思的共产主义社会之所以是革命的、科学的，就在于马克思的共产主义社会是由其唯物主义历史观所揭示出来的，而唯物主义的历史观又是对人类现实社会生活的科学表达。马克思说："正如经济学家是资产阶级的学术代表一样，社会主义者和共产主义者是无产阶级的理论家。在无产阶级尚未发展到足以确立为一个阶级，因而无产阶级同资产阶级的斗争尚未带政治性以前，在生产力在资产阶级本身的怀抱里尚未发展到足以使人看到解放无产阶级和建立新社会必备的物质条件以前，这些理论家不过是一些空想主义者，他们为了满足被压迫阶级的需要，想出各种各样的体系并且力求探寻一种革新的科学。但是随着历史的演进以及无产阶级斗争的日益明显，他们就不再需要在自己的头脑里找寻科学了；他们只要注意眼前发生的事情，并且把这些事情表达出来就行了……一旦看到这一面，这个由历史运动产生并且充分自觉地参与历史运动的科学就不再是空论，而是革命的科学了。"③

① ［美］罗伯特·查尔斯·塔克：《马克思主义革命观》，高岸起译，人民出版社2012年版，第153页。

② 《马克思恩格斯选集》第1卷，人民出版社1995年版，第304—305页。

③ 同上书，第155页。

第六章

马克思的政治革命思想（一）
——政治革命的概念、原因、主体、手段和方式

在历史上，作为革命家的马克思形象与作为思想家的马克思形象同样鲜明突出。众所周知，马克思是近代以来最伟大的思想家之一。他所创立的思想理论体系涵盖了哲学、社会学等人类思想史各个领域，其思想不仅在世界历史进程中发挥了巨大作用，极大地影响和改变了人类社会的面貌；而且20世纪以后西方的众多理论流派直接受惠于马克思思想的馈赠，它们或者是对马克思理论直接的继承和发展，或者是在马克思所创立的问题域中、在与马克思的对话中进行理论的构建。同样，马克思还是近代以来最为著名的革命家，既由于他的革命的理论，也因为他的革命实践。早在青年时期，马克思就因为其激进的革命思想，被同时代的人所熟知。马克思的朋友荣格曾经这样评说马克思："虽然马克思博士是一位革命魔鬼，但他是我所认识的拥有最为敏锐思想的人之一。"[1] 国内马克思主义研究者在对马克思的思想作出研究后也指出："马克思的革命家形象极其鲜明而突出，他的思想不仅蕴含着革命的结论，而且充满了革命的精神。在马克思那里，学说同人格是内在一致的。这就使他成为一个红色的象征，以至于成为'革命'的代名词。"[2] 需要注意的是，我们在这个地方谈论的是狭义的革命，即马克思的政治革命。政治革命的理论和实践构成了马克思整个人生当中极富特色的内容。可以说，作为革命家的马克思形象主要是通过其政治

---

① 转引自［英］戴维·麦克莱伦《马克思传》，王珍译，中国人民大学出版社2008年版，第36页。

② 何中华：《重读马克思》，山东人民出版社2009年版，第1页。

革命的理论和实践建构起来的。

应该说，在马克思的整个革命理论中，政治革命居于核心的地位。正如我们在前面已经论述过的，马克思的整个革命理论不仅是对变迁着的世界的时代精神的准确表达，它还提出了改变世界的时代要求。而要改变世界，对于无产阶级来讲，最重要的就是要通过政治革命，推翻旧的社会政治体制，从而为人的自由和全面发展创造条件。马克思在《哲学的贫困》中曾强调，在阶级社会中，政治革命是实现社会进步的必要步骤，他说："只有在没有阶级和阶级对抗的情况下，社会进化将不再是政治革命。而在这以前，在每一次社会全盘改造的前夜，社会科学的结论总是：'不是战斗，就是死亡；不是血战，就是毁灭。问题的提法必然如此。'"① 事实上，当我们考察马克思的革命理论时也会发现，马克思的革命理论的重心是政治革命。例如，马克思写了大量关于政治革命的著作和评论，这既包括《1848 年至 1850 年的法兰西阶级斗争》、《路易·波拿巴的雾月十八日》等经典著作，还包括《中国革命和欧洲革命》、《不列颠在印度的统治》等报纸评论。

但在今天，马克思的政治革命理论又成为其整个思想理论中最富争议的部分。正如马克思主义研究者尤瑞·翟尔伯士得所说："马克思的革命理论是社会主义理论中最富争议的理论之一。各种流派的马克思主义者，包括学者和政治家，由于对这一理论的真正意义和信息含量的理解的差异而得以区分。不仅这一理论提出的革命的远景目标，而且这一理论对不远的将来设计的蓝图都成为争论的来源。"② 我们认为，马克思的政治革命理论之所以在今天产生广泛的争议，其原因主要在于：一是马克思之后的政治革命实践并不完全符合马克思本人关于未来政治革命的设计。非常重要的事实是，20 世纪所有社会主义政治革命都发生在生产力水平比较落后的国家，而并不是在马克思所预想的发达国家率先进行，这成为马克思主义政治革命理论中一个受到质疑的方面。二是今天的时代环境

① 《马克思恩格斯选集》第 1 卷，人民出版社 1995 年版，第 195 页。
② ［以］尤瑞·翟尔伯士得：《马克思革命理论中的福利国家》，《马克思主义哲学研究》2002 年第 10 期，第 38 页。

与马克思政治革命理论诞生的历史背景相比已经发生了巨大的转变。马克思政治革命理论诞生于 19 世纪，那是一个普遍激动的革命年代，革命运动此起彼伏，革命理论层出不穷。人们一般认为，从 19 世纪直至 20 世纪中期，整个人类世界都处于不断革命的背景之中。但从 20 世纪中期起，随着资本主义世界的逐步调整和完善，人类世界逐步步入和平发展时期。据此，有的学者认为马克思的政治革命理论已经不符合时代的精神，提出了"告别革命"的要求。那么，马克思的政治革命理论能否解释 20 世纪的政治实践，马克思的政治革命理论是否适用于变化了的时代环境？就成为一个在解读马克思政治革命理论中需要重点澄清的理论问题了。

第一节　政治革命及其原因

与一般革命相比，政治革命是一场以夺取政权为目标的革命运动。当然，并不是任何夺取政权的革命活动都可以视为政治革命。因为革命本身蕴含着价值的意义，即革命意味着进步，或者说新事物取代旧事物，也就是说，只有那种导致了更为先进政治制度建立的政治活动才可以称之为政治革命。按照这个标准，历史中发生的大多数的政权更迭都不能称为政治革命。事实上，马克思的政治革命还有更为狭义的所指，纵观马克思的整个政治革命理论，就可以发现，马克思在大多数情况下谈论的政治革命主要指的是无产阶级的政治革命运动。关于政治革命发生的原因，应该是马克思政治革命理论中首先需要回答的问题。从马克思的唯物史观的一般立场出发，政治革命爆发的根本原因是生产力和生产方式之间的内在矛盾。但任何对具体政治革命事件的原因解释仅仅停留在抽象的、一般的生产力和生产方式的矛盾肯定是不充分的。我们认为，对政治革命原因的解释既要诉诸客观的物质因素，也要诉诸主观的精神因素；既要从一般的生产力与生产关系的矛盾来解释，也要具体地分析政治事件中的社会的、经济的、民族的危机。

一　马克思的政治革命概念

马克思本人并没有对政治革命进行专门的界定。但马克思之后的经典作家列宁在对马克思的政治革命理论进行详细的研究后，对马克思的政治革命进行了专门的定义，并被广泛地接受。在列宁看来，马克思的政治革命就是指用那种无产阶级领导的、以广大群众为主体的，以暴力打碎旧的政治上层建筑、夺取政权为主要标志，以变革政治体系为主要内容的革命活动。

因此，马克思的政治革命概念主要有三个特点：

（1）它以无产阶级为领导，以广大群众为主体。马克思的政治革命观认为，政治革命是一个阶级推翻另一个阶级的革命活动。在共产主义革命运动中，政治革命就是无产阶级推翻资产阶级的革命活动。而无产阶级之所以能够成为共产主义革命运动中的领导阶级，就在于无产阶级在其历史活动中的先进性。在强调了无产阶级的领导地位后，马克思的政治革命观还强调了广大被压迫人民在政治革命活动中的主体地位，无产阶级要取得政治革命的胜利，必须紧密地团结和依靠广大群众的参与。

（2）它以暴力打碎旧的政治上层建筑、夺取政权为主要标志。在马克思看来，在政治革命活动中，旧的阶级一般不会主动地让渡权利，自动地退出历史的舞台。因此，无产阶级必须采用革命的手段，使用暴力打碎旧的上层建筑，特别是国家机关，使政权牢牢地掌握在无产阶级手中。对此，马克思曾说："这就是说，只要其他阶级特别是资产阶级还存在，只要无产阶级还在同它们进行斗争（因为在无产阶级掌握政权后无产阶级的敌人和旧的社会组织还没有消失），无产阶级就必须采用暴力措施，也就是政府的措施；如果无产阶级本身还是一个阶级，如果作为阶级斗争和阶级存在的基础的经济条件还没有消失，那么就必须用暴力来消灭或改造这种经济条件，并且必须用暴力来加速这一改造过程。"① 列宁也指出："无论从革命这一概念的严格科学意义来讲，或是从实际政治意义

---

① 《马克思恩格斯选集》第3卷，人民出版社1995年版，第286页。

来讲，国家政权从一个阶级手里转移到另一个阶级手里，都是革命的首要的基本的标志。"①

（3）它以变革政治体系为主要内容。无产阶级在政治革命活动中夺取政权后，要利用掌握的政权对旧的政治体系进行全面而深刻的变革。政治体系是人类社会生活中上层建筑的重要构成部分，它掌握着国家权力、决定着国家性质。正是由于政治体系的特殊地位，因此它成为无产阶级政治革命中的重要革命目标。无产阶级就是要通过政治革命活动，对旧的政治体系进行革命性的变革，从而重新调整社会生产关系，最终达到解放生产力，实现人的自由和全面发展的目标。

二　政治革命的原因

纵观历史，导致政治革命爆发的事件千奇百怪、不一而足。更为吊诡的是，一些产生重大历史影响的政治革命的爆发往往出于一场微不足道的历史小事件。例如：18 世纪末期的法国大革命的直接起因是 1788 年的大饥荒；1848 年欧洲革命的起因是一个学生从德国慕尼黑的一建筑阳台掉进音乐包厢后受到笞刑而爆发；第一次世界大战的爆发直接源于奥地利皇太子夫妇在萨拉热窝被暗杀；1917 年俄国的二月革命则是由于首都彼得格勒发生的面包暴动而引发。这些偶然的历史事件，犹如一个个火药星，在它们初次出现时看似微不足道、并不显眼，但是它们很快就引爆了剧烈的政治动荡，并推动了政治革命的产生。

当然，在追溯政治革命爆发的原因时，如果仅仅停留在那些直接导致政治革命产生的历史事件上，那么就显得过于肤浅，也就没有注意到任何政治革命的产生都有其复杂的历史背景。如果用冰山的比喻来说明导致政治革命的直接历史事件与其复杂历史背景的关系的话，那么导致政治革命发生的直接历史事件就是那露出海平面的冰山一角，而导致政治革命发生的复杂历史背景则是那隐藏在海平面以下的巨大冰山本身。日本学者中野实在考察政治革命爆发的

―――――――――――

① 《列宁全集》第 29 卷，人民出版社 1985 年版，第 137 页。

复杂历史背景时，曾从经济条件、社会条件、政治条件、文化条件、地理条件等维度对其作出了细致的梳理和分析。例如，在考察政治革命爆发的经济背景时，中野实区分了由经济贫困导致的政治革命与产业发展导致的政治革命；在考察政治革命爆发的社会条件时，中野实区分了由统治观念衰退导致的政治革命、由制度和风气的腐败导致的政治革命、由社会不平等导致的政治革命、由各阶级间的矛盾导致的政治革命、由种族宗教和地域的矛盾导致的政治革命、由知识界的反叛导致的政治革命六种类型；在考察政治革命爆发的政治条件时，中野实区分了由对外部势力支配统治的反抗和对立导致的政治革命、由政府统治能力的衰退导致的政治革命、由统治者的不统一与内部纷争导致的政治革命、由统治者的非妥协性的僵化态度导致的政治革命四种类型。中野实不仅对政治革命爆发的历史背景进行了条分缕析的分析考证，而且对经济、社会、政治、文化、地理这些不同历史背景直接相互作用并最终在政治革命爆发中所导致的可能后果进行了考察和研究。由此可见，政治革命的产生是有着极其复杂的历史背景的。

毋庸置疑，政治革命在马克思的唯物主义历史观中具有重要地位。这既是由马克思哲学的革命本性决定的，又与马克思的共产主义理想有关。贯穿于整个马克思主义理论中的革命思想决定了马克思的政治革命理论必然是革命性的，马克思的共产主义理想也必须通过政治革命来实现。在对马克思的政治革命理论进行详细考察之前，首先必须注意到的一个事实是，马克思对待政治革命的客观态度，即马克思把政治革命看作是人类社会生活中的一种客观历史事实，它们不是人为制造的结果。在谈到政治革命的产生时，马克思曾说："有谁听说过，伟大的即兴作者同时也是伟大的诗人呢？在政治方面，道理也同诗歌方面一样。任何时候革命都不能按照命令制造出来。"① 对此，恩格斯也曾说："那些自夸制造出革命的人，在革命的第二天总是看到，他们不知道他们做的是什么，制造出来的革命根本不像他们原来打算的那个样子。"

---

① 《马克思恩格斯全集》第8卷，人民出版社1961年版，第601页。

毫无疑问，根据马克思的唯物主义历史观，政治革命产生的根本原因是生产力与生产关系的矛盾。关于这一基本观点，马克思在《德意志意识形态》中曾有过明确的论述，他说："生产力和交往形式之间的这种矛盾——正如我们所见到的，它在迄今为止的历史中曾多次发生过，然而并没有威胁交往形式的基础，——每一次都不免要爆发为革命，同时也采取各种附带形式，如冲突的总和，不同阶级之间的冲突，意识的矛盾，思想的斗争，政治斗争，等等。从狭隘的观点出发，可以从其中抽出一种附带形式，把它看作是这些革命的基础，而且因为革命所由出发的各个人都根据他们的文化水平和历史发展的阶段对他们自己的活动本身产生了种种幻想，这样做就更容易了。"[①] "因此，按照我们的观点，一切历史冲突都根源于生产力和交往形式之间的矛盾。此外，不一定非要等到这种矛盾在某一国家发展到极端尖锐的地步，才导致这个国家发生冲突。由广泛的国际交往所引起的同工业比较发达的国家的竞争，就足以使工业比较不发达的国家内产生类似的矛盾（例如，英国工业的竞争使德国潜在的无产阶级显露出来了）。"[②]

但问题在于，在如何具体理解生产力与生产关系的矛盾是导致社会中政治革命产生的根本原因时，人们却会有意无意地作出扭曲马克思本意的解释。其中一个非常典型的错误就是，把生产力与生产关系的矛盾简单地概括为经济的贫困，由此把无产者的经济贫困看作是政治革命爆发的根本原因。例如，当代著名的美国政治学家阿伦特一方面对马克思的政治革命理论给予高度的评价，称马克思为"卡尔·马克思，这位革命有史以来最伟大的理论家"[③]、"马克思的表述和概念对革命进程的巨大影响是毋庸置疑的"[④]；另一方面，阿伦特又认为，马克思片面强调了经济贫困在革命中的决定性作用，把近代以来政治革命中的人权转换为无套裤汉的权利，导致了现当代革命目标的偏离。阿伦特说："马克思对革命事业最具爆

---

① 《马克思恩格斯选集》第 1 卷，人民出版社 1995 年版，第 115 页。
② 同上书，第 115—116 页。
③ ［美］汉娜·阿伦特：《论革命》，陈周旺译，译林出版社 2011 年版，第 49 页。
④ 同上书，第 50 页。

炸性同时也最富创见的贡献就是，他运用政治术语将贫困大众那势不可当的生存需要解释为一场起义，一场不是以面包或财富之名，而是以自由之名发动的起义。马克思从法国大革命中学到的是，贫困是第一位的政治力量。"① 阿伦特为什么把马克思的政治革命的动机简化为经济上的贫困，不仅在于她可能错误地理解了马克思的革命理论，还在于为了凸显她本人关于革命的高尚动机。因为在阿伦特看来，近代政治革命起源于启蒙运动以来的人权、自由等价值理念，正是上述高尚的价值理念推动了近代的诸如英国革命等政治革命运动。由此，阿伦特认为，真正的革命应该是"以自由立国"，即"革命的终结目标是自由的宪法，革命政府的实际事务则是建立共和国"②。而马克思把革命理解为消灭贫困，则是对革命目标的偏离。正如某些研究者所指出的，阿伦特把马克思革命理论简单地理解为消灭贫困，不仅歪曲了马克思关于政治革命产生的一般原因理论，而且没有看到"在资本主义现代性条件下，马克思将'贫困作为第一位的政治力量'，通过推翻私有制实现人的普遍解放，正是为创建崭新自由政治体创造条件"③。

美国马克思主义研究者罗伯特·查尔斯·塔克正确地指出，绝不能简单地把物质需要的满足看成是马克思关于革命产生原因的理论。罗伯特·查尔斯·塔克说："是什么激发生产者阶级起来反抗生产方式及其社会上层建筑和把生产方式及其上层建筑革命化呢？由物质需求和贫困引起的痛苦是革命行动的直接动力之一，尤其对现代无产阶级来说。但在马克思看来，如此物质满足绝不是革命阶级从事推翻和改造既成社会结构的斗争的实际目的。"④ 在罗伯特·查尔斯·塔克看来，当马克思说生产力和生产关系的矛盾是政治革命产生的原因时，马克思事实上强调了生产者的特殊利益在政治革

---

① ［美］汉娜·阿伦特：《论革命》，陈周旺译，译林出版社 2011 年版，第 51 页。
② 同上书，第 124 页。
③ 李志军：《革命的政治意义与马克思的理论贡献——兼论汉娜·阿伦特的革命观》，《南京政治学院学报》2011 年第 4 期，第 36 页。
④ ［美］罗伯特·查尔斯·塔克：《马克思主义革命观》，高岸起译，人民出版社 2012 年版，第 39 页。

命产生中的推动作用。为什么无产阶级者产生了革命的要求，是因为无产阶级作为生产者的特殊利益被压制和受到损害。那么这种所谓的生产者的特殊利益是什么呢？罗伯特·查尔斯·塔克认为，这种特殊的利益不是生产者对消费利益的需要的满足，而是生产者对自由生产活动的要求，生产者对更大物质生产力的创造潜力的要求，生产者要求摆脱分工和生产职业化的要求。罗伯特·查尔斯·塔克说："发动革命的人是作为生产受挫的生产者的人，而不是作为不满的消费者的人。作为生产者，人需要自由地发展和自由地表达其多方面的生产活动力，其在物质生活中的创造力。马克思所理解的生产力这个概念，不仅包括人在内，而且包括工业或者说人类与自然在生产的相互作用中使用的物质力量。"[①] 由此，我们注意到，罗伯特·查尔斯·塔克在分析马克思关于政治革命的根源时，一方面强调了经济因素在革命中的决定作用；但另一方面罗伯特·查尔斯·塔克自觉地站在了马克思历史唯物主义的理论框架中分析经济因素在政治革命中的作用，反对简单地把经济上的贫困和经济上的更高物质要求看作是政治革命的根本原因，而是把经济因素与作为生产者的无产阶级结合起来，特别是强调了无产者对作为自由、全面发展劳动者要求在革命发生中的重要推动作用。

国内一些学者在研究马克思关于政治革命发生的根源问题上，也提出了一些非常具有创见性的理论和观点。一方面，他们强调了任何对马克思政治革命发生条件的论述，都必须立足于马克思关于生产力与生产关系矛盾运动这一基本原理的基础之上。他们指出："马克思、恩格斯、列宁等经典作家，在漫长的革命生涯中，对革命做了多方面的理论阐述与经验总结。在认真学习经典作家有关革命的论述时，发现经典作家们在论述革命时，特别强调了生产力和生产方式因素的根本意义。"[②] 另一方面，他们也指出，任何关于马克思政治革命爆发原因的解释也必须和当时客观的历史条件结合起

---

① ［美］罗伯特·查尔斯·塔克：《马克思主义革命观》，高岸起译，人民出版社2012 年版，第 40 页。

② 张福记：《马克思等经典作家政治革命观的重新理解》，《山东师大学报》1998年第 4 期，第 20 页。

来，具体问题具体分析。由此，他们指出任何具体政治革命运动的产生往往是由生产力和生产关系矛盾导致的具体社会危机、政治危机或民族危机所引发。

首先，生产力与生产关系的矛盾运动导致的社会危机是政治革命产生的重要根源之一。这里所说的社会危机，主要包括两个层面的危机：一是生存危机，二是发展危机。所谓生存危机，就是社会中的大量底层群体，他们甚至无法维持自己作为生物人的最基本的生存需要，由此导致的社会危机，并成为政治革命产生的重要推动力量。在人类社会历史中，我们可以发现，大量的农民起义运动是由沉重的生存危机所引发的。需要注意的是，在这里生存危机是政治革命产生的重要原因，并不是必然的原因。因为生存危机虽然必然会引发各种政治动荡，但这些政治动荡并不一定必然是政治革命，这些政治动荡的结果很有可能只是循环往复的改朝换代，而不是新政治体制取代旧政治体制的政治革命。所谓发展危机，则是指社会中新生的生产力发展遇到社会体制的障碍，使得潜在的生产力无法实现。无论是社会中的生存危机，还是发展危机，它们的出现都是根源于社会生活中生产力与生产关系的基本矛盾。正如马克思曾经把意识形态的矛盾归结为生产力与生产关系之间的矛盾一样，马克思曾说："如果这种理论、神学、哲学、道德等等和现存的关系发生矛盾，那么，这仅仅是因为现存的社会关系和现存的生产力发生了矛盾。不过，在一定民族的各种关系的范围内，这也可能不是因为现在该民族范围内出现了矛盾，而是因为在该民族意识和其他民族的实践之间，亦即在某一民族的民族意识和普遍意识之间出现了矛盾（就像目前德国的情形那样）。"① 根据马克思的唯物主义历史观，社会的危机与矛盾当然也可看作是生产力与生产关系矛盾的外在表现形式。

其次，生产力与生产关系的矛盾运动导致的政治危机是政治革命发生的一个基本途径。政治革命的发生尽管是由各种社会危机所造成的，但只有社会危机转化为政治危机时，才能最终导致政治革

---

① 《马克思恩格斯选集》第 1 卷，人民出版社 1995 年版，第 82—83 页。

命的发生。关于政治危机是政治革命发生基本途径的问题，国内马克思主义研究者张福记这样论述说："在经典作家关于革命的论述中，单是生存危机而导致的暴力运动不一定都是革命运动，他们在论述革命发生的原因时更注重发展的危机。这种发展危机一方面包含新因素的一定发展，一方面是指发展的制度性受阻，最终引发为新因素顺利发展开辟道路的革命。总之，由生存危机和发展危机相互作用而演化为政治危机，是革命发生发展的一个基本途径。"① 马克思在《法国的经济危机》一文中，也曾论述过发生在法国的经济危机如何导致政治危机，并最终导致政治革命产生的这一过程。马克思说："农业的这种困苦状况，加上商业的萧条、工业的停滞以及仍然在威胁着的财政灾难，必定会使法国人民处于他们通常起来进行新的政治实验时的思想状况。随着经济繁荣的消失以及通常相随而来的对政治的漠不关心的消失，第二帝国继续存在的任何借口也将消失。"②

再次，生产力与生产关系的矛盾运动导致的民族危机是近代世界政治革命发生的一个重要原因。在马克思看来，近代世界的民族危机相当大一部分是由生产力和生产关系的矛盾运动引起的。例如，在分析近代中国的民族危机时，马克思就指出中国的民族危机与近代英国等西方新兴资本主义世界扩充工业产品市场、寻求廉价原料来源地有着直接的联系。在一篇谈论近代中国的太平天国革命的文章《中国革命和欧洲革命》中，马克思说："中国的连绵不断的起义已经延续了约 10 年之久，现在汇合成了一场惊心动魄的革命；不管引起这些起义的社会原因是什么，也不管这些原因是通过宗教的、王朝的还是民族的形式表现出来，推动了这次大爆发的毫无疑问是英国的大炮，英国用大炮强迫中国输入名叫鸦片的麻醉剂。满族王朝的声威一遇到英国的枪炮就扫地以尽，天朝帝国万世长存的迷信破了产，野蛮的、闭关自守的、与文明世界隔绝的状态被打破，开始同外界发生联系，这种联系从那时起就在加利福尼亚

---

① 张福记：《马克思等经典作家政治革命观的重新理解》，《山东师大学报》1998年第 4 期，第 20 页。

② 《马克思恩格斯全集》第 12 卷，人民出版社 1962 年版，第 427 页。

和澳大利亚黄金的吸引下迅速地发展起来。"① 正是从生产力与生产关系这一历史唯物主义矛盾范畴的运动立场出发，马克思一方面肯定了由此导致的民族危机的合法性，指出资本主义生产的世界性扩张打破了落后国家的封闭和保守状态，强迫这些落后国家向世界先进文明靠拢；另一方面也指出资本主义生产的世界性扩张在给落后国家带来民族危机的时候，造成了被殖民国家更加深重的受剥削、受奴役状况。马克思还认为，由发达资本主义国家生产力和生产关系的矛盾转嫁到落后国家而导致的民族危机，反过来，又会转移到发达资本主义国家，引发发达资本主义国家的广泛的政治革命。在分析了中国太平天国革命产生的客观历史背景之后，马克思又论述说："中国革命将把火星抛到现今工业体系这个火药装得足而又足的地雷上，把酝酿已久的普遍危机引爆，这个普遍危机一扩展到国外，紧接而来的将是欧洲大陆的政治革命。"②

在分析马克思关于政治革命的根源时，还有一个值得思考的问题，即革命者们的革命意识在政治革命的产生中扮演了何种角色？在过去关于马克思革命原因的考察中，存在着一种重视革命产生的客观因素作用，忽视革命产生的主观因素作用的传统。正如西方马克思主义者布洛赫曾经所批判指出的："在实证主义的马克思主义者那里，一切事物的发展都已经预先决定，人不再是火车司机，而只是一个消极无为的乘客，他能够做的就是到共产党的售票处买张走向社会主义的车票。"事实上，在马克思的政治革命理论中，他既强调了政治革命产生的客观基础，也强调了政治革命产生的主观原因，两者辩证地统一于他的唯物主义理论观中。

关于客观物质因素在政治革命产生中的基础性作用，马克思有大量的论述。早在《〈黑格尔法哲学批判〉导言》中，马克思就已经认识到："革命需要被动因素，需要物质基础。理论在一个国家实现的程度，总是决定于理论满足这个国家的需要的程度。"③ 在论

---

① 《马克思恩格斯选集》第 1 卷，人民出版社 1995 年版，第 690—691 页。
② 同上书，第 695 页。
③ 同上书，第 11 页。

及德国的政治革命时，马克思把它与法国的政治革命进行比较，指出德国革命由于缺乏物质前提和基础，因此尽管它在理论上已经超越了一般的革命理论，但在实践上却还没有到达一般的革命要求。马克思说：“德国不是和现代各国在同一个时候登上政治解放的中间阶梯的。甚至它在理论上已经超越的阶梯，它在实践上还没有达到……彻底的革命只能是彻底需要的革命，而这些彻底需要所应有的前提和基础，看来恰好都不具备。”① 在《德意志意识形态》中，马克思在初次系统地表述自己的唯物主义历史观时，用了相当长的一个段落来论述任何真正革命的发生，都必须具备相应的物质前提条件。马克思说：“这种观点表明：历史不是作为‘产生于精神的精神’消融在‘自我意识’中而告终的，而是历史的每一阶段都遇到一定的物质结果，一定的生产力总和，人对自然以及个人之间历史地形成的关系，都遇到前一代传给后一代的大量生产力、资金和环境，尽管一方面这些生产力、资金和环境为新的一代所改变，但另一方面，它们也预先规定新的一代本身的生活条件，使它得到一定的发展和具有特殊的性质。由此可见，这种观点表明：人创造环境，同样，环境也创造人。每个个人和每一代所遇到的现成的东西：生产力、资金和社会交往形式的总和，是哲学家们想象为‘实体’和‘人的本质’的东西的现实基础，是他们神化了的并与之斗争的东西的现实基础，这种基础尽管遭到以‘自我意识’和‘唯一者’的身分出现的哲学家们的反抗，但它对人们的发展所起的作用和影响丝毫也不因此而受到干扰。各代所遇到的这些生活条件还决定着这样的情况：历史上周期性地重演的革命动荡是否强大到足以摧毁现存一切的基础；如果还没有具备这些实行全面变革的物质因素，就是说，一方面还没有一定的生产力，另一方面还没有形成不仅反抗旧社会的个别条件，而且反抗旧的‘生活生产’本身、反抗旧社会所依据的‘总和活动’的革命群众，那么，正如共产主义的历史所证明的，尽管这种变革的观念已经表述过千百次，但这对于

---

① 《马克思恩格斯选集》第 1 卷，人民出版社 1995 年版，第 11 页。

实际发展没有任何意义。"①

在强调客观物质因素对政治革命产生的基础性的作用的同时，马克思也强调了作为主观性因素的革命意识在政治革命中的积极作用。在上述关于客观物质因素对政治革命的基础性作用的论述中，我们列举了马克思在《〈黑格尔法哲学批判〉导言》中的一句话，即"革命需要被动因素，需要物质基础。理论在一个国家实现的程度，总是决定于理论满足这个国家的需要的程度"②。事实上，在这句话的后面，马克思紧接着又说了一句话，强调了革命思想对革命现实的指引作用。马克思说："光是思想力求成为现实是不够的，现实本身应当力求趋向思想。"③ 可见，马克思并不是像后来的某些解释者那样，片面地强调革命产生原因的客观性、革命过程的客观性，并最终把革命变成了某种机械论式的程序。与之相反，马克思充分重视了革命产生及其活动中的精神性因素的作用，强调了革命者在革命产生及其活动过程中的主观能动作用。在《〈黑格尔法哲学批判〉导言》中，马克思还有一段关于革命理论在革命活动中作用的经典表述。马克思说："批判的武器当然不能代替武器的批判，物质力量只能用物质力量来摧毁；但是理论一经掌握群众，也会变成物质力量。理论只要说服人［ad hominem］，就能掌握群众；而理论只要彻底，就能说服人［ad hominem］。"④ 在《德意志意识形态》中，马克思在谈到生产力与生产关系的矛盾导致革命阶级的产生，从而推动政治革命的产生和社会进步时，也指出生产力与生产关系的矛盾在导致革命阶级产生的同时，也导致了革命意识的产生，由此强调了革命意识是革命产生过程中的一个不可或缺的因素。马克思说："最后，我们从上面所阐述的历史观中还可以得出以下的结论：（1）生产力在其发展的过程中达到这样的阶段，在这个阶段上产生出来的生产力和交往手段在现存关系下只能造成灾难，这种生产力已经不是生产的力量，而是破坏的力量（机器和货

---

① 《马克思恩格斯选集》第 1 卷，人民出版社 1995 年版，第 92—93 页。
② 同上书，第 11 页。
③ 同上。
④ 同上书，第 9 页。

币）。与此同时还产生了一个阶级，它必须承担社会的一切重负，而不能享受社会的福利，它被排斥于社会之外，因而不得不同其他一切阶级发生最激烈的对立；这种阶级形成全体社会成员中的大多数，从这个阶级中产生出必须实现彻底革命的意识，即共产主义意识，这种意识当然也可以在其他阶级中形成，只要它们认识到这个阶级的状况。"① 马克思主义的经典作家列宁曾经用一句响亮的口号指出了精神性因素在马克思革命产生及其过程中的重要作用，列宁说："没有革命的理论，就不会有革命的行动。"② 20 世纪的西方马克思主义者特别注意马克思革命理论中主观性因素的作用。西方马克思主义的鼻祖卢卡奇在其成名作《历史与阶级意识》中指出，旧的马克思革命理论由于建立在直观机械唯物主义的基础上，因此忽视了无产阶级意识在革命中扮演的关键性角色。在卢卡奇看来，客观的经济发展只能给革命的产生提供可能性和必要性，而革命活动却是无产阶级自身的自由的行动，这种革命行动的自由就取决于无产阶级所受革命意识的教育程度。卢卡奇说："就无产阶级的意识来说，发展是不会自行发挥作用的，旧的直观的机械的唯物主义所不能理解的真理，即变革和解放只能出自自己的行动，'教育者本人必须受教育'，正在变得越来越适用于无产阶级。客观的经济发展只能确立无产阶级在生产过程中的地位，这种地位决定了它的立场；客观的经济发展只能赋予无产阶级以改造社会的可能性和必要性。但是，这一改造本身却只能是无产阶级自身的自由的行动。"③

第二节　政治革命与阶级、政党

马克思认为，政治革命不是单个人的革命斗争，而是单个人组成阶级，一个阶级反对另一个阶级的共同的斗争。政治革命之所以

---

① 《马克思恩格斯选集》第 1 卷，人民出版社 1995 年版，第 90 页。
② 《列宁选集》第 1 卷，人民出版社 1972 年版，第 109 页。
③ ［匈］卢卡奇：《历史与阶级意识》，杜章智、任立、燕宏远译，商务印书馆 2012 年版，第 314—315 页。

是单个人组成的一个阶级反对另一个阶级的斗争，就在于单个人总是隶属于一定的阶级的。马克思说："单个人所以组成阶级只是因为他们必须为反对另一个阶级进行共同的斗争；此外，他们在竞争中又是相互敌对的。另一方面，阶级对各个人来说又是独立的，因此，这些人可以发现自己的生活条件是预先确定的：各个人的社会地位，从而他们个人的发展是由阶级决定的，他们隶属于阶级。"① 马克思又认为，无产阶级要完成自己的伟大历史使命，取得政治革命的最终胜利，还必须建立起自己的政党。马克思在《国际工人协会共同章程》中说："为保证社会革命获得胜利和实现革命的最高目标——消灭阶级，无产阶级这样组织成为政党是必要的。"② 由此可见，在马克思的政治革命理论中，阶级扮演了政治革命中的斗争主体性角色，而政党又在阶级斗争中扮演了先锋队的角色。

一　政治革命与阶级

马克思在《共产党宣言》中第一句写道："至今一切社会的历史都是阶级斗争的历史。"③ 可见马克思是非常强调阶级作为一种社会政治组织形式在人类社会生活中的重要地位和作用的。但事实上，马克思本人却从未在其文本中对阶级下过一个正式的定义。著名的分析马克思主义者乔恩·埃尔斯特在其代表作《理解马克思》中，曾这样谈论他对马克思阶级概念的研究，他说："我考察了马克思所说的'阶级'的意义。在重构这一概念时，我很清楚我所相信的马克思对这个概念的主要用法——解释集体行动的影响和形式。我根据财产资产、剥削、市场行为和权力考察了定义阶级的各种尝试——并得出了这些因素本身不会给我们以帮助的结论。相反，需要一种更为复杂的定义，即根据'必要的资产行为'来定义阶级成分。"④ 由此可见，马克思的阶级是一个涵盖了财产资产、剥

---

① 《马克思恩格斯选集》第 1 卷，人民出版社 1995 年版，第 118 页。
② 《马克思恩格斯选集》第 2 卷，人民出版社 1995 年版，第 611 页。
③ 《马克思恩格斯选集》第 1 卷，人民出版社 1995 年版，第 272 页。
④ ［美］乔恩·埃尔斯特：《理解马克思》，何怀远译，中国人民大学出版社 2010 年版，第 304 页。

削、市场行为和权力的内容广泛的概念，正如乔恩·埃尔斯特所指出的，如果我们尝试从上述任一维度来定义阶级，可能都是不准确的。在本文中，我们并不尝试给马克思的阶级下一个精准的定义，而是服务于马克思的政治革命理论，尝试探讨在政治革命的语境中，马克思关于阶级概念的本质内涵，并以《共产党宣言》为例来看马克思是如何论述阶级的，最终注重论述马克思关于无产阶级本质特性的表述。

首先，在马克思政治革命的语境中，阶级是一种由利益聚合起来的共同体，一个阶级的存在必定以相对立的阶级的存在为前提。

在《路易·波拿巴的雾月十八日》中，马克思有过一段关于群众与阶级之间关系的经典表述。在谈到法国农民时，马克思一方面从他们的生活方式、利益和教育程度的共同性出发，指出由于受到共同生活方式、利益和教育程度的制约，他们形成了一个阶级；另一方面，马克思又指出，由于法国农民们在政治上的分散、孤立的状态，他们之间没有形成联合，也没有形成统一的政治组织，因此他们又不构成一个阶级。马克思说："一小块土地，一个农民和一个家庭；旁边是另一小块土地，另一个农民和另一个家庭。一批这样的单位就形成一个村子；一批这样的村子就形成一个省。这样，法国国民的广大群众，便是由一些同名数简单相加形成的，好像一袋马铃薯是由袋中的一个个马铃薯所集成的那样。数百万家庭的经济生活条件使他们的生活方式、利益和教育程度与其他阶级的生活方式、利益和教育程度各不相同并互相敌对，就这一点而言，他们是一个阶级。而各个小农彼此间只存在地域的联系，他们的利益的同一性并不使他们彼此间形成共同关系，形成全国性的联合，形成政治组织，就这一点而言，他们又不是一个阶级。"①

为什么在上述的论述中，马克思在形容法国农民的阶级状况时把他们比作袋子中的马铃薯，称他们既是一个阶级，又不是一个阶级呢？这还涉及马克思对两种不同状态阶级的区分，即自在的阶级与自为的阶级。在马克思看来，由客观经济条件、生活方式、受教

①《马克思恩格斯选集》第 1 卷，人民出版社 1995 年版，第 677 页。

育程度所决定，人们在社会生活中必然形成一定的人类共同体，这种由客观历史条件决定、还只是自然形成的人类共同体的阶级就是自为的阶级；当上述由客观历史条件决定、自然形成的人类共同体联合起来，形成政治组织、确立了明确的政治目标时，这类人类共同体就由自我的阶级转变为自在的阶级。在《德意志意识形态》中，马克思不仅明确地论述说，阶级是一种受到共同利益制约的人群共同体，个人总是隶属于一定的阶级的，而且从共同体是否为个人的真正联合状态出发，区分了阶级的两种不同共同体形式。马克思说："从上述一切可以看出，某一阶级的各个人所结成的、受他们的与另一阶级相对立的那种共同利益所制约的共同关系，总是这样一种共同体，这些个人只是作为普通的个人隶属于这种共同体，只是由于他们还处在本阶级的生存条件下才隶属于这种共同体；他们不是作为个人而是作为阶级的成员处于这种共同关系中的。而在控制了自己的生存条件和社会全体成员的生存条件的革命无产者的共同体中，情况就完全不同了。在这个共同体中各个人都是作为个人参加的。它是各个人的这样一种联合（自然是以当时发达的生产力为前提的），这种联合把个人的自由发展和运动的条件置于他们的控制之下。"① 在《哲学的贫困》中，马克思进一步指出，只有当阶级中的群众自觉联合起来，形成一个自我的阶级时，才能真正维护阶级的利益，开展切实的政治斗争。马克思说："经济条件首先把大批的居民变成劳动者。资本的统治为这批人创造了同等的地位和共同的利害关系。所以，这批人对资本说来已经形成一个阶级，但还不是自为的阶级。在斗争（我们仅仅谈到它的某些阶段）中，这批人联合起来，形成一个自为的阶级。他们所维护的利益变成阶级的利益。而阶级同阶级的斗争就是政治斗争。"②

　　其次，马克思认为阶级的形成是历史长期发展过程的产物，是生产方式和交换方式一系列变革的结果。

　　考察马克思的文本会发现，马克思经常性地谈论各种各样的阶

---

　　① 《马克思恩格斯选集》第 1 卷，人民出版社 1995 年版，第 121 页。
　　② 同上书，第 193 页。

级。例如，自由民和奴隶、贵族和平民、领主和农奴、行会师傅和
帮工等阶级。以致乔恩·埃尔斯特认为马克思并没有严格地为他所
使用的阶级划定明确的界限，在某些时候马克思甚至把阶级、阶
层、等级等概念混同起来使用。但如果我们注意到，马克思在谈论
阶级时并没有把阶级当作一个抽象的概念，总是在具体的历史背景
中谈论它，总是把阶级与它在特定的历史时代所包含的真实内涵结
合起来，就会发现马克思的阶级概念是一个历史性的概念，特别是
马克思强调了特定的阶级总是与历史中特定的生产方式与交换方式
相关联。关于这一思想，在马克思和恩格斯合著的《共产党宣言》
中体现得尤为明显。

　　在《共产党宣言》中，马克思一开始就从生产方式和交往方式
的前提出发，历史地论述了资产阶级产生的现实过程。马克思认
为，资产阶级的成员最初是从中世纪发展而来的城关市民中产生
的，他说：“从中世纪的农奴中产生了初期城市的城关市民；从这
个市民等级中发展出最初的资产阶级分子。”① 接着马克思从生产力
的发展、生产关系的变革出发，论述了封建社会向近代资本主义社
会的转变、封建行会主首领向小工厂主再向现代资产者转变的这一
历史过程。马克思说：“以前那种封建的或行会的工业经营方式已
经不能满足随着新市场的出现而增加的需求了。工场手工业代替了
这种经营方式。行会师傅被工业的中间等级排挤掉了；各种行业组
织之间的分工随着各个作坊内部的分工的出现而消失了。……蒸汽
和机器引起了工业生产的革命。现代大工业代替了工场手工业；工
业中的百万富翁，一支一支产业大军的首领，现代资产者，代替了
工业的中间等级。大工业建立了由美洲的发现所准备好的世界市
场。世界市场使商业、航海业和陆路交通得到了巨大的发展。这种
发展又反过来促进了工业的扩展，同时，随着工业、商业、航海业
和铁路的扩展，资产阶级也在同一程度上得到发展，增加自己的资
本，把中世纪遗留下来的一切阶级排挤到后面去。”② 马克思还通过

---

① 《马克思恩格斯选集》第 1 卷，人民出版社 1995 年版，第 273 页。
② 同上书，第 273—274 页。

历史地考察现代资产阶级在不同历史时期的不同阶级地位，凸显了资产阶级的历史性。马克思说现代资产阶级"在封建主统治下是被压迫的等级，在公社里是武装的和自治的团体，在一些地方组成独立的城市共和国，在另一些地方组成君主国中的纳税的第三等级；后来，在工场手工业时期，它是等级君主国或专制君主国中同贵族抗衡的势力，而且是大君主国的主要基础；最后，从大工业和世界市场建立的时候起，它在现代的代议制国家里夺得了独占的政治统治"。①

在《共产党宣言》中，马克思还从生产力和交往方式的前提出发，历史地论述了无产阶级产生的现实过程。马克思认为，无产阶级在历史中的生成过程，具有伴生性。它是作为一个与资产阶级相对立的阶级，必然会伴随着资产阶级的产生而历史地产生。马克思说："资产阶级不仅锻造了置自身于死地的武器；它还产生了将要运用这种武器的人——现代的工人，即无产者。随着资产阶级即资本的发展，无产阶级即现代工人阶级也在同一程度上得到发展。"②马克思认为，无产阶级的产生与资产阶级的产生一样，同样是生产力发展到一定阶段的结果，同样是生产力的发展导致的生产关系变革的结果。马克思说："现代工业已经把家长式的师傅的小作坊变成了工业资本家的大工厂。挤在工厂里的工人群众就像士兵一样被组织起来。他们是产业军的普通士兵，受着各级军士和军官的层层监视。他们不仅是资产阶级的、资产阶级国家的奴隶，他们每日每时都受机器、受监工、首先是受各个经营工厂的资产者本人的奴役。"③ 马克思还历史地考察了无产阶级的阶级构成，指出随着资本主义生产竞争的加剧，社会中过去中间等级的一部分就会跌落到无产阶级的队伍中来。马克思说："以前的中间等级的下层，即小工业家、小商人和小食利者、手工艺者和农民——所有这些阶级都降落到无产阶级的队伍里来了，有的是因为他们的小资本不足以经营大工业，经不起较大的资本家的竞争；有的是因为他们的手艺已经被新的生产方法弄得不值钱了。无产阶级就是这样从居民的所有阶

---

① 《马克思恩格斯选集》第 1 卷，人民出版社 1995 年版，第 274 页。
② 同上书，第 278—279 页。
③ 同上书，第 279 页。

级中得到补充的。"①

　　再次，马克思特别重视关于无产阶级的研究，不仅指出无产阶级是一个具体历史特殊性的新阶级，而且提出了无产阶级所肩负的伟大历史使命。

　　早在《〈黑格尔法哲学批判〉导言》中，马克思就意识到在阶级社会史中，无产阶级居于特殊的地位，它不同于以往的一切阶级。文中，马克思是在谈及德国的解放前景时述及无产阶级的特殊性。马克思说："德国解放的实际可能性到底在哪里呢？答：就在于形成 一个被戴上彻底的锁链的阶级，一个并非市民社会阶级的市民社会阶级，形成一个表明一切等级解体的等级，形成一个由于自己遭受普遍苦难而具有普遍性质的领域，这个领域不要求享有任何特殊的权利，因为威胁着这个领域的不是特殊的不公正，而是一般的不公正，它不能再求助于历史的权利，而只能求助于人的权利……最后，在于形成一个若不能从其他一切社会领域解放出来从而解放其他一切社会领域就不能解放自己的领域，总之，形成这样一个领域，它表明人的完全丧失，并因而只有通过人的完全回复才能回复自己本身。社会解体的这个结果，就是无产阶级这个特殊等级。"②由此可见，马克思认为无产阶级将是人类阶级社会史中的最后一个阶级，无产阶级的解放将代表着全人类的最终解放，从此人类社会将进入一个无阶级的社会。为什么无产阶级社会是人类阶级社会史中的最后一个阶级？马克思认为，无产阶级与其他一切阶级存在着根本不同的地方在于，与历史上的其他一切阶级相比，无产阶级具有最大的阶级普遍性，它不仅代表着历史中受压迫阶级所遭受的普遍的苦难、普遍的不公正，而且必然会在历史中要求普遍的权利、普遍的解放。在《德意志意识形态》中，马克思再次从经济利益的维度论证了无产阶级的特殊性，指出无产阶级代表了所有民族的同样的利益，因此无产阶级已经是一个消灭了民族独立性、同整个旧世界相脱离的特殊阶级。马克思说："一般说来，大工业到处造成

　　① 《马克思恩格斯选集》第 1 卷，人民出版社 1995 年版，第 280 页。
　　② 同上书，第 14—15 页。

了社会各阶级间相同的关系，从而消灭了各民族的特性。最后，当每一民族的资产阶级还保持着它的特殊的民族利益的时候，大工业却创造了这样一个阶级，这个阶级在所有的民族中都具有同样的利益，在它那里民族独特性已经消失，这是一个真正同整个旧世界脱离而同时又与之对立的阶级。"①

在马克思看来，无产阶级之所以是一个特殊的新阶级，还与它所肩负的历史使命，与它所创造的新世界有密切的关系。马克思认为，无产阶级的产生，将宣告迄今为止的旧的世界制度的解体，无产阶级所造就的新世界，是一个否定了私有财产的世界，是一个无产阶级真正享有社会所有权利的世界。马克思说："无产阶级宣告迄今为止的世界制度的解体，只不过是揭示自己本身的存在的秘密，因为它就是这个世界制度的实际解体。无产阶级要求否定私有财产，只不过是把社会已经提升为无产阶级的原则的东西，把未经无产阶级的协助就已作为社会的否定结果而体现在它身上的东西提升为社会的原则。这样一来，无产者对正在生成的世界所享有的权利就同德国国王对已经生成的世界所享有的权利一样了。"② 马克思还从人类共同体的维度论述了无产阶级所肩负的创造新世界的使命。在马克思看来，迄今为止的一切由人类构成的社会共同体都只是一种虚假的人类共同体，在这种虚假的人类共同体中，对于无产阶级来说，他们自身的生活条件、劳动都是一种偶然的东西，是单个无产者无法控制的。无产阶级肩负着创造一种新的人类共同体的使命，在这种新的人类共同体中，个人的才能将得到全面的发展，劳动将成为人的自由自觉的活动。马克思认为："在真正的共同体的条件下，各个人在自己的联合中并通过这种联合获得自己的自由。"③

二　政治革命与政党

政治革命是一个阶级推翻另一个阶级，从而使得一种新的政治制度代替旧的政治制度的革命活动。因此，尽管政治革命的参与者

---

① 《马克思恩格斯选集》第 1 卷，人民出版社 1995 年版，第 114—115 页。
② 同上书，第 15 页。
③ 同上书，第 119 页。

是一般人民大众，但政治革命的主体是阶级，只有当人民大众以阶级的单位被组织起来时，才可能发起有效的政治革命。进入近代资本主义社会，在阶级斗争推动的政治革命活动中，又进化出现了一种新的政治组织和力量，这就是政党。"所谓政党，就是一定阶级、阶层或集团的积极的分子为实现其政治主张，维护其阶级、阶层或集团的利益，并为取得、维护和运用政权而结合起来的政治组织。因此，政党都是有阶级性的，是阶级的组织。同时政党不是从来就有的，它是社会经济和阶级斗争发展到一定历史阶段的产物。"① 由此可见，作为阶级组织的政党在现代政治革命中具有重要的地位。

马克思非常重视政党在政治革命中的地位和作用。在《国际工人协会共同章程》中，马克思曾说："无产阶级在反对有产阶级联合力量的斗争中，只有把自身组织成为与有产阶级建立的一切旧政党不同的、相对立的政党，才能作为一个阶级来行动。为保证社会革命取得胜利和实现革命的最高目标——消灭阶级，无产阶级这样组织成为政党是必要的。"② 马克思关于政党在政治革命中的地位和作用的内容和思想一方面体现在他本人关于政党理论的理论论述中；另一方面体现在马克思本人参与的改组共产主义同盟、创立第一国际、指导欧洲各国建立工人阶级政党的实践中。

马克思关于政党的理论主要包含在他和恩格斯合著的《共产党宣言》中。尽管在1844年马克思曾经试图写作一部关于国家理论研究的著作，并把"政党"作为一项专列出来，但像马克思的许多其他写作计划一样，其最终并没有落实和实现。在《共产党宣言》中，马克思对他所倡导和坚持的无产阶级政党——共产党有过这样一段经典的表述，马克思说：

> 共产党人不是同其他工人政党相对立的特殊政党。
> 他们没有任何同整个无产阶级的利益不同的利益。
> 他们不提出任何特殊的原则，用以塑造无产阶级的运动。

---

① 韩景云：《马克思政党研究》，博士学位论文，湖南师范大学，2013年。
② 《马克思恩格斯选集》第2卷，人民出版社1995年版，第611页。

　　共产党人同其他无产阶级政党不同的地方只是：一方面，在无产者不同的民族的斗争中，共产党人强调和坚持整个无产阶级共同的不分民族的利益；另一方面，在无产阶级和资产阶级的斗争所经历的各个发展阶段上，共产党人始终代表整个运动的利益。

　　因此，在实践方面，共产党人是各国工人政党中最坚决的、始终起推动作用的部分；在理论方面，他们胜过其余无产阶级群众的地方在于他们了解无产阶级运动的条件、进程和一般结果。①

　　从上段马克思关于政党的理论表述中，我们能够看出，马克思在此处的政党理论表述主要包含了两层重要含义：一是马克思指出了一般政党的阶级性，即任何政党都是特定阶级利益的代表。自近代政党产生以来，在马克思之前，尽管也有不少学者对政党进行了研究和探讨，但是几乎没有学者认识到政党的阶级本质，特别是资产阶级的学者们，大都把政党看作是超阶级的，宣称政党代表了普遍的人们的利益。马克思在谈论政党时，首先就把政党与特定的阶级联系起来，把政党与特定的阶级利益结合起来，从阶级利益的角度来解释政治的本质。因此，我们看到，马克思在谈到共产党人的时候，一开始就把共产党人与无产阶级联系起来，把共产党人与无产阶级的利益结合起来。这正体现了马克思关于政党的阶级本质的理论和观点。二是马克思着重强调了作为无产阶级政党的共产党的阶级特性。马克思认为，作为无产阶级政党的共产党的特殊性就在于，它是无产阶级的最先进的构成部分。关于共产党的特殊性，马克思说它与其他无产阶级政党不同的地方在于，它不同其他工人阶级的政党相对立、它没有任何同整个无产阶级利益不同的利益、它坚持无产阶级的不分民族的共同利益、它代表了无产阶级整个政治运动中的利益。如果把无产阶级的这些特殊性概括起来讲的话，正如《共产党宣言》1888 年英文版中所说的那样，共产党人是无产

---

　　①　《马克思恩格斯选集》第 1 卷，人民出版社 1995 年版，第 285 页。

阶级中"最先进的和最坚决的部分"①。

　　马克思关于共产党人的阶级特殊性的理论表达在后来发展着的马克思主义中得到进一步的明确、继承和发展。马克思主义经典作家列宁继承了马克思关于共产党是无产阶级的最先进部分的论断，并提出了共产党是工人阶级的先锋队的新命题。列宁认为，共产党作为无产阶级的先锋队，在政治上实行对无产阶级的领导，并通过对无产阶级的领导实现对全体劳动群众的领导。唯有如此，无产阶级才能在政治革命中推翻旧的统治，建立起无产阶级专政的新政治。列宁说："只有工人阶级的政党，即共产党，才能团结、教育和组织成无产阶级和全体劳动群众的先锋队，也只有这个先锋队才能抵制这些群众中不可避免的小资产阶级动摇性，抵制无产阶级中不可避免的种种行会狭隘性或行会偏见的传统和恶习，并领导全体无产阶级的一切联合行动，也就是说在政治上领导无产阶级，并通过无产阶级领导全体劳动群众。不这样，便不能实现无产阶级专政。"② 苏联领导人斯大林特别重视共产党在无产阶级中的地位和作用，指出共产党应该把工人阶级中的一切优秀分子吸收进来，把工人阶级中的一切有益的、革命性的经验吸收进党的思想宝库中来。对此他有许多表述。斯大林说："党是工人阶级的先进部队。党首先应该是工人阶级的先进部队。党应当把工人阶级的一切优秀分子，把他们的经验、他们的革命性、他们对无产阶级事业的无限忠诚的精神都吸收进来。"③ "党是无产阶级组织的最高形式。……党具备为此所必需的一切条件。第一，因为党是工人阶级优秀分子的集合点，这些分子和无产阶级的非党组织有直接联系，并经常领导它们；第二，因为党既是工人阶级优秀分子的集合点，所以它是培养能够领导本阶级各种组织的工人阶级领袖的最好的学校；第三，因为党既是培养工人阶级领袖的最好的学校，所以按其经验和威信来说，它是能把无产阶级斗争的领导集中起来的唯一的组织，因而

---

　　① 《马克思恩格斯选集》第 1 卷，人民出版社 1995 年版，第 285 页。
　　② 转引自范桥、姚鹏编《社会主义思想宝库》，中国广播电视出版社 1991 年版，第 681 页。
　　③ 同上书，第 683 页。

也就是能把工人阶级所有一切非党组织都变成使党跟本阶级联合起来的服务机关和引带的唯一组织。"① 中国共产党在其长期的革命实践中，把马克思的政党理论与中国的具体实际情况结合起来，创造性地发展了马克思关于政党的阶级特性理论。最新的《中国共产党党章》把中国共产党的性质定位为："中国共产党是中国工人阶级的先锋队，同时是中国人民和中华民族的先锋队，是中国特色社会主义事业的领导核心，代表中国先进生产力的发展要求，代表中国先进文化的前进方向，代表中国最广大人民的根本利益。"从中国共产党关于自身阶级性的定位我们可以看出，一方面，它体现了马克思关于共产党阶级性的基本原则，即强调了中国共产党是工人阶级的先锋队，提出中国共产党是先进生产力发展要求的代表，是先进文化前进方向的代表，是最广大人民根本利益的代表；另一方面，它又与立足实际，与我国现阶段的基本国情相结合，提出了中国共产党是中华民族的先锋队这一马克思主义政党理论新观点。因为，根据马克思的政党理论，"共产党人强调和坚持整个无产阶级共同的不分民族的利益"②。很显然，在当前民族国家在世界社会政治中还居于重要地位，生产力的发展还远未达到消灭民族和国家的阶段，作为具体民族和国家中的无产阶级政党的共产党是不可能完全取消其民族性的。

正如马克思所说："一步实际行动比一打纲领更重要。"③ 马克思的政党思想不仅具体体现在其理论阐述中，而且还体现在他对党的组织的创建、指导等实践活动之中。从青年时期起，马克思就积极关注工人阶级政党的创立，并为 1847 年成立的欧洲的工人阶级政治组织共产主义者同盟起草了宣言。1864 年，英国的工联团体与法国的工人代表团决定在伦敦成立国际工人协会，马克思作为德国工人代表出席了会议，被选入临时委员会和小委员会，并亲自起草了《国际工人协会成立宣言》。第一国际成立以后，马克思成为国

---

① 转引自范桥、姚鹏编《社会主义思想宝库》，中国广播电视出版社 1991 年版，第 684 页。

② 《马克思恩格斯选集》第 1 卷，人民出版社 1995 年版，第 285 页。

③ 《马克思恩格斯选集》第 3 卷，人民出版社 1995 年版，第 296 页。

际事实上的"灵魂"。在他的指导下，第一国际在推动无产阶级革命运动方面做了大量的工作。在马克思晚年时期，由于身体健康的原因，马克思逐步淡出了国际工人运动，但在事实上他已经无可争议地成为各国工人运动和政治组织的精神领袖，各种各样的无产阶级政党组织纷纷打出马克思主义的旗号，声称他们的政治纲领是受到马克思指导的，以致马克思提出了"如果你们是马克思主义者，我就不是马克思"的激烈批评。考察马克思与政党相关的实践工作，不难发现，其主要包括两个方面的内容。

一是与流行于当时无产阶级政党中的各式各样的机会主义作斗争。早在共产主义者同盟成立的时候，马克思就已经清醒地意识到保持无产阶级政党组织纪律性与纯洁性的重要作用。在 1848 年欧洲革命时期，马克思和恩格斯回到德国，亲自参加了德国的无产阶级政治革命运动，马克思不仅通过创办《新莱茵报》来传播革命的理论和思想，而且亲自指导和主持了德国工人阶级的政治组织科学协会的创建，并努力协调它与德国的另外一个工人阶级政党组织工人联合会之间的关系。19 世纪 60 年代，马克思参与了共产国际的创建和成立，并为之起草了《成立宣言》和《共同章程》。尽管马克思的科学理论和思想在国际工人协会中占据指导和支配地位，但由于各种原因，从 19 世纪 60 年代中期起，在各国工人阶级政党内部先后兴起了蒲鲁东主义和巴枯宁主义。对此，马克思与之作了坚决的斗争。马克思对蒲鲁东的批评是，蒲鲁东是小资产阶级的代表，蒲鲁东主义者们关于社会改造的理论只是小资产者们不切实际的幻想。1865 年蒲鲁东去世后，马克思在《论蒲鲁东》一文中，再次对蒲鲁东的理论本质进行了揭露和批判。马克思说蒲鲁东是"从来也不懂得真正科学的辩证法，所以他陷入了诡辩的泥坑。实际上这是和他的小资产阶级观点有联系的。……他在自己的经济利益上是如此，因而在自己的政治上、在自己的宗教观点、科学观点和艺术观点上也是如此"。① 巴枯宁是俄国的一位无政府主义者，尽管巴枯宁本人对马克思怀有尊敬之心，并称自己为马克思的学生，

① 《马克思恩格斯选集》第 2 卷，人民出版社 1995 年版，第 620—621 页。

例如他在一封给朋友的信中说："马克思对协会的影响毫无疑问是非常有益的。直到今天他一直对他的党有着明智的影响力。他是社会主义的最为坚强的支柱，是反对资产阶级思想和意图侵蚀的最为坚固的堡垒。如果我仅仅为报复他，而曾努力破坏或削弱他的有益影响的话，那我绝不能原谅自己。"① 但事实上，巴枯宁的无政府主义理论和思想在意大利、瑞士和西班牙等欧洲的无产阶级政党中产生了广泛的影响。马克思批评巴枯宁的无政府主义主张实际上是支持各国的无产阶级政党放弃政治斗争，这是几乎不可能的，又是相当荒谬的。

二是为共产国际、德国工人党等无产阶级政治组织制定党的纲领，以科学的理论和思想武装无产阶级的政党组织。在无产阶级政党的组织和建设实践中，马克思非常重视用科学的理论武装党的组织。因为只有用科学的理论武装起来的党的组织，才能真正发挥政党的组织和革命力量。对此，恩格斯有过自豪的总结，恩格斯说："我们党有个很大的优点，就是有一个新的科学的世界观作为理论的基础。"② 以 1875 年的《德国工人党纲领》为例，19 世纪 70 年代，随着国际工人协会的衰亡和欧洲工人阶级运动的四分五裂，德国的工人党成为当时欧洲唯一的一个无产阶级政党。马克思非常关注这个欧洲仅存的无产阶级工人政党，事实上，马克思的忠实的学生之一李卜克内西便是这个政党的领导人之一。1875 年，德国工人党在哥达小镇通过了《德国工人党纲领》。当马克思了解到《纲领》中的内容后，立刻意识到《纲领》中部分内容违背了马克思主义的基本原理，不符合当时欧洲革命的实际情况，于是对《纲领》草案进行了逐字逐句的批判，同时对科学社会主义的一系列基本原理，特别是对共产主义社会发展的两个阶段及其特征作了极为精辟的阐述。由此可见，马克思对以正确的理论、纲领、章程来指引无产阶级政党的组织、建设和斗争工作的强调和重视。

---

① 转引自［英］戴维·麦克莱伦《马克思传》，王珍译，中国人民大学出版社 2008 年版，第 361 页。
② 《马克思恩格斯文集》第 2 卷，人民出版社 2009 年版，第 599 页。

第三节　政治革命的手段、方式

在谈到如何实现到达人的自由和解放的未来共产主义社会时，马克思曾一方面指出，未来共产主义社会的实现，需要实践的唯物主义者采取革命的方式实际地反对和改变现存的事物，即"对实践的唯物主义者即共产主义者来说，全部问题都在于使现存世界革命化，实际地反对并改变现存事物"。① 另一方面，马克思还强调实践的唯物主义者们在反对现存事物时，必须采取现实的手段，才能真正地实现人的解放。马克思说："只有在现实的世界中并使用现实的手段才能实现真正的解放。"② 因此，马克思的政治革命理论绝不是一种书斋里的革命理论，或一种停留在玄想中单纯解释世界的理论。马克思的政治革命理论与 19 世纪欧洲无产阶级的政治革命实践紧密地联系，并自觉地成为无产阶级政治革命的思想武器，转化为物质的力量，推动无产阶级政治革命事业的发展和进步。

马克思历来重视在政治革命中采取合适的手段和方式，并特别注意吸取革命实践中的经验教训，以此反思革命的手段和方式。在 1848 年的欧洲革命以及 1871 年的法国巴黎公社起义之后，马克思分别写了专门的著作，反思革命过程中无产阶级及其政党的经验和得失，并通过对革命过程中无产阶级革命手段和方式的考察，不断地调整其革命手段和方式的理论和思想。当然，马克思关于政治革命手段和方式的思想非常丰富，他特别强调任何革命手段和方式都必须与具体的历史情况结合起来，因此我们只能从总体上概括阐述马克思关于政治革命手段和方式的主要观点。在我们看来，马克思关于政治革命的手段和方式的理论和思想具有如下显著特征：在政治革命开展之前强调了革命的宣传和鼓动，政治革命开展后强调了暴力的决定性作用，政治革命逐步胜利后强调了无产阶级

---

① 《马克思恩格斯选集》第 1 卷，人民出版社 1995 年版，第 75 页。
② 同上书，第 74 页。

专政的措施。

一 政治革命前的宣传和鼓动

历来政治革命的成功都离不开有效的宣传和鼓动工作。通过宣传革命阶级的政治纲领、革命目标，使阶级中的多数成员能够正确地掌握科学的理论，扩大革命阶级的群众基础，为政治革命的合法性提供理论上的支撑；通过鼓动工作，调动参与革命的群众的积极性、主动性和革命热情，推动了政治革命迅速地向前发展，促使革命活动进行得更加彻底。

首先，马克思认为宣传和鼓动是政治革命进行的必要方式和手段，通过政治宣传和鼓动，能够有效扩大政治革命的阶级和群众基础。

在谈到历来的政治革命时，马克思指出了其中的一个技巧问题，即在政治革命的发生过程中，革命的阶级往往是以整个社会等级的代表面孔出现的。也就是说，革命的阶级必须通过把自己的阶级利益说成是整个社会阶级利益的总代表，从而最大限度地团结一切反对统治阶级的力量，争取到政治革命的胜利。在《〈黑格尔法哲学批判〉导言》中，在论述德国革命的前提和条件时，马克思说："在市民社会，任何一个阶级要能够扮演这个角色，就必须在自身和群众中激起瞬间的狂热。在这瞬间，这个阶级与整个社会亲如兄弟，汇合起来，与整个社会混为一体并且被看作和被认为是社会的总代表；在这瞬间，这个阶级的要求和权利真正成了社会本身的权利和要求，它真正是社会的头脑和社会的心脏。只有为了社会的普遍权利，特殊阶级才能要求普遍统治。要夺取这种解放者的地位，……要使人民革命同市民社会特殊阶级的解放完全一致，要使一个等级被承认为整个社会的等级，社会的一切缺陷就必定相反地集中于另一个阶级，一定的等级就必定成为引起普遍不满的等级，成为普遍障碍的体现；……因此，从这个领域解放出来就表现为普遍的自我解放。要使一个等级真正［par excellence］成为解放者等级，另一个等级就必定相反地成为公开的奴役者等级。"①

---

① 《马克思恩格斯选集》第 1 卷，人民出版社 1995 年版，第 12—13 页。

马克思认为，无产阶级必须通过坚决的宣传和鼓动工作，使社会的各阶层认识到无产阶级是社会最普遍利益的代表，从而凸显无产阶级在政治革命的特殊地位，并为自己在革命运动中争取最广泛的群众基础。在比较18世纪和19世纪的德国革命和法国革命，由此批评德国革命缺乏法国革命那种宣传和鼓动的自信时，马克思说："在德国，任何一个特殊阶级所缺乏的不仅是能标明自己是社会消极代表的那种坚毅、尖锐、胆识、无情。同样，任何一个等级也还缺乏和人民魂魄相同的，哪怕是瞬间相同的那种开阔胸怀，缺乏鼓舞物质力量去实行政治暴力的天赋，缺乏革命的大无畏精神，对敌人振振有词地宣称：我没有任何地位，但我必须成为一切。"①恩格斯在马克思的《法兰西阶级斗争》导言中，也曾谈到，法国的政治革命需要通过耐心的宣传活动，把广大的农民争取过来，并认为这是无产阶级政党的当前主要任务。恩格斯说："在法国，社会主义者也日益认识到，他们只有预先把广大人民群众——在这里就是农民——争取过来，才可能取得持久的胜利。耐心的宣传工作和议会活动，在那里也被认为是党的当前任务。"②

其次，政治宣传和鼓动工作也是教育工人阶级，使之掌握科学的革命理论，避免无产阶级革命运动受到各种修正主义干扰和破坏的重要方式。

马克思认为，共产党人必须对工人进行教育和宣传，从而使工人阶级认识到自己和资产阶级之间的根本对立，激发起工人阶级反对资产阶级的革命意识。马克思认为，近代资本主义社会中的议会制和选举制具有很大的欺骗性，它们掩盖了资本主义社会资产阶级进行阶级统治的实质，从而给自己的阶级统治披上了人民性的外衣。对此，马克思说："统治阶级从这种习俗得到的好处就是，人民群众总是在不同程度上热情地把统治阶级的特殊利益作为自己的民族利益来加以维护。"③因此，马克思非常强调对工人阶级进行宣传教育，使他们认识到资本主义社会资产阶级统治的实质，认识到

① 《马克思恩格斯选集》第1卷，人民出版社1995年版，第13页。
② 《马克思恩格斯全集》第22卷，人民出版社1965年版，第608页。
③ 《马克思恩格斯全集》第8卷，人民出版社1961年版，第392页。

自己利益与资产阶级利益的对立。在《共产党宣言》中，谈到德国无产阶级反对资产阶级的政治革命时，马克思以一种坚决的口吻说："共产党一分钟也不忽略教育工人尽可能明确地意识到资产阶级和无产阶级的敌对的对立，以便德国工人能够立刻利用资产阶级统治所必然带来的社会的和政治的条件作为反对资产阶级的武器，以便在推翻德国的反动阶级之后立即开始反对资产阶级本身的斗争。"①

马克思还认为，只有通过党的宣传和教育工作，马克思的科学理论才能为广大的群众所掌握，从而能够避免机会主义等错误路线对无产阶级政治革命的有害影响和干扰。马克思指出，人民群众构成了社会中的绝大多数，但要使人民群众成为革命的积极力量，在革命活动中能更有效地发挥决定性作用，需要用科学的理论来教育和武装他们。马克思说："工人们已经具备了作为成功因素之一的人数；但是只有当群众组织起来并为知识所指导时，人数才能起决定胜负的作用。"②巴黎公社失败后，在致波尔特的信中，马克思还说："在工人阶级在组织上还没有发展到足以对统治阶级的集体权力即政治权力进行决定性攻击的地方，工人阶级无论如何必须不断地进行反对统治阶级的鼓动（并对这种政策采取敌对态度），从而使自己在这方面受到训练。否则，工人阶级仍将是统治阶级手中的玩物。"③另外，宣传和鼓动工作还有一个重要的作用，即把正确的马克思主义理论传达到无产阶级群众之中，避免各种机会主义、修正主义对无产阶级革命运动的干扰。在无产阶级革命运动中，一直存在着各种机会主义、修正主义的影响和干扰。例如，马克思在世时的蒲鲁东主义、巴枯宁的无政府主义，马克思去世之后的各种修正主义，这些马克思主义之外的理论派别大多代表着小资产阶级的利益。

马克思关于教育和鼓动工人阶级，使之掌握科学的革命理论思想为后来的经典作家列宁继承并加以发展。20世纪初，列宁在其

---

① 《马克思恩格斯选集》第1卷，人民出版社1995年版，第306页。
② 《马克思恩格斯全集》第16卷，人民出版社1964年版，第13页。
③ 《马克思恩格斯选集》第4卷，人民出版社1995年版，第604页。

《怎么办？我们运动中的迫切问题》中提出了著名的灌输理论。列宁认为，无产阶级的普通群众无法自发地形成先进的革命理论，需要无产阶级中的先进分子通过教育等手段，把马克思主义的科学理论灌输到无产阶级的队伍中来。在实践中，列宁在布尔什维克政党创立之后，为了在与孟什维克的竞争中取得意识形态的主导权，重新创办了《前进报》和《新生活报》，后来还在党内设置了专门的国际宣传局，并为其拨出了大量财政预算。

二　政治革命中的暴力手段

在政治革命的语境中，革命本身就内含了暴力的因素。法国哲学家雅克·泰克西埃区分了社会革命与政治革命两种不同形式的革命，并指出，在 19 世纪这样一个充斥着普遍革命的年代，革命往往就意味着政治革命，意味着暴力、武装斗争、起义等。马克思的政治革命也是如此。雅克·泰克西埃说："我们首先要对'革命'一词的各种可能意义达成一致意见。在我看来，这个词有两个主要的意义。在第一种意义中，我们可以说，当一种那个现存的秩序（一种政治制度或一种社会——经济制度，或两者的结合）处在深深的震动中时，就存在着革命。……在 19 世纪，人们通常把这种革命叫做'社会'革命。但是我们也能考虑这种震动是以合法的和和平的方式进行的。我们看到马克思和恩格斯不断地考虑某些国家的这种可能性。在第二种意义中，'革命'表示这种震动的一种特殊形式，确切地说，意味着诉诸暴力、诉诸武装斗争、诉诸起义。第二种意义显然是在 19 世纪占主导地位的意义。"①

问题在于，尽管政治革命涉及暴力的手段，但政治革命是否必然地要采取暴力革命的手段。马克思主义经典作家列宁在《国家与革命》中，曾用了一节内容专门论述他对马克思主义暴力革命的理解，并把暴力革命作为马克思政治革命理论的一般规律。列宁说："马克思和恩格斯关于暴力革命不可避免的学说是针对资产阶级国

---

① ［法］雅克·泰克西埃：《马克思恩格斯论革命与民主》，姜志辉译，社会科学文献出版社 2012 年版，第 250 页。

家说的。资产阶级国家由无产阶级国家（无产阶级专政）代替，不能通过'自行消亡'，根据一般规律，只能通过暴力革命。恩格斯对暴力革命的颂扬同马克思的屡次声明完全符合（我们可以回忆一下，《哲学的贫困》和《共产党宣言》这两部著作的结尾部分，曾自豪地公开声明暴力革命不可避免；我们还可以回忆一下，约在30年以后，马克思在1875年批判哥达纲领的时候，曾无情地抨击了这个纲领的机会主义），这种颂扬决不是'过头话'，决不是夸张，也决不是论证伎俩。必须系统地教育群众这样来认识而且正是这样来认识暴力革命。……无产阶级国家代替资产阶级国家，非通过暴力革命不可。……马克思和恩格斯在研究每一个革命形势，分析每一次革命的经验教训时，都详细而具体地发展了他们的这些观点。"① 应该说，列宁关于暴力革命是政治革命一般规律的观点很长一段时间都成为关于马克思政治革命理论的权威解释，并在以后的社会主义革命运动中产生了广泛的影响，包括我国20世纪60年代以后的"文化大革命"都受到该理论和思想的影响和支配。

从20世纪80年代起，我国的马克思主义研究者已经开始反思列宁关于马克思暴力革命理论的权威解释。确实，列宁指出马克思在《哲学的贫困》和《共产党宣言》的结尾部分明确地颂扬了一种暴力革命观。在《哲学的贫困》的结尾部分，马克思说："只有在没有阶级和阶级对抗的情况下，社会进化将不再是政治革命。而在这以前，在每一次社会全盘改造的前夜，社会科学的结论总是：'不是战斗，就是死亡；不是血战，就是毁灭。问题的提法必然如此'。"② 在《共产党宣言》的结尾部分，马克思说："共产党人不屑于隐瞒自己的观点和意图。他们公开宣布：他们的目的只有用暴力推翻全部现存的社会制度才能达到。让统治阶级在共产主义革命前发抖吧。无产阶级在这个革命中失去的只是锁链。他们获得的将是整个世界。"③

事实上，那些主张马克思把暴力革命当作人类社会政治革命一

---

① 《列宁选集》第3卷，人民出版社1995年版，第127—128页。
② 《马克思恩格斯选集》第1卷，人民出版社1995年版，第195页。
③ 同上书，第307页。

般规律的研究者还会列举出马克思其他地方关于政治革命必然性的论述。例如，在《德意志意识形态》中，马克思说："无论为了使这种共产主义意识普遍地产生还是为了实现事业本身，使人们普遍地发生变化是必需的，这种变化只有在实际运动中，在革命中才有可能实现；因此，革命之所以必需，不仅是因为没有任何其他的办法能够推翻统治阶级，而且还因为推翻统治阶级的那个阶级，只有在革命中才能抛掉自己身上的一切陈旧的肮脏东西，才能成为社会的新基础。"① 在《资本论》中，马克思更是有一段关于政治革命必然性的经典表达，即在谈论资本主义社会原始积累的暴力性时，马克思说："这些方法一部分是以最残酷的暴力为基础，例如殖民制度就是这样。但所有这些方法都利用国家权力，也就是利用集中的有组织的社会暴力，来大力促进从封建生产方式向资本主义生产方式的转变过程，缩短过渡时间。暴力是每一个孕育着新社会的旧社会的助产婆。"② 马克思在《资本论》中关于暴力革命必然性的论述后来被恩格斯和列宁分别提炼和总结为：暴力革命是催生新社会产生的助产婆，暴力革命是推动历史进步的火车头。支持马克思关于暴力革命必然性的研究者的另一个论证是，作为马克思亲密战友的恩格斯不仅在 1846 年的通信中向友人明确地表示，暴力革命是共产主义者的宗旨，恩格斯说："我把共产主义者的宗旨规定如下：（1）实现同资产者利益相反的无产者的利益；（2）用消灭私有制而代之以财产公有的手段来实现这一点；（3）除了进行暴力的民主的革命以外，不承认有实现这些目的的其他手段。"③ 而且还专门写作过一部关于《暴力在历史中的作用》的著作。在《暴力在历史中的作用》中，恩格斯说："暴力在历史中还起着另一种作用（除作恶以外），革命的作用；暴力，用马克思的话说，是每一个孕育着新社会的旧社会的助产婆；它是社会运动借以为自己开辟道路并摧毁僵化的垂死的政治形式的工具——关于这些，杜林先生一个字也没有提到。他只是带着叹息和呻吟的口吻承认这样一种可能

---

① 《马克思恩格斯选集》第 1 卷，人民出版社 1995 年版，第 91 页。
② 《马克思恩格斯全集》第 23 卷，人民出版社 1972 年版，第 819 页。
③ 《马克思恩格斯选集》第 4 卷，人民出版社 1995 年版，第 530 页。

性：为了推翻进行剥削的经济，也许需要暴力，这很遗憾！因为暴力的任何应用都会使应用暴力的人道德堕落。尽管每一次革命的胜利都引起了道德上和精神上的巨大高涨，他还要这么说！而且这话是在德国说的，在那里，人民可能被迫进行的暴力冲突至少有一个好处，即扫除三十年战争的屈辱在民族意识中造成的奴才气。"①

在反对把马克思暴力革命理论必然化的研究者们看来，在革命手段的问题上，马克思有一个从暴力革命向和平过渡的转变，在马克思的政治革命理论中，暴力革命并不是唯一的必选项，在暴力革命之外，马克思也承认政治革命过程中和平过渡的可能性。

首先，马克思的暴力革命历史并不是一种政治革命中的必然规律，而是有历史条件限制和制约的。一方面，马克思的暴力革命理论本身受到历史条件的限制和制约，具有历史的局限性。应该承认，在马克思的青年时期，马克思总体上是比较倾向于暴力革命主张的，甚至有研究者指出，马克思青年时期的革命思想中有浓重的雅各宾主义色彩。为什么青年时期的马克思这样热衷于暴力革命？其重要原因就在于当时的环境条件下，除暴力革命外的其他和平革命方式几乎是不可能的。19 世纪上半叶时期的资本主义，由于"物质实力的不足，市场经济和其他社会组织的不完备，自我调整的能力很差，资产阶级用尽可能地压低工资、延长劳动时间等手段，获取利润。在这半个世纪内，除了劳动力不足的美国以外，欧洲主要资本主义国家的工资一律绝对地下降。阶级矛盾极为尖锐，经济危机具有极大的破坏性，工人运动风起云涌。正是在这样的历史条件下，资本主义的基本矛盾以及其尖锐的形式暴露出来，使得马克思恩格斯……没有条件去分析资本主义的自我调整的能力，从而得出资产主义即将灭亡并必然采取暴力革命的形式"②。另一方面，马克思主张的暴力革命理论是有历史前提的，即马克思的暴力革命理论内含着这样的主张，暴力革命是在特定历史背景下的必然选项，一旦历史条件发生新的转变，和平的革命手段也是可能的。事实上，

①　转引自《列宁选集》第 3 卷，人民出版社 1995 年版，第 126—127 页。
②　孙代尧：《从暴力革命到"和平过渡"——马克思恩格斯革命策略思想演进之探讨》，《武汉大学学报》（人文科学版）2007 年第 11 期，第 745—746 页。

早在 19 世纪 50 年代初，马克思就已经开始思考暴力革命的历史条件性问题了，在他的一篇未能完成的手稿中，马克思思考了暴力革命的历史前提问题，并提出了和平革命道路的可能性。马克思说："我们的目的是工人阶级的解放和工人阶级的解放意味着暴动。只有当历史发展在其道路上没有遇到社会的掌握政权者的暴力抵抗，历史的发展才可能是'和平的'。如果英国或美国的工人阶级有一天掌握议会或国会的大多数，工人阶级就能通过合法途径废除法律和制度。不过，如果与旧事态有关的那些人奋起反抗，那么'和平的'运动就可能转变为暴力；如果他们是被武力制服的（比如在美国内战和法国大革命中），那么他们就是叛乱分子。"①

其次，马克思的政治革命理论中存在着一个从暴力革命向和平民主的过渡阶段。持上述立场的研究者们认为，在 1848 年革命后，马克思通过对经济史的研究，发现资本主义社会还有相当强的适应性。过去设想的在短期内通过一两次大的革命冲击就能够埋葬资本主义制度并不现实。资本主义生产力还在持续发展，资本主义生产关系也表现出极强的调整性，而"无论哪一个社会形态，在它所能容纳的全部生产力发挥出来以前，是决不会灭亡的；而新的更高的生产关系，在它的物质存在条件在旧社会的胎胞里成熟以前，是决不会出现的"②。面对新的革命形势，马克思及时调整了他的与暴力革命相关的政治革命理论，开始从理论上把和平过渡作为政治革命的一种重要手段和方式，并强调在不同的国家，要根据制度、传统和习惯，采取适合本国国情的革命手段和方式。1871 年 7 月 3 日，马克思在一次谈话中说："在英国，工人阶级面前就敞开着表现自己的政治力量的道路。凡是利用和平宣传能更快更可靠地达到这一目的的地方，举行起义就是不明智的。"③ 1872 年 9 月，马克思在海牙代表大会的演讲中进一步指出："工人总有一天必须夺取政权，

---

① 转引自［法］雅克·泰克西埃《马克思恩格斯论革命与民主》，姜志辉译，社会科学文献出版社 2012 年版，第 245 页。
② 《马克思恩格斯选集》第 2 卷，人民出版社 1995 年版，第 33 页。
③ 《马克思恩格斯全集》第 17 卷，人民出版社 1963 年版，第 683 页。

以便建立一个新的劳动组织……但是，我们从来没有断言，为了达到这一目的，到处都应该采取同样的手段。我们知道，必须考虑到各国的制度、风俗和传统；我们也不否认，有些国家，像美国、英国——如果我对你们的制度有更好的了解，也许还可以加上荷兰，——工人可能用和平手段达到自己的目的。但是，即便如此，我们也必须承认，在大陆上的大多数国家中，暴力应当是我们革命的杠杆。"① 由此可见，在看到资本主义社会继续保持着繁荣和稳定的发展趋势的新形势，以及像英美等发达资本主义国家的议会民主制扩大了工人阶级参与政治权利的条件下，马克思开始重视和平民主道路在政治革命中的可能性，并从理论上思考和总结这个问题。正是由于贯穿这一思想，恩格斯在1885年给查苏利奇的回信中说："在我看来，马克思的历史理论是任何坚定不移和始终一贯的革命策略的基本条件：为了找到这种策略，需要的只是把这一理论应用于本国的经济条件和政治条件。"② 在当代，我国的部分马克思主义研究者从马克思暴力革命向和平过渡的理论出发，进一步指认在当代世界环境下，发达资本主义国家已经不可能以暴力革命的形式进入社会主义，和平过渡是新的历史条件下发达资本主义国家走向社会主义的必由之路。③

三　政治革命成功后的无产阶级专政

列宁认为，无产阶级专政理论总结了马克思的全部革命学说，是"马克思学说的实质"④。在《国家与革命》中，列宁这样高度评价无产阶级专政理论在马克思革命理论中的基础性地位，列宁说："只有承认阶级斗争同时也承认无产阶级专政的人，才是马克思主义者。"⑤ 但事实上，无产阶级专政理论却成为马克思政治革命

---

① 《马克思恩格斯全集》第18卷，人民出版社1964版，第179页。
② 《马克思恩格斯选集》第4卷，人民出版社1995年版，第669页。
③ 此观点及其讨论可参见吉彦波《关于暴力革命与和平过渡问题的思考》，《理论与改革》2002年第3期。
④ 《列宁选集》第3卷，人民出版社1995年版，第591页。
⑤ 同上书，第139页。

理论中极富争议的一部分，这主要是因为尽管马克思主义的经典作家们都强调了马克思无产阶级专政思想的创造性和重要性，但马克思本人及其战友恩格斯却很少论述这一主题。对此，美国马克思主义研究者罗伯特·查尔斯·塔克说："无产阶级专政学说毫无疑问是经典马克思主义及其政治理论的组成部分。另一方面，马克思和恩格斯不倾向于详细叙述这个主题，让人有点不清楚他们是怎样具体地设想未来无产阶级专政的。这为后来马克思主义者就这个问题进行争论铺平了道路。"①

马克思直接谈到无产阶级专政的理论主要见诸三个文本。一是1850年马克思的《1848年至1850年的法兰西阶级斗争》文章中，马克思在谈及空想的社会主义与革命的社会主义的本质区别时，强调革命的社会主义，"这种社会主义就是宣布不断革命，就是无产阶级的阶级专政，这种专政是达到消灭一切阶级差别，达到消灭这些差别所由产生的一切生产关系，达到消灭和这些生产关系相适应的一切社会关系，达到改变由这些社会关系产生出来的一切观念的必然的过渡阶段"②。二是1852年马克思在给朋友约·魏德迈的信中总结自己在历史哲学中的创新成果时，把无产阶级专政学说作为自己的新发现之一。马克思说："至于讲到我，无论是发现现代社会中有阶级存在或发现各阶级间的斗争，都不是我的功劳。在我以前很久，资产阶级历史编纂学家就已经叙述过阶级斗争的历史发展，资产阶级的经济学家也已经对各个阶级作过经济上的分析。我所加上的新内容就是证明了下列几点：（1）阶级的存在仅仅同生产发展的一定历史阶段相联系；（2）阶级斗争必然导致无产阶级专政；（3）这个专政不过是达到消灭一切阶级和进入无阶级社会的过渡。"③ 三是1875年马克思在《哥达纲领批判》中，明确地提出在资本主义与社会主义之间存在一个过渡时期，这个过渡时期中无产阶级只能采取革命的专政措施。马克思说："在资本主义社会和共

---

① ［美］罗伯特·查尔斯·塔克：《马克思主义革命观》，高岸起译，人民出版社2012年版，第96—97页。

② 《马克思恩格斯选集》第1卷，人民出版社1995年版，第462页。

③ 《马克思恩格斯选集》第4卷，人民出版社1995年版，第547页。

产主义社会之间，有一个从前者变为后者的革命转变时期。同这个时期相适应的也有一个政治上的过渡时期，这个时期的国家只能是无产阶级的革命专政。"①

正如美国马克思主义研究者罗伯特·查尔斯·塔克所说，马克思很少详细论述无产阶级专政这一主题，这为以后马克思主义者们具体设想无产阶级专政的内容提供了各种可能性。在后来的俄国，列宁和考茨基围绕着无产阶级专政中的暴力、法律和民主问题展开了激烈的论辩。论辩的结果是，一方面列宁关于马克思无产阶级专政的正统理论得到确立，并被视为对马克思无产阶级专政理论的权威解释；另一方面考茨基关于马克思无产阶级专政的理论解释虽然被认为有失偏颇，但也得到一部分马克思主义研究者的拥护，并且其合理的成分在今天被不断地重新发掘和审视。

1918 年，考茨基出版了《无产阶级专政》的小册子，对马克思的无产阶级专政理论作出了自己的理解，并以此对列宁领导的布尔什维克革命展开批评。考茨基认为，不能简单地从字面上理解马克思的无产阶级专政，特别是"专政"的含义。在马克思那里，无产阶级专政不应是一种政体，而应是一种必须要出现的状态。考茨基说："无产阶级专政是一种在无产阶级占压倒多数的情况下从纯粹民主中必然产生出来的状态。"② 无产阶级专政"不是一种政体，而是指一种在无产阶级夺得政权的任何地方都必然要出现的状态"③。考茨基之所以强调马克思的无产阶级专政是一种必然状态，而不是政体，其目的就在于批评列宁的布尔什维克党在革命中以无产阶级专政之名进行的暴力统治。与暴力统治的无产阶级专政相反，考茨基主张从民主的方面来看待马克思的无产阶级专政，认为马克思的无产阶级专政内含着民主的本质和要求。在谈到马克思的无产阶级专政是一种社会主义的专政形式时，考茨基说："社会主义和民主是不可分割地联系在一起的。没有民主，就没有社会主义。"④ 另

---

① 《马克思恩格斯选集》第 3 卷，人民出版社 1995 年版，第 314 页。
② 王学东编：《考茨基文选》，人民出版社 2008 年版，第 347 页。
③ 同上书，第 346 页。
④ 同上书，第 326 页。

外，考茨基还以马克思在《法兰西内战》中的描述来论证马克思的无产阶级专政并不是列宁领导的布尔什维克党人的暴力统治，而应该是民主的新形式。考茨基举例说：马克思在《法兰西内战》中，曾高度赞扬了巴黎公社颁布的一条法令，即废除常备军和国家官吏，实行普遍选举权和公民轮流执掌政权。恩格斯在其导言中又明确地把1871年的巴黎公社视为无产阶级专政的第一个榜样。由此，马克思的无产阶级专政难道不是一种民主形式吗？

与考茨基相反，列宁强调了马克思无产阶级专政中的暴力内容，并认为马克思的无产阶级专政是一种不受任何法律约束的政权。在考茨基出版了《无产阶级专政》的小册子后，列宁立即着手对其进行了针锋相对的论战，并写下了《无产阶级革命和叛徒考茨基》应战性著作。一方面，列宁强调了无产阶级专政在马克思主义中的重要地位，认为无产阶级专政是"马克思主义的活生生的革命的灵魂"。① 另一方面，列宁对马克思的无产阶级专政进行了详细的解释，给无产阶级专政下了一个定义，并特别强调了马克思无产阶级专政中的暴力性内容。列宁说："专政是直接凭借暴力而不受任何法律约束的政权。无产阶级的革命专政是由无产阶级对资产阶级采用暴力手段来获得和维持的政权，是不受任何法律约束的政权。看，这样一个简单的真理，对于每个觉悟的工人（即群众的代表，而不是像各国社会帝国主义者那样被资本家收买的市侩混蛋这帮上层分子）都朗若白昼的真理，对于为自身解放而奋斗的被剥削者的每个代表都一目了然的真理，对于每个马克思主义者都是无可争辩的真理。"②

我们认为，就像众多马克思主义研究者们所论证的那样，马克思的无产阶级专政理论既包含了列宁所强调的暴力手段以及国家和政府的镇压职能等内容和手段，同时也具有考茨基所主张的民主要求，这两者并不是截然对立的。确实，马克思在《法兰西论战》中赞扬了巴黎公社中选举民主制，但是马克思也批评了巴黎公社的成

---

① 《列宁选集》第3卷，人民出版社1995年版，第588页。
② 同上书，第594—595页。

员们没有及时采用专政的恐怖手段来维护自己的政权。马克思在1881 年致斐迪兰·多梅拉·纽文胡斯的信中，总结巴黎公社的教训时，就指出社会主义政府应该采取必要的措施来巩固取得的政权。马克思说："有一点您可以深信不疑，这就是，如果在一个国家还没有发展到能让社会主义政府首先采取必要的措施把广大资产者威吓住，从而赢得首要的条件，即持续行动的时间，那么社会主义政府就不能在那个国家取得政权。"① 由此，马克思批评巴黎公社的社会主义者们由于没有及时采取专政手段维护已经取得的政权，并称他们几乎不能被认为是社会主义者。马克思说："公社中的大多数人根本不是社会主义者，也不可能是社会主义者。"② 但也有一些研究者们强调，马克思的无产阶级专政与民主并不矛盾。其原因在于：一方面，在当代，任何革命其目标指向必定是民主，马克思的革命观也不例外，马克思的政治革命也是一种以民主为吁求的革命。另一方面，马克思无产阶级专政中的违宪理论与民主不必然冲突。乔恩·埃尔斯特就认为，违反宪法与违反民主并不等同。他说："正如马克思自己的著作表明的，专政在他那个时代和他的著作中并不一定意味着任何与民主不一致的东西。相反，它包含了一种形式的超合法性，即一种违反宪法的政治统治。违反现有宪法并不一定包括违反民主很容易通过这样一个极端的例证来表明，即现存宪法对宪政变革来说要求的是一致性。"③

　　在我国的社会主义建设历程中，无产阶级专政实践就既包含了专政与民主的结合，又体现了专政与法治的一致性。在马克思无产阶级专政理论的指导下，我国确立了人民民主专政的政治体制，党的十八大四中全会又把"依法治国"确立为党的重要主题。由此可见，马克思的无产阶级专政理论是专政与民主的有机结合。当然，实践的发展也在某些方面超越了马克思的无产阶级专政设想。由于历史条件的限制，马克思认为无产阶级国家作为专政政权将是一个

　　① 《马克思恩格斯选集》第 4 卷，人民出版社 1995 年版，第 643 页。

　　② 同上。

　　③ ［美］乔恩·埃尔斯特：《理解马克思》，何怀远译，中国人民大学出版社 2010 年版，第 419—420 页。

非常短暂的时期，在无产阶级国家失去其镇压的存在理由后，人类的史前史将结束，从而进入到共产主义的历史时期。但现在的社会主义国家发展状况表明，作为无产阶级专政的这样一个过渡时期将是一个相当长的时间。

第七章

马克思的政治革命思想（二）
——世界历史视域下的政治革命

从世界历史的视域中考察马克思的政治革命思想，不仅是因为马克思的世界历史理论本身就内含有政治革命的意蕴，即任何对马克思世界历史的思想研究，如果不谈马克思的政治革命思想，那么这种对马克思世界思想的阐述必定是不完整的。正如国内著名的马克思主义研究者张一兵教授所指出的那样，马克思世界历史理论的"焦点意识不在于确证这个资本的世界历史（这是李嘉图已经做了而马克思并没有认识到的事情），而在于从这个世界历史中看到了革命的希望"①。还因为，在研究马克思的政治革命思想时，如果没有对马克思世界历史理论的理解，就无法把握马克思关于政治革命产生的条件、无产阶级在政治革命中所必须采取的现实手段，以及马克思关于政治革命的东方道路特殊性的论证等内容。因此，从世界历史的视域考察马克思的政治革命思想，充分解释马克思政治革命思想与其世界历史理论之间的深刻内在关联，既是我们完整和准确把握、理解马克思的世界历史理论的必然要求，又是我们完整和准确把握、理解马克思的政治革命思想的必然要求。

第一节　马克思的世界历史理论

一　世界历史的概念

一般认为，马克思的世界历史概念有两种不同的含义：一种是

---

① 张一兵、蒙木桂：《神会马克思——马克思哲学原生态的当代阐释》，中国人民大学出版社 2004 年版，第 73 页。

宏观地泛指整个人类的历史；另一种是专门指由近代资本主义社会开创的、在科学技术推动下人类社会所形成的分工合作与普遍交往的历史。

关于世界历史的第一种含义，马克思在《1844 年经济学哲学手稿》中说："整个所谓世界历史不外是人通过人的劳动而诞生的过程，是自然界对人说来的生成过程，所以，关于他通过自身而诞生、关于他的产生过程，他有直观的、无可辩驳的证明。"① 在这里，马克思把世界历史等同于人通过劳动诞生自己的过程、人通过实践打开自然的过程。这样的话，马克思就是在非常宏观的意义上使用世界历史的概念，世界历史的这种含义囊括了人类自诞生以来的一切活动及其历程；并且，马克思在此处的世界历史概念还强调了他关于历史观实质的理解，即历史在本质上只是人的活动及其过程。应该说，马克思此处对历史本质的理解，已经萌芽了他后来唯物主义历史观的一些基本观点和思想。

关于世界历史的第二种含义，马克思在《德意志意识形态》中有许多论述，其中包括这样一段话，马克思说："各个相互影响的活动范围在这个发展进程中越是扩大，各民族的原始封闭状态由于日益完善的生产方式、交往以及因交往而自然形成的不同民族之间的分工消灭得越是彻底，历史也就越是成为世界历史。"② 在这里，马克思把世界历史看作是历史发展到一定阶段所达到的后果。因此，世界历史不是历史的全部，而是历史长河中的一个阶段。如果我们注意到马克思在上述表述前的一段话，就会明白在此处马克思是在一种狭义的意义上使用世界历史这个概念的。马克思说："历史不外是各个世代的依次交替。每一代都利用以前各代遗留下来的材料、资金和生产力；由于这个缘故，每一代一方面在完全改变了的环境下继续从事所继承的活动，另一方面又通过完全改变了的活动来变更旧的环境。"③ 由此可见，当在狭义的意义上使用世界历史的概念时，这种世界历史是生成性的。不仅如此，在马克思那里，

---

① 《马克思恩格斯全集》第 42 卷，人民出版社 1979 年版，第 131 页。
② 《马克思恩格斯选集》第 1 卷，人民出版社 1995 年版，第 88 页。
③ 同上。

这种生成性的历史特别指向近代以来由资本所开创的人的经济、分工、交往等的世界化状态。

二　马克思世界历史理论的产生背景

正如有些学者提出的，马克思世界历史概念及其理论的提出是有其理论渊源与时代背景的，"马克思世界历史理论的直接思想渊源是黑格尔关于世界历史的思想，现实基础则是业已形成并日益扩大的国际贸易和世界市场及其产生的各种效应"①。因此，厘清马克思世界历史理论与其之前的思想，特别是黑格尔世界历史思想之间的关联，对于更加准确和深刻地把握马克思的世界历史理论与思想则显得尤为重要。

从理论上追溯，世界历史的思想源远流长。一些世界历史理论的研究者们认为，关于世界历史的理论最早可以追溯到古希腊时期的哲学家柏拉图、历史学家希罗多德等人。因为在柏拉图的"理想国"思想和希罗多德的"历史"观念中，已经包含了历史过程具有共同性和世界性的思想。在近代，由于地理大发现以及资本主义经济的世界性扩张，过去狭隘的民族性和封闭的地域日益被打破，在历史学和哲学领域中，世界历史的观念又开始流行起来。在历史学领域，像德国人加特勒尔的《世界历史要览》、施勒策尔的《世界历史概略》，英国人凯普贝尔的《自远古迄今的世界历史》等，开始超越传统的民族史、国别史，自觉地把历史作为一个整体，从世界的时空维度整理和编纂历史资料。在哲学领域，1784 年德国思想家赫尔达的《关于历史哲学的观念》、康德的《从世界主义观点出发的世界通史观念》等著作，已经开始自觉地站在哲学的高度，总结和反思近代历史对传统历史的超越，寻找贯穿于历史之中的共同的、本质的东西。但是，总的看来，在马克思之前，关于世界历史的哲学思考在黑格尔那里达到最高峰。黑格尔不仅以其绝对精神为基础建立了一套体系完整的世界历史的观点和理论，而且其中包含

---

① 马俊峰：《马克思世界历史理论的方法论意义》，《中国社会科学》2013 年第 6 期，第 4 页。

的合理的辩证法思想和方法启迪了后来的马克思的世界历史理论，构成了马克思世界历史理论中的重要哲学组成部分，为马克思超越传统的世界历史理论做了理论和思想上的准备。

黑格尔非常重视历史的哲学研究，并专门写作了《历史哲学》。黑格尔认为，研究历史有三种不同的方法，从而形成了三种不同的历史观念。一是原始的历史。这种历史通常是历史学家们由其研究方法而得出的历史，即历史学家们通过简单直观的方式，把外在的精神现象转移到精神观念领域形成的历史。黑格尔认为，原始的历史是一种民族精神尚未觉醒的历史，因此远远没有达到世界历史的高度。二是反思的历史。这种历史在方法论上达到了一定程度的自觉，其对历史的考察已不限于它所叙述的那个时代，它超越了原始历史的时空维度，既要求考察历史本身，又要求对历史事实作出反思，并且其反思在一定程度上开始触及内在的历史精神。三是哲学的历史。这种历史是哲学家们由哲学的思维方法审视历史而得出的历史。黑格尔高度评价哲学的思维方式，认为只有从哲学的思维方式审视事物才能获得深刻的洞见。把哲学的思维方式运用到历史对象上，透过历史现实的偶然性和特殊性，就能真正发现历史发展的内在动力、揭示历史现象之间的内在联系、乃至揭示历史的规律性。也正是在这种哲学的历史观中，黑格尔表达了其世界历史的观念。一方面，黑格尔从作为绝对精神的自由意识出发，以时间为线索，把人类的整个历史过程刻画为一幅世界历史图景。黑格尔说："东方各国只知道一个人是自由的，希腊和罗马世界只知道一部分人是自由的，至于我们知道一切人们（人类之为人类）绝对是自由的。"[①] 因此，世界历史就是自由精神的生成、发展的历史，也是人类以哲学思维方式把握历史时得出的整个人类历史的本质。另一方面，黑格尔从辩证法的角度，强调了历史现象之间的内在关联与逻辑，由此发掘存在于历史现象中的普遍性特性，并得出了历史的结论。在《历史哲学》中，黑格尔在考察法国大革命时，就指出由于法国大革命对其他国家的各个方面的影响，法国大革命不仅仅是一

---

① ［德］黑格尔：《历史哲学》，王造时译，上海书店出版社 2006 年版，第 18 页。

场法国的革命运动，而且是世界历史性的革命运动。黑格尔说："这件大事依照它的内容是'世界历史'性的……它的原则差不多灌输到了一切现代国家，或者以军事战争的方式，或者明白地推行到了各该国的政治生活中。"①

马克思的世界历史理论首先是其生活时代的理论产物和表征。诚然，在近代社会以前，相隔遥远的地域和国家也曾发生过相互的关联，一些杰出的政治家和军事征服者们也曾用一种世界性的眼光来打量生活于其中的世界。例如古代的丝绸之路就曾把欧洲和东方中国联系起来，古希腊时期的军事家亚历山大曾经通过一系列的战争建立了一个包括了亚欧非三大洲的庞大帝国，11世纪的征服者成吉思汗创立的蒙古帝国曾建立了一个横跨亚欧的大帝国。但总体上来看，上述世界性的联系并不紧密，也不是常态性的，往往在人们刚刚建立了世界性的联系后，马上又恢复到各自孤立封闭的旧状态。与过去人们这种偶然性的世界历史不同，自近代以来，随着地理大发现以及资本在世界的扩张寻找原料产地和商品倾销地，人们的这种世界性历史开始变成一种常态，一种不可逆转的趋势，一种必然性的现实。在这种新形成的世界历史格局下，人们的生产、交往越来越密切、不可分割，人们关注世界的眼光越来越超越传统狭隘的民族局限性和地域局限性。马克思敏锐地洞察了在近代世界所发生的这一具有历史意义的重要转变，在其创立科学理论和阐述思想时，已经开始自觉地站在世界历史的高度。例如，1845年与德国经济学家弗·李斯特围绕经济学问题进行论辩时，马克思就自觉地站在世界主义的立场上，对弗·李斯特所主张的带有强烈民族主义色彩的国民经济学进行了批判。马克思说："工业可以被看作是大作坊，在这里人们第一次占有他自己的和自然的力量，使自己对象化，为自己创造人的生活的条件。如果这样看待工业，那就撇开了当前工业从事活动的、工业作为工业所处的环境；那就不是处身于工业时代之中，而是在它之上；那就不是按照工业目前对人来说是什么，而是按照现在的人对人类历史来说是什么，即历史地说他是

---

① ［德］黑格尔：《历史哲学》，王造时译，上海书店出版社2006年版，第499页。

什么来看待工业；所认识的就不是工业本身，不是它现在的存在，倒不如说是工业意识不到的并违反工业的意志而存在于工业中的力量，这种力量消灭工业并为人的生存奠定基础。（主张每个民族自身都经历这种发展……凡是民族作为民族所做的事情，都是他们为人类社会而做的事情，他们的全部价值仅仅在于：每个民族都为其他民族完成了人类从中经历了自己发展的一个主要的使命（主要的方面）。因此，在英国的工业，法国的政治和德国的哲学制定出来之后，它们就是为全世界制定的了，而它们的世界历史意义，也象这些民族的世界历史意义一样，便以此而告结束。）"①

马克思的世界历史理论还建立在对黑格尔世界历史理论批判继承的基础之上。必须承认，马克思的世界历史理论的创立，借鉴了其青年时期精神导师黑格尔世界历史理论中的合理内容和因素。关于这一点，马克思主义研究者一致认为："马克思的世界历史理论是批判地继承了黑格尔的世界历史思想的合理因素，运用其创造的唯物史观和剩余价值论深入研究了近代以来世界经济与社会的运动及其发展趋势而创立的。"② "马克思的世界历史理论不仅是对以上现实社会的反映，同时也是对前人研究成果的继承。在这些人中，包括了各种各样的资产阶级的、空想社会主义的学者，其研究领域也涉及政治经济学、哲学、政治学、历史学、人类学等等……其中，影响最大的，当属古典经济学、黑格尔哲学以及资产阶级世界主义理论。"③

三　马克思世界历史理论对黑格尔世界历史理论的继承与超越

马克思对黑格尔世界历史理论的继承，主要是黑格尔整体主义的世界历史观以及黑格尔辩证思维世界历史的方法论。作为近代古典哲学的集大成者，黑格尔认为，历史不应是一个一个的孤零零的

---

① 《马克思恩格斯全集》第 42 卷，人民出版社 1979 年版，第 257 页。
② 马俊峰：《马克思世界历史理论的方法论意义》，《中国社会科学》2013 年第 6 期，第 4 页。
③ 曹荣湘：《马克思世界历史理论与当代全球化》，中央编译出版社 2006 年版，第 55—56 页。

历史现象，也不应是一堆僵死的材料的堆积。相反，历史应该是一个整体，世界历史就是一种整体构成的历史。黑格尔运用其独有的辩证思维形象地说明其关于整体世界历史的观念。黑格尔说："在世界历史中，我们从事研究的若干个人乃是若干民族，而若干整体乃是若干国家。"① 对黑格尔的这种整体的世界历史观，马克思主义经典作家列宁曾作出这样的评说："世界历史是个整体，而各个民族是它的'器官'。"② 黑格尔的整体主义的世界历史观被马克思所继承，并成为马克思在阐述其世界历史理论时所坚持的一个重要原则。在阐述民族性与世界性的关系时，马克思就从黑格尔的整体主义世界观出发，指出不能截然把民族性与世界性对立起来，而要承认在近代世界历史中的背景性、民族性往往具有世界性。马克思说："凡是民族作为民族所做的事情，都是他们为人类社会而做的事情，他们的全部价值仅仅在于：每个民族都为其他民族完成了人类从中经历了自己发展的一个主要的使命（主要的方面）。"③ 辩证法，作为黑格尔整个哲学体系的合理内核，隐藏在黑格尔哲学体系内的巨大宝藏，也是马克思从黑格尔世界历史理论中继承的合理内容之一。运用辩证的思维方式，黑格尔把世界历史看作是一个由各个历史现象内在关联、相互影响的有机系统。对此，马克思的亲密战友恩格斯给出了积极的评价，恩格斯说："黑格尔第一次……把整个自然的、历史的和精神的世界描写为一个过程，即把它描写为处在不断的运动、变化、转变和发展中，并企图揭示这种运动和发展的内在联系。"④ 马克思在考察历史现象时，时时刻刻都注意运用辩证的思维方式，从历史现象的相互联系出发，看待和分析历史事实。辩证的思维方式，也构成马克思创立其世界历史理论的基础性条件之一。如果我们考察马克思的世界历史理论就会发现，马克思非常注意自觉地辩证地认识和分析历史事实。例如，在考察资本主义生产的世界性时，马克思论述说："如果在英国发明了一种机器，

---

① ［德］黑格尔：《历史哲学》，王造时译，上海书店出版社 2006 年版，第 18 页。
② 《列宁全集》第 55 卷，人民出版社 1990 年版，第 273 页。
③ 《马克思恩格斯全集》第 42 卷，人民出版社 1979 年版，第 257 页。
④ 《马克思恩格斯文集》第 9 卷，人民出版社 2009 年版，第 26 页。

它夺走了印度和中国的无数劳动者的饭碗，并引起这些国家的整个生存形式的改变，那么，这个发明便成为一个世界历史性的事实；同样，砂糖和咖啡是这样来表明自己在 19 世纪具有的世界历史意义的；拿破仑的大陆体系所引起的这两种产品的匮乏推动了德国人起来反抗拿破仑，从而就成为光荣的 1813 年解放战争的现实基础。"①

当然，马克思的世界历史理论与黑格尔的世界历史理论也存在着本质的区别。或者说，马克思的世界历史理论在继承了黑格尔世界历史理论中的合理内容的基础上，又超越了黑格尔的世界历史理论。马克思对黑格尔世界历史的超越是多方面的，在这里我们主要从三个方法简单论述马克思对黑格尔世界历史理论的超越。

第一，马克思的世界历史理论与其唯物主义历史观是内在一致的，在本体论预设上马克思超越了黑格尔的唯心主义世界历史观。黑格尔的世界历史观本质上是唯心主义的。因为黑格尔把作为理念的绝对精神当作世界的本原，因此，在黑格尔那里，历史在本质上是精神史。黑格尔说："从世界历史的观察，我们知道世界历史的进程是一种合理的过程，知道这一种历史已经形成了'世界精神'的合理的必然的路线——这个'世界精神'的本性永远是同一的，而且它在世界存在的各种现象中，显示了它这种单一和同一的本性。正像前面所说过的，这种本性必须表现它自己为历史的最终结果。"② 与黑格尔存在着根本性的区分的是，在马克思看来，人类社会的历史不应该是思想史或精神史，精神与思想也不能构成人类社会历史的内在本质。马克思认为，真正的人类历史只能是人类的生产史，生产活动才是真正的人类活动，是生产活动创造了人类生存和发展的条件，是生产活动赋予了人类社会生活的全部意义。马克思说："我们首先应当确定一切人类生存的第一个前提，也就是一切历史的第一个前提，这个前提是：人们为了能够'创造历史'，必须能够生活。但是为了生活，首先就需要吃喝住穿以及其他一些东西。因此第一个历史活动就是生产满足这些需要的资料，即生产

① 《马克思恩格斯选集》第 1 卷，人民出版社 1995 年版，第 88—89 页。
② ［德］黑格尔：《历史哲学》，王造时译，上海书店出版社 2006 年版，第 10 页。

物质生活本身，而且这是这样的历史活动，一切历史的一种基本条件……因此任何历史观的第一件事情就是必须注意上述基本事实的全部意义和全部范围，并给予应有的重视。"①

第二，马克思的世界历史理论是革命性的，他的世界历史理论与共产主义的解放运动存在着内在的联系。黑格尔的世界历史理论是保守的，他的世界历史理论最终沦为一种为当时普鲁士政府辩护的学说。黑格尔的世界历史理论与其整个哲学体系一样，存在着内在的矛盾。一方面，黑格尔的辩证法把整个世界刻画为一幅永恒变化、不断发展的画面；另一方面，黑格尔的哲学体系却提出了绝对精神在经过漫长的游历之后，已在他的哲学体系中回复到自身，因此他的哲学就意味着发展的终结、哲学的终结。黑格尔的哲学的矛盾反映了他在面临当时德国现实的矛盾态度。在黑格尔的内心深处，他深怀革命的渴望，但作为普鲁士的御用哲学家，他又不得不利用其哲学为当时的普鲁士政府辩护。黑格尔的理论与现实的矛盾同样体现在其世界历史理论中。黑格尔的世界历史理论一方面看到了历史的整体性、连续性；另一方面他的世界历史理论又认为历史发展到当时的普鲁士开明君主制就已经停止了、终结了。因此，从政治方面看，黑格尔的世界历史理论是保守的。马克思的世界历史理论把世界历史的展开与人的自由解放道路统一起来，即随着世界历史的不断拓展，人的解放和自由也不断获得新的高度。马克思的世界历史理论并没有为历史预设一个重点。尽管马克思也讲到共产主义社会，但是我们应该注意，马克思曾经明确地讲过，共产主义不是一种确实的状况，而是一种现实的运动。马克思说："共产主义对我们来说不是应当确立的状况，不是现实应当与之相适应的理想。我们所称为共产主义的是那种消灭现存状况的现实的运动。这个运动的条件是由现有的前提产生的。"② 所以，与黑格尔的世界历史理论相比，马克思的世界历史理论是开放的、革命性的。

第三，马克思的世界历史理论超越了民族性，黑格尔的世界历

---

① 《马克思恩格斯选集》第 1 卷，人民出版社 1995 年版，第 78—79 页。

② 同上书，第 87 页。

史理论陷入了欧洲中心主义的窠臼。黑格尔的世界历史理论，从地域性看，它是世界性的；但从民族性看，它并没有达到世界性的高度。特别是，黑格尔的世界历史理论中隐藏着欧洲中心论的论调。在谈到作为历史本质的世界精神的发展历程时，黑格尔说："因为地球虽然是圆的，历史并不围绕着它转动，相反的，历史是有一个决定的'东方'，这就是亚细亚。那个外界的物质的太阳便在这里升起，而在西方沉没的那个自觉的太阳也是在这里升起，散播着一种更为高贵的光明。"① 在这里，黑格尔认为东方文明是世界精神的原始时期，西方文明则是世界精神的成熟时期，与东方文明相比，诞生于欧洲的西方文明"散发着一种更为高贵的光明"。对黑格尔的这种还没有超越民族性的、狭隘的世界历史理论，马克思在《德意志意识形态》中批判青年黑格尔学派时曾这样抨击说："唯一的历史起初发生在雅典的斯多葛学派中，后来几乎完全发生在德国，最后则发生在柏林的库福尔格拉班（柏林的运河和它的河岸街之一，黑格尔曾经住在这个地方），即'近代哲学或者近代'的暴君建立了自己的城堡之处。由此可见，这里谈的完全是民族的和地方的事情。"②

第二节　世界历史理论与共产主义革命

马克思的世界理论是当今马克思主义理论研究的一个热点问题。究其原因，应该说与当今世界的经济全球化背景有密切的联系。部分马克思主义研究者认为，马克思的世界历史理论预言了当前世界全球化的趋势与现实，马克思的世界历史理论和方法也是说明、分析当前世界全球化中一些问题的有效手段。例如美国学者约翰·卡西迪就认为："'全球化'是20世纪末每一个人都在谈论的

---

① ［德］黑格尔：《历史哲学》，王造时译，上海书店出版社 2006 年版，第 148—149 页。
② 马克思、恩格斯：《德意志意识形态》，人民出版社 1961 年版，第 190—191 页。

时髦话语，但 150 年前马克思就预见到它的许多后果。"① "马克思写下了关于全球化……等动人的段落，现代经济学家们又碰到这些问题，他们有时并没有意识到自己正在步马克思的后尘。"② 国内也有学者认为："马克思的世界历史理论是我们研究当代的全球化的理论明灯。虽然当代的全球化出现了许多新的特点，但马克思所揭示的世界历史的实然状态即资本主义的全球性扩张和世界性发展仍是当代全球化的本质，因此，马克思基于全球化或世界历史的这一本质而提出的世界历史理论同样适用于分析当代的全球化。"③

确实，马克思的世界历史理论尽管与今天的全球化存在一定的关联。但问题在于，过分强调它们之间的内在关联，而忽视存在于两者之间的巨大的时空视差，这种对马克思世界历史理论的研究方法是否可取？是否符合马克思文本的特定历史语境？如果我们仔细考察马克思关于世界历史理论的阐述就会发现，其主要内容大多见诸《德意志意识形态》和《共产党宣言》，而对上述文本和内容的进一步研究还会发现，马克思对世界历史的论证，尽管有生产、分工、交往等经济全球化的视角，但其目标是服务于共产主义革命的合法性。因此，马克思的世界历史理论与其共产主义革命的理论存在着内在的一致性。

一　世界历史的形成与资本主义社会的诞生

在大多数情况下，马克思是在狭义上谈论世界历史概念的。在马克思那里，狭义的世界历史是由近代资本主义社会开创的、在科学技术推动下人类社会所形成的分工合作与普遍交往的历史。在此意义上，正如马克思所说："世界史不是过去一直存在的；作为世界史的历史是结果。"④

---

① 俞可平编：《全球化时代的"马克思主义"》，中央编译出版社 1998 年版，第 1 页。

② 同上书，第 4 页。

③ 夏昌奇：《马克思世界历史理论研讨专题》，《武汉大学学报》2003 年第 2 期，第 154 页。

④ 《马克思恩格斯选集》第 2 卷，人民出版社 1995 年版，第 28 页。

　　首先，马克思认为历史向世界历史转变是一个客观的、现实的过程。马克思说："历史向世界历史的转变，不是'自我意识'、宇宙精神或者某个形而上学怪影的某种纯粹的抽象行动，而是完全物质的、可以通过经验证明的行为，每一个过着实际生活的、需要吃、喝、穿的个人都可以证明这种行动。"① 作为客观、现实过程的世界历史，主要是通过人们的实际生活，特别是物质生产活动来确认的。这就表明，马克思的世界历史理论是建立在其唯物主义历史观基础之上的，因为马克思反对那种从"自我意识"、宇宙精神等形而上学层面谈论世界历史的转变，强调世界历史的实现完全是通过人的形态表现，并通过人们的实际生活来证明。关于这一点，国内学者们曾经争辩过马克思世界历史理论与其唯物主义历史观之间的关系。即究竟是马克思的世界历史理论构成了马克思唯物主义历史观产生的前提，还是马克思的唯物史观是其世界历史理论的理论预设？我们的观点是，不能简单地谈论马克思的关于世界历史理论与唯物主义历史观谁在前，谁在后的问题，因为这种提问题的方式就是一种马克思所反对的简单的线性思维方式。无论是从发生学的角度来看，还是从马克思的思维方式来看，它们都应该是相互支撑、互文互释的。

　　其次，马克思认为，历史向世界历史转变的这一现实过程，发生在近代资本主义产生这一特定的历史阶段。马克思在论述近代世界历史的形成过程时，明确地指出世界历史形成于人们活动和交往范围的扩大，形成于原始的封闭状态被打破，形成于不同民族之间的分工被消灭。马克思说："各个相互影响的活动范围在这个发展进程中越是扩大，各民族的原始封闭状态由于日益完善的生产方式、交往以及因交往而自然形成的不同民族之间的分工消灭得越是彻底，历史也就越是成为世界历史。"② 很明显，马克思所描绘的上述现实过程，正是近代资本主义产生过程中所具有的典型现象。例如，在马克思描绘了上述现实过程之后，他马上举了两个例子对近

---

① 《马克思恩格斯选集》第 1 卷，人民出版社 1995 年版，第 89 页。
② 同上书，第 88 页。

代历史向世界历史转变作了证明。马克思举例说："如果在英国发明了一种机器，它夺走了印度和中国的无数劳动者的饭碗，并引起这些国家的整个生存形式的改变，那么，这个发明便成为一个世界历史性的事实；同样，砂糖和咖啡也是这样来表明自己在 19 世纪具有的世界历史意义的：拿破仑的大陆体系所引起的这两种产品的匮乏推动了德国人起来反抗拿破仑，从而就成为光荣的 1813 年解放战争的现实基础。"① 马克思列举的上述两个例子，都是近代资本主义社会中发生的具有普遍和典型性的事件。另外，马克思在论述资本主义的产生时，曾明确地表示在资本的殖民开拓中，随着市场日益扩大为世界市场，人类的历史开始进入一个新阶段。马克思说："随着美洲和通往东印度航线的发现，交往扩大了，工场手工业和整个生产运动有了巨大的发展。从那里输入的新产品，特别是进入流通的大量金银完全改变了阶级之间的相互关系，并且沉重地打击了封建土地所有制和劳动者；冒险的远征，殖民地的开拓，首先是当时的市场已经可能扩大为而且日益扩大为世界市场，——所有这一切产生了历史发展的一个新阶段。"② 与世界市场相结合，马克思在这里所说的新阶段，所指的应该就是世界历史的新阶段，而这一新阶段，也正是资本主义在近代产生，并且不断发展的时期。

再次，马克思还特别强调了资本主义的大工业生产在近代历史向世界历史转变过程中的决定性作用。大工业是近代资本主义的典型标志，正是通过大工业的生产方式，资本主义获得了超越以往一切社会的更加发达的生产力。因此，马克思特别强调大工业生产在资本主义社会中的象征性地位。马克思说："实际上，资本主义生产方式只有随同大工业一起才得到充分的发展（虽然还仅仅是散见的发展），因此，它作为某种整体只是从十八世纪后三十年才开始出现。"③ 马克思认为，资本主义的大工业是近代历史向世界历史转变的深刻的内在动力。马克思说："大工业通过普遍的竞争迫使所有个人的全部精力处于高度紧张状态。它尽可能地消灭意识形态、

---

① 《马克思恩格斯选集》第 1 卷，人民出版社 1995 年版，第 88—89 页。
② 同上书，第 110 页。
③ 《马克思恩格斯全集》第 48 卷，人民出版社 1985 年版，第 120 页。

宗教、道德等等，而在它无法做到这一点的地方，它就把它们变成赤裸裸的谎言。它首次开创了世界历史，因为它使每个文明国家以及这些国家中的每一个人的需要的满足都依赖于整个世界，因为它消灭了各国以往自然形成的闭关自守的状态。它使自然科学从属于资本，并使分工丧失了自己自然形成的性质的最后一点假象。它把自然形成的性质一概消灭掉，只要在劳动的范围内有可能做到这一点，它并且把所有自然形成的关系变成货币的关系。它建立了现代的大工业城市——它们的出现如雨后春笋——来代替自然形成的城市。凡是它渗入的地方，它就破坏手工业和工业的一切旧阶段。"①"资产阶级，由于开拓了世界市场，使一切国家的生产和消费都成为世界性的了。……资产阶级挖掉了工业脚下的民族基础。古老的民族工业被消灭了，并且每天都还在被消灭。它们被新的工业排挤掉了，新的工业的建立已经成为一切文明民族的生命攸关的问题；这些工业所加工的，已经不是本地的原料，而是来自极其遥远的地区的原料；它们的产品不仅供本国消费，而且同时供世界各地消费。旧的、靠本国产品来满足的需要，被新的、要靠极其遥远的国家和地带的产品来满足的需要所代替了。过去那种地方的和民族的自给自足和闭关自守状态，被各民族的各方面的互相交往和各方面的相互依赖所代替了。物质的生产是如此，精神的生产也是如此。各民族的精神产品成了公共的财产。民族的片面性和局限性日益成为不可能，于是由许多种民族的和地方的文学形成了一种世界的文学。"② 由此可见，在马克思看来，资本主义的大工业不仅消灭了人类社会中一切自然性质的假象，使得分工与生产都变成世界性的；而且还消灭了意识形态、宗教、道德等，使得民族精神和地方文学等变成世界性的了。总之，资本主义的大工业开创了世界历史。

二　世界历史的发展与共产主义的必然性

近代以来，世界历史的形成与资本主义的产生保持着某种同

① 《马克思恩格斯选集》第 1 卷，人民出版社 1995 年版，第 114 页。
② 同上书，第 276 页。

步。但随着世界历史的不断深入推进，它与资本主义的关系也将发生本质性的变化，资本主义不仅不再成为它的合理内容，而且必然被其扬弃，取而代之的将是一种新的社会形式，即共产主义。所以，在马克思的世界历史理论中，世界历史的最终目标指向是共产主义社会。从这方面来看，马克思的世界历史理论也是一种为未来共产主义革命合法性辩护的理论。关于这一点，国内的马克思主义研究者张奎良说："马克思的划时代的贡献还特别表现在他不忘记革命的本色和使命，不满足于单纯地说明历史，还把世界历史与无产阶级的解放和共产主义的实现连接起来，这说明，共产主义与世界历史是相互平行、互为条件的，没有世界历史的深入发展，共产主义就不可能实现。所以，关注世界历史，融入世界历史，推进世界历史是一切共产主义者的神圣责任。"①

　　首先，从唯物史观出发，马克思认为未来共产主义社会必定建立在生产力高度发达的条件之下，而生产力的高度发达状态又与人们世界历史性的存在是一致的。毫无疑问，在强调未来共产主义社会的历史必然性时，马克思把生产力的不断发展和扩大作为起决定性作用的基本前提。马克思说："要使这种异化成为一种'不堪忍受的'力量，即成为革命所要反对的力量，就必须让它把人类的大多数变成完全'没有财产的'人，同时这些人又同现存的有钱有教养的世界相对立，而这两个条件都是以生产力的巨大增长和高度发展为前提的。"②"另一方面，生产力的这种发展……之所以是绝对必需的实际前提，还因为如果没有这种发展，那就只会有贫困、极端贫困的普遍化；而在极端贫困的情况下，必须重新开始争取必需品的斗争，全部陈腐污浊的东西又要死灰复燃。"③在论述共产主义社会的生产力前提的条件后，马克思指出了生产力的高度发展与历史世界化之间步调一致的关系。马克思认为，随着生产力的发展

---

　　①　张奎良：《马克思世界历史思想的深远意义》，《哲学动态》2013 年第 10 期，第 8—9 页。

　　②　《马克思恩格斯选集》第 1 卷，人民出版社 1995 年版，第 86 页。

　　③　同上。

"人们的世界历史性的而不是地域性的存在同时已经是经验的存在了"①。"生产力的这种发展之所以是绝对必需的实际前提，还因为：只有随着生产力的这种普遍发展，人们的普遍交往才能建立起来；普遍交往，一方面，可以产生一切民族中同时都存在着'没有财产的'群众这一现象（普遍竞争），使每一民族都依赖于其他民族的变革。"②

其次，马克思还从人的解放实现程度论证了未来共产主义社会与世界历史的一致性。在马克思那里，共产主义社会也就是人对自由本质的真正占有。早在《1844 年经济学哲学手稿》中，马克思就说道："共产主义是私有财产即人的自我异化的积极扬弃，因而是通过人并且为了人而对人的本质的真正占有；因此，它是人向自身、向社会的即合乎人性的复归，这种复归是完全的、自觉的，和在以往发展的全部财富的范围内生成的。"③ 而在马克思看来，人要克服异化状态，实现对自由本质的真正占有，就必须超越民族的局限性和地域的局限性，在实际的物质生产活动和精神生产活动中同整个世界发生实际联系。也只有在世界历史中，人们才可能结成全面的依存关系，从而把过去支配他们的力量转变为一种能够自觉驾驭和控制的力量。对此，马克思在《德意志意识形态》中有一大段的论述，马克思说："单个人随着自己的活动扩大为世界历史性的活动，越来越受到对他们来说是异己的力量的支配（他们把这种压迫想象为所谓的宇宙精神等等的圈套），受到日益扩大的、归根结底表现为世界市场的力量的支配，这种情况在迄今为止的历史中当然也是经验事实。但是，另一种情况也具有同样的经验根据，这就是：随着现存社会制度被共产主义革命所推翻（下面还要谈到这一点）以及与这一革命具有同等意义的私有制的消灭，这种对德国理论家们来说是如此神秘的力量也将被消灭；同时，每一个单个人的解放程度是与历史完全转变为世界历史的程度一致的。至于个人的

---

① 《马克思恩格斯选集》第 1 卷，人民出版社 1995 年版，第 86 页。
② 同上。
③ 马克思：《1844 年经济学哲学手稿》，人民出版社 2000 年版，第 81 页。

真正的精神财富完全取决于他的现实关系的财富，根据上面的叙述，这已经很清楚了。只有这样，单个人才能摆脱种种民族局限和地域局限而同整个世界的生产（也同精神的生产）发生实际联系，才能获得利用全球的这种全面的生产（人们的创造）的能力。各个人的全面的依存关系、他们的这种自然形成的世界历史性的共同活动的最初形式，由于这种共产主义革命而转化为对下述力量的控制和自觉的驾驭……"①

再次，马克思认为未来共产主义的实现是一种世界性的历史事实。马克思认为，世界历史与共产主义社会的内在一致性还表现在，未来共产主义的实现必须是作为"世界历史性"的才有可能。关于这一点，马克思有过一段经典的表述。马克思说："地域性的个人为世界历史性的、经验上普遍的个人所代替。不这样，（1）共产主义就只能作为某种地域性的东西而存在；（2）交往的力量本身就不可能发展成为一种普遍的因而是不堪忍受的力量：它们会依然处于地方的、笼罩着迷信气氛的'状态'；（3）交往的任何扩大都会消灭地域性的共产主义。共产主义只有作为占统治地位的各民族'一下子'同时发生的行动，在经验上才是可能的，而这是以生产力的普遍发展和与此相联系的世界交往为前提的。"② 另外，在《德意志意识形态》中，马克思还强调说："共产主义——它的事业——只有作为'世界历史性的'存在才有可能实现。"③ 由此可见，马克思认为由于近代以来历史不断世界化的必然趋向，使得共产主义革命及其社会很难作为一种区域性的事件而存在，未来的共产主义只能是占统治地位的民族一下子同时发生的行为。

三　分工与阶级对立、政治革命

在马克思的历史哲学中，马克思关于分工的阐述构成了其整个历史理论的一条内在线索。在《德意志意识形态》中，马克思不仅把分工作为理论的起点，详细地阐述了由分工导致的历史向世界史

---

① 《马克思恩格斯选集》第1卷，人民出版社1995年版，第89—90页。
② 同上书，第86页。
③ 同上书，第87页。

演进这一客观进程，而且从政治哲学来看，马克思还通过其分工理论，表达了由社会分工形成的各种对立关系，包括城乡的对立、阶级的对立、东方社会与西方社会的对立等，是造成政治对抗乃至政治革命的重要原因之一的思想。

　　分工理论是马克思世界历史理论体系中的一个关键环节。在《德意志意识形态》中，我们能够很清楚地看到，首先，马克思关于世界历史的考察，是从分工概念开始的。在确立了自己的唯物主义历史前提，以及现实的人在历史中的实现之后，马克思立即说道："与此同时分工也发展起来。分工起初只是性行为方面的分工，后来是由于天赋（例如体力）、需要、偶然性等等才自发地或'自然形成'分工。分工只是从物质劳动和精神劳动分离的时候起才真正成为分工。从这时候起意识才能现实地想象：它是和现存实践的意识不同的某种东西；它不用想象某种现实的东西就能现实地想象某种东西。"① 其次，在世界历史的形成过程中，分工与生产力一样，是历史向世界史演进的内在动力。正如国内马克思主义研究者杨学功教授所指出的那样，在马克思的世界历史理论中，"由分工和交往的扩大而引起的生产方式的变革是民族的、地域的历史转变为世界历史的物质基础"②。分工之所以能够成为历史发展以及历史向世界历史演进的内在动力，就在于分工与生产力在本质上是一致的。马克思说："一个民族的生产力发展的水平，最明显地表现于该民族分工的发展程度。"③ 分工与生产力在本质上的一致，表明分工也像生产力一样，构成了划分不同社会形态的根本性标志。马克思说："分工发展的各个不同阶段，同时也就是所有制的各种不同形式。"④ 最后，马克思认为，分工的消灭也就是世界历史的真正形成。在马克思看来，分工具有历史性。尽管社会分工的形成与人类历史的开启具有内在的一致性，并且分工越发达标志着人类历史的

　　① 《马克思恩格斯选集》第 1 卷，人民出版社 1995 年版，第 82 页。
　　② 杨学功：《超越哲学同质性神话——马克思哲学革命的当代解读》，北京大学出版社 2010 年版，第 198 页。
　　③ 《马克思恩格斯选集》第 1 卷，人民出版社 1995 年版，第 68 页。
　　④ 同上。

生产力水平和发展程度越高，但人类历史的发展最终却要求超越分工、克服分工，从而进入到一定更高的层级和阶级。当人类历史发展到超越分工、克服分工之时，也就意味着人类历史进入了世界历史这一全新的阶段。马克思说："各个相互影响的活动范围在这个发展进程中越是扩大，各民族的原始封闭状态由于日益完善的生产方式、交往以及因交往而自然形成的不同民族之间的分工消灭得越是彻底，历史也就越是成为世界历史。"①

分工在推动历史向世界史演进的过程中，不仅造成了体力劳动和脑力劳动的分裂，导致了人的意识与社会现实之间的矛盾，而且分工是人类社会历史生活中种种矛盾的总根源，它导致了产品分配的不平等、私有制的产生、家庭中丈夫与妻子和儿女的对立等。总之，马克思认为，分工与私有制是同一件事情，是人类社会一切不平等、不公正的根源。马克思说："分工包含着所有这些矛盾，而且又是以家庭中自然形成的分工和以社会分裂为单个的、互相对立的家庭这一点为基础的。与这种分工同时出现的还有分配，而且是劳动及其产品的不平等的分配（无论在数量上或质量上）；因而产生了所有制，它的萌芽和最初形式在家庭中已经出现，在那里妻子和儿女是丈夫的奴隶。家庭中这种诚然还非常原始和隐蔽的奴隶制，是最初的所有制，但就是这种所有制也完全符合现代经济学家所下的定义，即所有制是对他人劳动力的支配。其实，分工和私有制是相等的表达方式，对同一件事情，一个是就活动而言，另一个是就活动的产品而言。"②

在社会政治生活领域，马克思指出，作为最高政治单元的国家也是分工的产物，分工导致了个人利益与公共利益之间的矛盾，国家就是作为一种虚幻的共同体，代表着共同利益的政治体。马克思说："随着分工的发展也产生了单个人的利益或单个家庭的利益与所有互相交往的个人的共同利益之间的矛盾；而且这种共同利益不是仅仅作为一种'普遍的东西'存在于观念之中，而首先是作为彼

① 《马克思恩格斯选集》第 1 卷，人民出版社 1995 年版，第 88 页。
② 同上书，第 83—84 页。

此有了分工的个人之间的相互依存关系存在于现实之中。正是由于特殊利益和共同利益之间的这种矛盾，共同利益才采取国家这种与实际的单个利益和全体利益相脱离的独立形式，同时采取虚幻的共同体形式，而这始终是在每一个家庭集团或部落集团中现有的骨肉联系、语言联系、较大规模的分工联系以及其他利益的联系的现实基础上，特别是在我们以后将要阐明的已经由分工决定的阶级的基础上产生的，这些阶级是通过每一个这样的人群分离开来的，其中一个阶级统治着其他一切阶级。"①

马克思还指出，分工是导致城市和乡村对立，社会划分为两大对立阶级的主要力量之一。马克思说："物质劳动和精神劳动的最大的一次分工，就是城市和乡村的分离。城乡之间的对立是随着野蛮向文明的过渡、部落制度向国家的过渡、地域局限性向民族的过渡开始的，它贯穿着文明的全部历史直至现在（反谷物法同盟）。——随着城市的出现，必然要有行政机关、警察、赋税等等，一句话，必然要有公共的政治机构［Gemeindewesen］，从而也就必然要有一般政治。在这里，居民第一次划分为两大阶级，这种划分直接以分工和生产工具为基础……城乡之间的对立只有在私有制的范围内才能存在。城乡之间的对立是个人屈从于分工、屈从于他被迫从事的某种活动的最鲜明的反映，这种屈从把一部分人变为受局限的城市动物，把另一部分人变为受局限的乡村动物，并且每天都重新产生二者利益之间的对立。"② 马克思还详细指出，分工不仅是社会分裂为两大对立阶级的主要力量，而且还是统治阶级内部分裂的内在动力。当然，马克思也说明，与阶级之间的对抗相比，由分工导致的统治阶级内部的分裂并不具有根本性。当政治革命正式爆发后，统治阶级内部的分裂会自行消失，而阶级之间的冲突和对抗将是对立的唯一合法形式。马克思说："我们在上面已经说明分工是迄今为止历史的主要力量之一，现在，分工也以精神劳动和物质劳动的分工的形式在统治阶级中间表现出来，因此在这个阶级内

---

① 《马克思恩格斯选集》第 1 卷，人民出版社 1995 年版，第 84 页。
② 同上书，第 104 页。

部，一部分人是作为该阶级的思想家出现的，他们是这一阶级的积极的、有概括能力的玄想家，他们把编造这一阶级关于自身的幻想当作主要的谋生之道，而另一些人对于这些思想和幻想则采取比较消极的态度，并且准备接受这些思想和幻想……在这一阶级内部，这种分裂甚至可以发展成为这两部分人之间的某种程度的对立和敌视，但是一旦发生任何实际冲突，即当阶级本身受到威胁的时候，当占统治地位的思想好像不是统治阶级的思想而且好像拥有与这一阶级的权力不同的权力这种假象也趋于消失的时候，这种对立和敌视便会自行消失。"①

马克思也特别注意把其分工理论作为重要的工具，运用于近现代资本主义社会。通过分工理论，马克思一方面揭示了近代资产阶级和无产阶级产生的历史根源；另一方面，马克思批判了劳动者在资本主义社会下的异化状态。在历史追溯近代资产阶级、无产阶级的形成过程时，马克思是沿着分工的线索展开的。例如，在谈到近代城市的产生、新兴资产阶级的形成过程时，马克思说："分工的进一步扩大是生产和交往的分离，是商人这一特殊阶级的形成。这种分离在随历史保存下来的城市（其中有住有犹太人的城市）里被继承下来，并很快就在新兴的城市中出现了。"② 以分工为基础，马克思在论证了近代资产阶级、无产阶级以及资本主义社会产生的历史现实性之后，立即又运用分工理论这一有力工具，论述了分工在当代社会所造成的普遍异化状态。这首先表现为，分工是造成人们在社会中职业以及地位不同的重要原因。马克思说："亚当·斯密比蒲鲁东先生所想象的要看得远些。他很清楚地看到：'个人之间天赋才能的差异，实际上远没有我们所设想的那么大；这些十分不同的、看来是使从事各种职业的成年人彼此有所区别的才赋，与其说是分工的原因，不如说是分工的结果。'从根本上说，搬运夫和哲学家之间的差别要比家犬和猎犬之间的差别小得多，他们之间的鸿沟是分工掘成的。"③ 另外，分工使人的自由而全面发展的内在本

① 《马克思恩格斯选集》第 1 卷，人民出版社 1995 年版，第 99 页。
② 同上书，第 107 页。
③ 同上书，第 157—158 页。

质受到压制，使工人成为专业化的奴隶，成为屈从于分工的职业痴呆者。对此，马克思进行了辛辣的嘲讽。马克思说："现代社会内部分工的特点，在于它产生了特长和专业，同时也产生职业的痴呆。勒蒙泰说：'我们十分惊异，在古代，一个人既是杰出的哲学家，同时又是杰出的诗人、演说家、历史学家、牧师、执政者和军事家。这样多方面的活动使我们吃惊。现在每一个人都在为自己筑起一道藩篱，把自己束缚在里面。我不知道这样分割之后活动领域是否会扩大，但是我却清楚地知道，这样一来，人是缩小了。'"①"自动工厂中分工的特点，是劳动在这里已完全丧失专业的性质。但是，当一切专门发展一旦停止，个人对普遍性的要求以及全面发展的趋势就开始显露出来。自动工厂消除着专业和职业的痴呆。"②"分工使工人去从事屈辱身分的职能；被损害的灵魂与这种屈辱身份的职能相适应，而工资的不断急降又与灵魂的被损害相适应。"③

第三节　同时胜利与东方道路

在世界历史的视域中考察马克思的政治革命理论，其中的一个关注焦点就是，马克思的同时胜利理论与东方道路之间是否存在矛盾的问题。一方面，从世界历史的现实出发，马克思提出了共产主义革命将是世界性的革命，将是在一切文明国家同时发生的革命。另一方面，在马克思晚年时，他通过对俄国经济、社会条件和发展道路的研究，提出了俄国有可能跨过资本主义的"卡夫丁峡谷"，直接过渡和进入到共产主义社会的东方道路理论。这里的问题是，应该如何解读马克思世界历史视域中的同时胜利理论？同时胜利是否单单只是一个时间概念？同时胜利是否必然指世界上的所有国家迈入共产主义这一特定历史阶段时其进程的齐一性？如果按照同时胜利理论的字面意思来理解，那么马克思同时胜利的理论是否与其

---

① 《马克思恩格斯选集》第 1 卷，人民出版社 1995 年版，第 169 页。
② 同上。
③ 同上书，第 160 页。

后来的东方道路存在矛盾？如果存在矛盾，这种矛盾是由马克思及其思想从青年马克思向晚年马克思转化造成的？还是由马克思在后来通过对东方社会的研究，意识到他过去共产主义革命理论的不完整，由此修正和超越了他过去的共产主义理论造成的？

一 世界历史视域下的同时胜利理论

马克思提出世界历史理论，不仅仅只是为了简单地描述他生活于其中的社会生活领域中所发生的深刻变化及其事实，而是服务于他的要求改变世界，实践共产主义革命事业的崇高理想的。关于这一点，国内马克思主义研究者张奎良教授说："马克思提出世界历史思想的目的绝不限于理论旨趣，仅仅是为了说明历史，更重要的是为了改变世界，推进历史，解决世界历史的实践课题。世界历史思想的核心问题是各民族如何加速走向世界历史，深入推进世界历史。对于西方资本主义国家来说，它们已经开创和走向世界历史，今后的问题是如何发动革命实现社会主义和共产主义，结束史前史，走向真正的人类历史。马克思一方面深化对共产主义的理论研究和阐发，相继写出了《共产党宣言》、《资本论》和《哥达纲领批判》等著作，使科学共产主义理论臻于完善。同时加强对工人运动的领导，成立了第一国际，指导了巴黎公社革命，在实践上为推进国际共产主义运动而斗争。"①

正是在阐述世界历史背景下的共产主义革命中，马克思提出了关于共产主义革命同时胜利的理论。关于第一点，在马克思的《德意志意识形态》中有过集中和明确的表达。首先，正如我们在前面已经论述过的，马克思把共产主义革命看作是一项世界性的历史事业，共产主义只有作为世界历史性的存在才具有意义。因为在马克思看来，不仅仅是资本的发展开拓了世界历史，从而使资本主义必然变为世界历史所要克服和超越的对象，而且在世界历史的发展中，产生了消灭资本的新生产力代表，即无产阶级。马克思说：

① 张奎良：《马克思世界历史思想的深远意义》，《哲学动态》2013 年第 10 期，第 8—9 页。

"许许多多人仅仅依靠自己劳动为生——大量的劳力与资本隔绝或甚至连有限地满足自己的需要的可能性都被剥夺，——从而由于竞争，他们不再是暂时失去作为有保障的生活来源的工作，他们陷于绝境，这种状况是以世界市场的存在为前提的。因此，无产阶级只有在世界历史意义上才能存在，就像共产主义——它的事业——只有作为'世界历史性的'存在才有可能实现一样。而各个人的世界历史性的存在，也就是与世界历史直接相联系的各个人的存在。"①其次，马克思明确指出，在世界历史的条件下，共产主义只能是各个民族"一下子"同时发生的行动。这是因为，"资本和劳动之间的斗争是普遍的，无处不有，一句话，具有全世界性质，因此他们力图使各国工人彼此互相了解；这一点尤其必要是因为资本家对工人的雇用越来越具有世界性，不仅在美国，而且在英国、法国和德国，都利用外国工人来对付本国工人。于是各个国家的工人之间就产生了国际联系，这证明社会主义不仅是地方性的问题，而且是国际性的问题，这一问题应该通过工人的国际行动来解决"②。由此，马克思得出结论说："共产主义只有作为占统治地位的各民族'一下子'同时发生的行动，在经验上才是可能的，而这是以生产力的普遍发展和与此相联系的世界交往为前提的。"③

马克思关于共产主义革命同时胜利的理论，得到他的亲密战友恩格斯的坚定支持。在马克思主义关于同时胜利理论的文本学中，其中有一段经典表述是恩格斯作出的。《共产主义原理》是后来马克思和恩格斯合著的著名的《共产党宣言》的初稿。在《共产主义原理》中，恩格斯以问答的形式阐述了他和马克思关于共产主义理论的基本理论和原则，一共有二十四个问答，其中第十九个问答直接涉及马克思主义的共产主义革命同时胜利理论。恩格斯写道："第十九个问题：这种革命能不能单独在一个国家发生？答：不能。单是大工业建立了世界市场这一点，就把全球各国人民，尤其是各文明国家的人民，彼此紧紧地联系起来，以致每一个国家的人民都

---

① 《马克思恩格斯选集》第 1 卷，人民出版社 1995 年版，第 87 页。
② 《马克思恩格斯全集》第 45 卷，人民出版社 1985 年版，第 712 页。
③ 《马克思恩格斯选集》第 1 卷，人民出版社 1995 年版，第 86 页。

受到另一国家发生的事情的影响。此外，大工业使所有文明国家的
社会发展大致相同，以致在所有这些国家，资产阶级和无产阶级都
成了社会上两个起决定作用的阶级，它们之间的斗争成了当前的主
要斗争。因此，共产主义革命将不是仅仅一个国家的革命，而是将
在一切文明国家里，至少在英国、美国、法国、德国同时发生的革
命，在这些国家的每一个国家中，共产主义革命发展得较快或较
慢，要看这个国家是否有较发达的工业、较多的财富和比较大量的
生产力。因此，在德国实现共产主义革命最慢最困难，在英国最快
最容易。共产主义革命也会大大影响世界上其他国家，会完全改变
并大大加速它们原来的发展进程。它是世界性的革命，所以将有世
界性的活动场所。"① 在这里，恩格斯是以否定的形式来阐述同时胜
利理论的。恩格斯认为，共产主义革命不能单独在一个国家发生并
取得胜利，从否定的方面指出，由于世界市场和大工业，共产主义
革命不再可能仅仅是一个国家的革命。由此，恩格斯得出的结论
是，在世界历史的条件下，共产主义革命将是在世界性场所发生的
世界性革命。

　　在列出马克思、恩格斯关于共产主义革命同时胜利的主要文本
后，我们再结合文本的语境与上下文，仔细分析马克思和恩格斯关
于同时胜利理论的意思。很明显，无论是马克思还是恩格斯，他们
在阐述其共产主义革命同时胜利的理论时，都把该理论置于世界历
史的条件或背景之下，例如世界意义的无产阶级、世界交往、大工
业、世界市场等。但我们注意到，马克思和恩格斯在谈论共产主义
革命同时胜利时，在其表述中都有一个限制性的条件。马克思讲同
时胜利的共产主义革命时，说这是"占统治地位的各民族'一下
子'同时发生的行动"②；恩格斯讲同时胜利的共产主义革命时，说
这是"将在一切文明国家里，至少在英国、美国、法国、德国同时
发生的革命"③。并且，恩格斯补充说："在这些国家的每一个国家
中，共产主义革命发展得较快或较慢，要看这个国家是否有较发达

---

①　《马克思恩格斯选集》第 1 卷，人民出版社 1995 年版，第 241 页。
②　同上书，第 86 页。
③　同上书，第 241 页。

的工业、较多的财富和比较大量的生产力。因此，在德国实现共产主义革命最慢最困难，在英国最快最容易。"① 由此，无论是马克思讲的"一下子"，还是他和恩格斯讲的"同时"，在这里我们都不能仅仅作字面的理解，不能简单地把它看成是一个时间概念。因为，如果我们把同时理解为一个时间概念，那么就无法解释恩格斯所说的共产主义革命在英国最快最容易，在德国最慢最困难，它在发达资本主义国家或快或慢，其进程取决于发达资本主义国家的工业发达程度的观点。对此，国内有学者认为："这里的'一下子'与其说是一个时间概念，不如说是一个逻辑概念，即是对这种革命的相互关联性的一种表述。"②

　　既然，马克思关于共产主义革命同时胜利理论中的同时不是一个时间性概念，而是一个逻辑性概念。那么，世界历史赋予"同时"的关联性意义究竟何在？这就需要再次联系马克思和恩格斯在阐述同时胜利理论时的前提性条件来考察了。很明确，马克思说同时胜利是"占统治地位的各民族"的同时胜利，恩格斯讲同时胜利是文明的发达工业国家的同时胜利。因此，马克思和恩格斯的同时胜利都强调了共产主义革命只能在发达国家、具有先进生产力国家取得胜利。他们强调的是，只有那些资本、大工业高度发达的社会才具备同时实现共产主义革命并取得胜利的条件。简而言之，马克思和恩格斯强调的是生产力。因此，马克思和恩格斯在世界历史的条件下论述共产主义革命、论述共产主义革命的同时胜利，其深层底蕴是把世界历史与生产力的发展内在地联系起来了，马克思和恩格斯正是在世界历史所蕴含的发达生产力的意义上，阐述共产主义革命同时胜利理论的。所以，在这里，既不能把"世界"简单地理解为一个空间概念，也不能把"同时"简单地理解为一个时间概念，只有把它们二者与马克思的唯物史观紧密地结合起来，把它们放在马克思关于生产力与生产关系、经济基础与上层建筑辩证运动的历史唯物主义基本原理中，才能获得对马克思世界历史视域下同

---

① 《马克思恩格斯选集》第 1 卷，人民出版社 1995 年版，第 241 页。

② 杨学功：《超越哲学同质性神话——马克思哲学革命的当代解读》，北京大学出版社 2010 年版，第 201 页。

时胜利理论的完整理解。

二　世界历史视域下的东方道路理论

东方道路理论是对马克思 19 世纪 50 年代后期关于东方落后国家特别是俄国如何进行政治革命，实现共产主义社会的理论概括。应该说，早在 19 世纪 50 年代，马克思在为美国《纽约每日论坛报》撰写评论时就已经关注了像印度、中国这类落后国家，在世界历史的条件和背景之下，其沦为西方列强的殖民地和半殖民地后，政治革命的必然性和可能后果。例如，马克思在谈到中国革命的世界历史意义时，说道："中国革命将把火星抛到现今工业体系这个火药装得足而又足的地雷上，把酝酿已久的普遍危机引爆，这个普遍危机一扩展到国外，紧接而来的将是欧洲大陆的政治革命。"① 在这里，马克思还是从世界性的革命危机和革命运动的情况出发，论述像中国和印度这类落后的东方国家，由于资本的世界性扩张，无法摆脱堕入资本主义深渊的厄运。

在马克思的东方道路理论中，具有特别意义的是他关于俄国革命道路可能性选择及其前景的阐释，在其中马克思提出了他的著名的跨越"卡夫丁峡谷"的俄国革命道路理论。这一提法与他在 19 世纪 50 年代关于像中国、印度这类落后东方国家革命道路的设想发生了巨大的转变。因为，正如上述已经说明的，在 19 世纪 50 年代，马克思还在论述像中国和印度这类落后东方国家将在世界历史的条件下不可避免地堕入到资本主义的深渊，而在俄国的跨越"卡夫丁峡谷"的革命理论中，马克思开始提出在世界历史的条件下俄国的政治革命道路可能不经由资本主义社会阶段，直接从小农公社进入到社会主义社会的猜想。

马克思关于东方俄国道路的理论主要包含在他的《给维·伊·查苏利奇的复信》和《共产党宣言》俄文版序言中。1881 年，俄国的民粹主义成员维·伊·查苏利奇给马克思写信，请教关于俄国农村公社的历史命运问题。因为一部分民粹主义者认为，根据马克

---

① 《马克思恩格斯选集》第 1 卷，人民出版社 1995 年版，第 695 页。

思的科学社会主义，在俄国必然走向资本主义的道路上，农村公社是注定要灭亡的。而另一部分民粹主义者则认为，俄国的农村公社还存在于当代的历史中，必定有其现实合理性，俄国可以不经由资本主义道路，利用类似于农村公社中的原始共产主义元素，直接过渡到共产主义社会。维·伊·查苏利奇在信中写道："最近我们经常可以听到这样的见解，认为农村公社是一种古老的形式，历史、科学社会主义，——总之，一切不容争辩的东西，——使它注定要灭亡。鼓吹这一点的人都自称是你的真正的学生，'马克思主义者'……假如你能说明你对我国农村公社可能的命运的看法和对世界各国由于历史的必然性都应经过资本主义生产各阶段的理论的看法，给我们的帮助会是多么大。"①

早在《给维·伊·查苏利奇的复信》之前，由于政治经济学研究中的一些问题，以及《资本论》在俄国获得的巨大成功等原因，马克思已经自学了俄语，并开始密切地关注和研究俄国的情况和革命问题。在收到维·伊·查苏利奇的来信后，马克思在回信之前进行了慎重的考虑，先后写下三份非常详尽的、长篇幅的初稿，而在给维·伊·查苏利奇的正式回信中，马克思则只写下了非常简短和精练的几小段话。在今天，马克思的复信与三个草稿，被看成一个综合性的整体，共同构成了马克思关于俄国的农民公社、农业生产的集体形式的内容丰富的理论体系。

1881 年，在给维·伊·查苏利奇回信的第一初稿中，马克思第一次正式提出了俄国可能实行跨越资本主义发展阶段的特殊东方道路理论。马克思说："俄国是在全国范围内把'农业公社'保存到今天的欧洲唯一的国家。它不像东印度那样，是外国征服者的猎获物。同时，它也不是脱离现代世界孤立生存的。一方面，土地公有制使它有可能直接地、逐步地把小土地个体耕作变为集体耕作，并且俄国农民已经在没有进行分配的草地上实行着集体耕作……另一方面，和控制着世界市场的西方生产同时存在，使俄国可以不通过资本主义制度的卡夫丁峡谷，而把资本主义制度的一切肯定的成就

---

① 《马克思恩格斯全集》第 19 卷，人民出版社 1963 年版，第 637 页。

用到公社中来。"① 在给维·伊·查苏利奇回信的第三初稿中，马克思再次说明了俄国可能实行跨越资本主义发展阶段的东方道路理论。马克思说："现在，我们暂且不谈俄国公社所遭遇的灾难，只来考察一下它的可能的发展。它的情况非常特殊，在历史上没有先例。在整个欧洲，只有它是一个巨大的帝国内农村生活中占统治地位的组织形式。土地公有制赋予它以集体占有的自然基础，而它的历史环境（资本主义生产和它同时存在）又给予它以实现大规模组织起来的合作劳动的现成物质条件。因此，它可以不通过资本主义制度的卡夫丁峡谷，而吸取资本主义制度所取得的一切肯定成果。"②

1882 年，在《共产党宣言》的俄文版序言中，马克思再次回到俄国革命道路理论的问题上来，表达了他关于俄国可能跨越资本主义阶段直接过渡到共产主义的猜想。马克思说："《共产党宣言》的任务，是宣告现代资产阶级所有制必然灭亡。但是在俄国，我们看见，除了迅速盛行起来的资本主义狂热和刚开始发展的资产阶级土地所有制外，大半土地仍归农民公共占有。那么试问：俄国公社，这一固然已经大遭破坏的原始土地公共占有形式，是能够直接过渡到高级的共产主义的公共占有形式呢？或者相反，它还必须先经历西方的历史发展所经历的那个瓦解的过程呢？对于这个问题，目前唯一可能的答复是：假如俄国革命将成为西方无产阶级革命的信号而双方互相补充的话，那么现今的俄国土地公有制便能成为共产主义发展的起点。"③

如果我们仔细注意马克思关于俄国跨越资本主义卡夫丁大峡谷的论述，就会发现，马克思正是基于世界历史这一条件和背景的前提下，来谈论俄国跨越资本主义卡夫丁大峡谷的可能性的。在上述所引谈论跨越卡夫丁大峡谷的第一初稿中，马克思就明确地讲到，正是因为俄国"不像东印度那样，是外国征服者的猎获物。同时，它也不是脱离现代世界孤立生存的"④，才使得俄国又能避免资本主

---

① 《马克思恩格斯全集》第 19 卷，人民出版社 1963 年版，第 435—436 页。
② 同上书，第 451 页。
③ 《马克思恩格斯选集》第 1 卷，人民出版社 1995 年版，第 251 页。
④ 《马克思恩格斯全集》第 19 卷，人民出版社 1963 年版，第 435 页。

义发展过程中的有害东西，而吸取其中的积极有利因素，促使其直接过渡到更加高级的共产主义社会阶级。事实上，在马克思给维·伊·查苏利奇回信的几份初稿中，到处大量地谈论到世界历史的条件是造成俄国革命道路特殊性的重要原因。在第一初稿中，马克思说："在俄国，由于各种情况的特殊凑合，至今还在全国范围内存在着的农村公社能够逐渐摆脱其原始特征，并直接作为集体生产的因素在全国范围内发展起来。正因为它和资本主义生产是同时代的东西，所以它能够不通过资本主义生产的一切可怕的波折而吸收它的一切肯定的成就。"① 为了说明世界历史为社会发展跨越创造了可能性条件，马克思还用俄国机器工业生产以及现代交换机构建立中的一些实例进行了类比。马克思说："俄国为了采用机器、轮船、铁路等等，难道一定要像西方那样，先经过一段很长的机器生产发展的孕育期吗？同时也请他们给我说明：他们怎么能够把西方需要几个世纪的发展才建立起来的一整套交换机构（银行、信用公司等等）一下子就在自己这里建立起来呢？"② 在第二初稿中，马克思再次指出，如果俄国的农村公社制度是脱离世界而孤立存在的，那么它必然即将避免；但正是由于俄国的农村公社制度是处于资本主义造就的世界市场的历史环境之中，才使得俄国的农村公社制度有可能继续存在下去，并成为向新社会形态转变的一个过渡支点。马克思说："如果俄国是脱离世界而孤立存在的，如果它要靠自己的力量取得西欧通过长期的一系列进化（从原始公社到它的目前状态）才取得的那些经济成就，那末，公社注定会随着俄国社会的发展而灭亡这一点，至少在我看来，是毫无疑问的。可是，俄国公社的情况同西方原始公社的情况完全不同。俄国是在全国广大范围内把土地公社占有制保存下来的欧洲唯一的国家，同时，恰好又生存在现代的历史环境中，处在文化较高的时代，和资本主义生产所统治的世界市场联系在一起。"③

不仅如此，根据马克思对东方道路理论的阐述，他还认为，在

---

① 《马克思恩格斯全集》第 19 卷，人民出版社 1963 年版，第 431 页。
② 同上。
③ 同上书，第 444 页。

历史转变为世界历史这一背景之下，如果跨越资本主义大峡谷的特殊东方革命道路可能实现，还必须以同时胜利理论所讲的其他发达资本主义国家的政治革命作为前提。例如，马克思在《共产党宣言》俄文版序言中的那一段跨越论表述，就已明确地谈到，要想使俄国的土地公有制变为共产主义公有制的起点，就必须要求西方无产阶级革命作为其信号或补充。马克思说："假如俄国革命将成为西方无产阶级革命的信号而双方互相补充的话，那么现今的俄国土地公有制便能成为共产主义发展的起点。"① 对此，恩格斯在关于俄国的《流亡者文献》中也补充说道："这种过渡只有在下述情况下才会发生，即西欧在这种公社所有制彻底解体以前就胜利地完成无产阶级革命，而这个革命会给俄国农民提供实现这种过渡的必要条件，其中也为他们提供在整个农业制度中实行必然与其相联系的变革所必需的物资。……如果有什么东西还能挽救俄国的公社所有制，使它有可能变成确实富有生命力的新形式，那末这正是西欧的无产阶级革命。"②

由此可见，无论是马克思的同时胜利理论，还是其跨越资本主义卡夫丁大峡谷的东方道路理论，都和他所创立的世界历史理论存在着密切的关联，都是在历史向世界历史转变这一历史背景下展开论述的。从世界历史理论所蕴含的生产力观点，马克思提出了共产主义革命同时胜利的理论，从世界历史理论所包含的不平衡性特点，马克思创造性地提出了跨越资本主义卡夫丁大峡谷的东方道路理论。正是在世界历史这一背景下，马克思的共产主义革命同时胜利理论与东方道路理论互为补充，共同构成了其政治革命理论的重要组成部分。

---

① 《马克思恩格斯选集》第 1 卷，人民出版社 1995 年版，第 251 页。
② 《马克思恩格斯全集》第 18 卷，人民出版社 1964 年版，第 620 页。

参考文献

一　马克思主义经典著作

1.《马克思恩格斯全集》，人民出版社第 1 版。

2.《马克思恩格斯全集》，人民出版社第 2 版。

3.《马克思恩格斯选集》（1—4 卷），人民出版社 1995 年版。

4. 马克思：《1844 年经济学哲学手稿》，人民出版社 2000 年版。

5. 马克思、恩格斯：《德意志意识形态》，人民出版社 1961 年版。

6.《列宁选集》，人民出版社 1995 年版。

7.《马克思主义经典著作选读》，人民出版社 2011 年版。

8. ［苏］列宁：《唯物主义和经验批判主义》，人民出版社 1971 年版。

二　中文著作及译著

1. ［德］阿佩尔：《哲学的改造》，孙周兴、陆兴华译，上海译文出版社 1997 年版。

2. ［苏］阿尔森·古留加：《黑格尔传》，刘半九、伯幼等译，商务印书馆 1995 年版。

3. ［古希腊］亚里士多德：《亚里士多德全集》第 VII 卷，中国人民大学出版 1993 年版。

4. ［英］戴维·麦克莱伦：《马克思传》，王珍译，中国人民大学出版社 2008 年版。

5. ［英］戴维·麦克莱伦：《青年黑格尔派与马克思》，夏威仪等译，商务印书馆 1982 年版。

6．［英］戴维·米勒：《开放的思想和社会——波普尔思想精粹》，张之沧译，江苏人民出版社 2000 年版。

7．［法］德里达：《马克思的幽灵》，何一译，中国人民大学出版社 1999 年版。

8．［意］德拉·沃尔佩：《卢梭和马克思》，赵培杰译，重庆出版社 1993 年版。

9．［美］艾瑞克·霍布斯鲍姆：《革命的年代》，王章辉等译，江苏人民出版社 1999 年版。

10．［比利时］欧内斯特·曼德尔：《革命的马克思主义与 20 世纪社会现实》，中国人民大学出版社 2013 年版。

11．［美］弗朗西斯·福山：《历史的终结及最后之人》，黄胜强、许铭原译，中国社会科学出版社 2003 年版。

12．［德］伽达默尔：《真理与方法》（上卷），洪汉鼎译，上海译文出版社 1999 年版。

13．［法］古斯塔夫·勒庞：《乌合之众——大众心理学研究》，戴光年译，新世界出版社 2011 年版。

14．［法］古斯塔夫·勒庞：《革命心理学》，佟德志、刘训练译，吉林出版社 2004 年版。

15．［德］哈贝马斯：《重建历史唯物主义》，郭官义译，社会科学文献出版社 2000 年版。

16．［德］黑格尔：《小逻辑》（上、下册），杨一之译，商务印书馆 1966 年版。

17．［德］黑格尔：《逻辑学》，梁志学译，人民出版社 2012 年版。

18．［德］黑格尔：《历史哲学》，王造时译，上海书店出版社 2006 年版。

19．［德］黑格尔：《哲学史讲演录》，贺麟、王太庆译，商务印书馆 1981 年版。

20．［美］汉娜·阿伦特：《论革命》，陈周旺译，译林出版社 2011 年版。

21．［德］海因里希·格姆科夫：《马克思传》，易廷镇、侯焕良译，人民出版社 2005 年版。

22．［法］雅克·泰克西埃：《马克思恩格斯论革命与民主》，姜志辉译，社会科学文献出版社 2012 年版。

23．［美］乔恩·埃尔斯特：《理解马克思》，何怀远译，中国人民大学出版社 2010 年版。

24．［美］肯尼思·N.华尔兹：《人、国家与战争》，倪世雄、林之敏、王建伟译，上海译文出版社 1991 年版。

25．［美］拉瑞·劳丹：《进步及其问题》，刘新民译，华夏出版社 1999 年版。

26．［法］路易·阿尔都塞：《保卫马克思》，顾良译，商务印书馆 2007 年版。

27．［匈］卢卡奇：《历史与阶级意识》，杜章智、任立、燕宏远译，商务印书馆 2012 年版。

28．［匈］卢卡奇：《历史和阶级意识——马克思主义辩证法研究》，张西平译，重庆出版社 1989 年版。

29．［奥］马克斯·比尔：《马克思传——替时代背书的人》，王铮译，黑龙江教育出版社 2011 年版。

30．［美］马尔库塞：《理性和革命——黑格尔和社会理论的兴起》，程志民等译，重庆出版社 1996 年版。

31．［加］马里奥·本格：《科学的唯物主义》，张相伦等译，上海译文出版社 1989 年版。

32．［南］马尔科维奇、彼德洛维奇编：《南斯拉夫"实践派"的历史和理论》，郑一明、曲跃厚译，重庆出版社 1996 年版。

33．［古］柏拉图：《柏拉图全集》第 1 卷，王晓朝译，人民出版社 2003 年版。

34．［英］波普尔：《开放的社会及其敌人》，陆衡等译，中国社会科学出版社 1999 年版。

35．［英］波普尔：《历史主义贫困论》，何林等译，中国社会科学出版社 1998 年版。

36．［英］波普尔：《猜想与反驳》，傅季重、纪树立等译，上海译文出版社 1986 年版。

37.〔美〕罗伯特·查尔斯·塔克：《马克思主义革命观》，高岸起译，人民出版社 2012 年版。

38.〔美〕罗伯特·L. 海尔布隆纳：《马克思主义——支持与反对》，马林梅译，东方出版社 2014 年版。

39.〔加〕罗伯特·韦尔：《分析马克思主义新论》，鲁克俭、王来金等译，北京人民大学出版社 2002 年版。

40.〔美〕罗伯特·文森特·丹尼尔斯：《革命的良心》，高德平译，北京大学出版社 1985 年版。

41.〔德〕罗尔夫·魏格豪斯：《法兰克福学派：历史、理论及政治影响》（上、下册），孟登迎、赵文、刘凯译，上海人民出版社 2010 年版。

42.〔美〕S. E. 斯通普夫、J. 菲泽：《西方哲学史》，邓晓芒等译，世界图书出版社 2011 年版。

43.〔美〕斯塔夫里阿诺斯：《全球通史——从史前史到 21 世纪》（上、下册），吴象婴、梁赤民等译，北京大学出版社 2010 年版。

44.〔法〕托克维尔：《旧制度与大革命》，冯棠译，商务印书馆 2012 年版。

45.〔美〕威廉·H. 布兰察德：《革命道德：关于革命者的精神分析》，戴长征译，中央编译出版社 2004 年版。

46.〔日〕中野实：《革命》，于小薇译，经济日报出版社 1991 年版。

47. 曹荣湘：《马克思世界历史理论与当代全球化》，中央编译出版社 2006 年版。

48. 陈先达：《走向历史深处》，上海人民出版社 1987 年版。

49. 陈学明、张志孚编：《当代国外马克思主义研究名著提要》（上、中、下卷），重庆出版社 1996 年版。

50. 崔唯航：《马克思哲学革命的存在论阐述》，中国社会科学出版社 2005 年版。

51. 范桥、姚鹏编：《社会主义思想宝库》，中国广播电视出版社 1991 年版。

　　52. 冯友兰：《中国哲学简史》，新世界出版社 2004 年版。

　　53. 高光、阎树森、马迅：《马克思恩格斯早期著作研究》，中共中央党校出版社 1992 年版。

　　54. 高清海：《高清海哲学文存》，吉林人民出版社 1997 年版。

　　55. 贺来：《辩证法的生存论基础》，中国人民大学出版社 2004 年版。

　　56. 何中华：《重读马克思》，山东人民出版社 2009 年版。

　　57. 黄楠森、施德福、宋一秀编：《马克思主义哲学史》（1—3卷），北京大学出版社 1987 年版。

　　58. 黄楠森编：《〈哲学笔记〉注释》，北京大学出版社 1981 年版。

　　59. 李淑珍编：《当今时代与时代主题》，北京大学出版社 2005 年版。

　　60. 李泽厚：《历史本体论》，生活·读书·新知三联书店 2002 年版。

　　61. 刘放桐：《马克思主义哲学与现代西方哲学研究》，北京师范大学出版社 2012 年版。

　　62. 鲁克俭：《国外马克思学研究的热点问题》，中央编译出版社 2006 年版。

　　63. 聂锦芳：《清理与超越：重读马克思文本的意旨、基础与方法》，北京大学出版社 2005 年版。

　　64. 聂锦芳：《马克思的"新哲学"——原型与流变》，中国社会科学出版社 2013 年版。

　　65. 逄锦聚等编：《马克思主义基本原理概论》，高等教育出版社 2010 年版。

　　66. 沈学君：《奥勒斯坦世界体系理论研究——从社会发展的视觉解读》，湖北人民出版社 2009 年版。

　　67. 孙正聿：《马克思辩证法理论的当代反思》，人民出版社 2002 年版。

　　68. 孙周兴编：《海德格尔选集》，上海三联书店 1996 年版。

69．王东：《马克思学新奠基——马克思哲学新解读的方法论导言》，北京大学出版社 2006 年版。

70．吴晓明、王德峰：《马克思的哲学革命及其当代意义》，人民出版社 2005 年版。

71．杨耕：《为马克思辩护》，中国人民大学出版社 2010 年版。

72．杨耕等：《马克思主义哲学基础理论研究》，北京师范大学出版社 2013 年版。

73．杨学功：《超越哲学同质性神话——马克思哲学革命的当代解读》，北京大学出版社 2010 年版。

74．叶险明：《马克思世界历史理论与现时代》，清华大学出版社 1996 年版。

75．衣俊卿：《西方马克思主义概论》，北京大学出版社 2008 年版。

76．俞可平编：《全球化时代的“马克思主义”》，中央编译出版社 1998 年版。

77．俞吾金：《实践阐释学——重新解读马克思哲学与一般哲学理论》，云南人民出版社 2001 年版。

78．张一兵：《西方马克思主义哲学概论》，北京师范大学出版社 2010 年版。

79．张一兵、蒙木桂：《神会马克思——马克思哲学原生态的当代阐释》，中国人民大学出版社 2004 年版。

80．赵家祥编：《历史唯物主义教程》，北京大学出版社 1999 年版。

81．赵剑英、叶汝贤编：《马克思哲学的当代意义》，社会科学文献出版社 2006 年版。

82．赵剑英、张一兵编：《国外马克思主义的基本问题》，社会科学文学出版社 2006 年版。

83．中国社会科学院哲学所马克思主义哲学史研究室编：《马克思哲学思想研究译文集》，人民出版社 1983 年版。

84．中央编译局：《回忆恩格斯》，人民出版社 2005 年版。

85．朱坚劲：《东方社会往何处去》，上海社会科学院出版社

1996 年版。

　　86．庄福龄编：《简明马克思主义史》，人民出版社 2013 年版。

　　三　论文

　　1．［美］阿里夫·德里克：《关于后革命马克思主义的思考》，《马克思主义美学研究》2008 年第 6 期。

　　2．［美］马尔库塞：《对马克思革命概念的重新探讨》，《国外社会科学》1986 年第 1 期。

　　3．［以］尤瑞·翟尔伯士得：《马克思革命理论中的福利国家》，《马克思主义哲学研究》2002 年第 10 期。

　　4．［德］施蒂勒：《黑格尔辩证法和马克思辩证法的差别》，余荣译，《哲学译丛》1982 年第 3 期。

　　5．白刚：《当代中国马克思辩证法研究的三大形态述评》，《社会科学评论》2006 年第 3 期。

　　6．白刚：《辩证法的批判本性与马克思辩证法所开辟的批判道路》，《学术研究》2012 年第 11 期。

　　7．白刚、付秀荣：《对国外马克思辩证法研究的反省与批判》，《社会科学评论》2007 年第 1 期。

　　8．陈惠龙：《"渐进工程"对抗"整体主义"——波普尔反马克思主义社会革命理论评析》，《江西师范大学学报》（哲学社会科学版）1997 年第 4 期。

　　9．段忠桥：《20 世纪 70 年代以来英美的马克思主义研究》，《中国社会科学》2005 年第 5 期。

　　10．高毅：《法国革命文化与现代中国革命》，《浙江学刊》2006 年第 4 期。

　　11．管晓刚：《加文·科琴对马克思革命观的释读》，《山西大学学报》2011 年第 9 期。

　　12．胡斌：《革命的"必然性"及其"限度"——论马克思的"革命观"对西方"近代革命逻辑"之超越》，《中共浙江省委党校学报》2012 年第 4 期。

　　13．蒋楼：《马克思革命观的"现实批判"维度及其当代价值》，《实事求是》2012 年第 6 期。

14．江淑丽、李心怡：《列宁并未改变马克思恩格斯的社会主义革命观》，《社会主义研究》2011 年第 6 期。

15．吉彦波：《关于暴力革命与和平过渡问题的思考》，《理论与改革》2002 年第 3 期。

16．居阅时：《马克思主义的暴力革命理论形成的历史回顾》，《华东理工大学学报》2000 年第 4 期。

17．李平：《马克思社会革命观的生成逻辑》，《理论探索》2013 年第 4 期。

18．李志军：《革命的政治意义与马克思的理论贡献——兼论汉娜·阿伦特的革命观》，《南京政治学院学报》2011 年第 4 期。

19．梁树发：《科尔施的马克思主义革命观及其启示》，《马克思主义研究》2003 年第 5 期。

20．林剑：《论实践唯物主义视野中的实践范畴与唯物史观的逻辑结构》，《哲学研究》2004 年第 12 期。

21．林剑：《马克思"新唯物主义"哲学视野中的哲学》，《哲学研究》2005 年第 12 期。

22．林剑：《论马克思实践唯物主义人学理论的深刻革命》，《哲学研究》2006 年第 9 期。

23．林剑：《马克思"新唯物主义"哲学革命的思与辩》，《哲学研究》2007 年第 5 期。

24．林剑：《不应误读与否弃马克思主义革命观》，《马克思主义研究》2014 年第 10 期。

25．刘森林：《解释的递进：中国马克思主义哲学解释"实践"的几种模式》，《吉林大学社会科学学报》2007 年第 3 期。

26．马俊峰：《马克思世界历史理论的方法论意义》，《中国社会科学》2013 年第 6 期。

27．马俊领：《艾尔斯特对马克思革命理论的方法论个体主义重构》，《学术研究》2010 年第 5 期。

28．聂锦芳：《重新理解〈德意志意识形态〉中的"世界历史"思想》，《江海学刊》2008 年第 2 期。

29．欧阳跃峰：《20 世纪初革命派对马克思主义的介绍》，《安徽师范大学学报》2007 年第 2 期。

30．孙代尧：《从暴力革命到"和平过渡"——马克思恩格斯革命策略思想演进之探讨》，《武汉大学学报》（人文科学版）2007年第 11 期。

31．王南湜：《马克思主义哲学的物质概念》，《哲学研究》2006年第 9 期。

32．王南湜：《论哲学思维的三种范式》，《江海学刊》1999 年第 5 期。

33．王南湜：《马克思哲学当代性的三种意蕴》，《中国社会科学》2001 年第 5 期。

34．王盛辉：《论马克思社会革命学说的三重维度》，《淮海工学院学报》（社会科学版）2011 年第 9 期。

35．王铁之：《从理性的革命回到现实的革命——试析 1848 年德国革命中马克思革命策略思想的变化》，《史学月刊》1988 年第 1 期。

36．吴晓明：《重估马克思哲学革命的性质与意义》，《复旦学报》（社会科学版）2004 年第 6 期。

37．吴晓明：《马克思实践哲学的本体论意义》，《南京社会科学》1996 年第 8 期。

38．吴晓明：《论马克思哲学的当代性》，《天津社会科学》1999 年第 6 期。

39．徐长福：《论亚里士多德的实践概念——兼及与马克思实践思想的关联》，《吉林大学社会科学学报》2004 年第 1 期。

40．徐景星：《论马克思"社会革命"概念的深刻内涵——兼评哲学教科书对"社会革命"概念的误读》，《河北师范大学学报》（哲学社会科学版）2005 年第 6 期。

41．徐素华：《论马克思主义哲学从革命哲学到建设哲学的转变》，《天津社会科学》2006 年第 5 期。

42．薛汉伟：《关于马克思革命理论的若干问题》，《高校理论参考》1994 年第 8 期。

43．叶险明：《马克思主义的"世界历史时间"理论》，《哲学研究》2009 年第 9 期。

44．张福记：《马克思等经典作家政治革命观的重新理解》，《山东师大学报》（社科科学版）1998 年第 4 期。

45．张和平：《试析马尔库塞的"革命新理论"》，《甘肃社会科学》1995 年第 3 期。

46．张奎良：《马克思世界历史思想的深远意义》，《哲学动态》2013 年第 10 期。

47．张文喜：《重新认识马克思辩证法的真理性》，《哲学研究》2007 年第 2 期。

48．赵士发：《黑格尔世界历史理论的基本方法与问题——对黑格尔〈历史哲学〉的一种解读》，《武汉大学学报》2004 年第 6 期。

49．赵巍：《浅析"乌托邦革命"理论与马克思主义社会革命理论的对立》，《理论导刊》1994 年第 6 期。

50．周金华：《论马尔库塞对马克思主义革命理论的重构》，《江汉论坛》2002 年第 3 期。

51．朱培：《美国著名学者奥尔曼论马克思的辩证方法》，《国外理论动态》2004 年第 4 期。

后 记

2012年，我从牡丹之城洛阳来到长江穿城而过的武汉，求学于有着漫山桂花醉香的华中师范大学，并师从国内著名的马克思主义理论专家林剑教授。回望这样一段经历，我感到自己是多么的幸运！作为一位二本院校的公共政治课教师，在面临着日益严峻的学历、科研压力时，我能够有机会求学于名校、求教于名师。

我深知，我的幸运主要归于那些让它成为可能，并帮助它实现的师者、同学、朋友，还有家人。因为幸运就如一粒种子，如果没有肥沃的土壤、温暖的阳光、和煦的春风、充沛的雨水，它是不可能生长、发芽、吐出芬芳的。借着这样一个机会，我要向那些给予我帮助的师者、同学、朋友，还有家人表达我最诚挚的谢意！

首先，我要感谢我的导师林剑教授。记得我初次见到林老师，向他提出考博请求时，林老师详细询问了我的学习经历，以及学术研究状况，而且还提问了我在教学工作中涉及的马克思主义理论问题。一方面，老师指出了我基础理论掌握得不够全面、不够细致的缺点；另一方面，老师又鼓励我作为一名高校教师，要有提高自身学历层次、学术水平的决心，并最终同意了我的报考要求。和老师的这次接触，老师对学生严格要求的学者本色，提携后辈的长者风度，让我深为感动。在撰写博士论文时，老师针对我的论文主题，亲自拟定了大纲、章节，并向我提出要求，每一章节的内容写完后，都要向他汇报，然后修改。让我深感自责的是，由于单位上各种事务的烦扰，以及时间上的限制，我并没能很好地贯彻和完成老师的要求，以致博士论文匆匆结束，留下了遗憾。回顾这些年的学习生活，我深深感到，我学业上的每一个进步，无不是在老师的关怀与指导下完成的。我成了那个幸运儿，有幸成了林老师的学生。千言万语无法表达我的感激之情，因为我深深懂得情感的表达没有限度，更不能涵盖所有的细节和心灵深处的呼唤。

其次，我庆幸自己在华师学习期间能得到众多老师的悉心指导和教诲。叶泽雄教授、刘从德教授、彭真明教授、陈业宏教授在日常教学、开题和论文写作中都给予我诸多指导和启迪，他们在哲学方面的独到理论和见解，为我博士论文的写作提供了重要的理论基础；孙麾教授、鉴传今教授、韩璞庚教授在历届答辩时的精彩点评和历次学术活动中的精彩发言让我受益匪浅！他们渊博的知识、严谨的治学、博大的胸襟令人景仰。感谢高新民教授三年来对我的帮助和关怀，每次和他交流都是一次洗礼，开阔了我的视野，厘清了我的思路！还要感谢殷筱老师、戴圣鹏老师、王世鹏老师、李玲老师、姜洪老师给予我的帮助。

再次，我庆幸有机会结识那么多同门师兄（姐）弟（妹），他们是我人生宝贵的财富，是他们使我的华师生活更有意义、更加精彩。我要感谢我的同门邢玉红、刘琼，这三年我们朝夕相处，不仅在学业上相互鼓励，而且在生活中相互关心，虽身为同门，却心似姐妹。同样的感谢还要给予我的博士好友李艳莉和刘晓丽，虽然我们是不同专业方向，但我们在一起不仅交流生活体悟、一块儿欢笑和流泪，而且一起在羽毛球场上厮杀、一块儿奔跑和流汗，是你们点亮了我常常由于论文写作不畅而陷入苦闷的博士生活。在此，也要感谢我的同学江雨、张钰、杨珍妮、胡咚、王昊、吕娜、邓亚中以及没有署名的同届好友，还要感谢我的师妹周婷，谢谢你们在学业上给予我的中肯建议，在生活中给予我的愉快陪伴。

最后，我要感谢我的家人。我很幸运自己身处在一个幸福、和谐的大家庭中。我的父母虽已年过六旬，但他们还在事业上辛苦地操劳。他们不善表达，默默无言地站在我们家庭的背后，为我们提供最巨大、最牢固的支持。我的公公和婆婆勤劳、善良，在我读博期间，承担了大部分的家务琐事，使我没有任何后顾之忧。我的爱人，尽管并不支持我当初的考博决定，但在我这三年的学习期间，仍主动承揽了教育孩子的全部责任。我要谢谢他们在家庭生活中给予我的宽容、理解和支持。

贺撒文

2016 年 5 月